手把手教您学修车丛书

手把手教您学修直喷发动机

李 伟 主编

机械工业出版社

本书从新型直喷发动机的结构与维修的特点出发,以理论与实用并重为原则,分8章对现代直喷发动机的两大机构和冷却系统、润滑系统、点火系统、进排气系统、燃油供给系统的工作原理、故障诊断、检修、拆装等进行了详细讲解。然后,对国内常见的大众、奥迪、丰田、宝马、奔驰等几大厂商的直喷发动机结构、检修进行了介绍。

本书内容丰富、图文并茂、实用性强,可作为从事汽车相关领域工作工程技术人员的参考用书,也可作为高等院校汽车及其相关专业的教材。

图书在版编目(CIP)数据

手把手教您学修直喷发动机 / 李伟主编. —北京:机械工业出版社,2021.3

(手把手教您学修车丛书)

ISBN 978-7-111-68024-6

Ⅰ.①手… Ⅱ.①李… Ⅲ.①汽车-发动机-车辆修理 Ⅳ.①U472.43

中国版本图书馆CIP数据核字(2021)第068452号

机械工业出版社(北京市百万庄大街22号 邮政编码100037)
策划编辑:连景岩 责任编辑:连景岩 刘 煊
责任校对:张 薇 责任印制:张 博
涿州市般润文化传播有限公司印刷
2021年8月第1版第1次印刷
184mm×260mm·22.5印张·556千字
0 001—1 900册
标准书号:ISBN 978-7-111-68024-6
定价:99.90元

电话服务 网络服务
客服电话:010-88361066 机 工 官 网:www.cmpbook.com
　　　　　010-88379833 机 工 官 博:weibo.com/cmp1952
　　　　　010-68326294 金 书 网:www.golden-book.com
封底无防伪标均为盗版 机工教育服务网:www.cmpedu.com

前言

人们对汽车的燃油经济性要求越来越高，为此，一种新型的汽油机燃烧方式应运而生，即发动机稀薄燃烧技术，而实现稀薄燃烧的理想方式是缸内直喷分层喷注，即汽油缸内直喷（GDI）。直喷式发动机是在气缸内喷注汽油，将喷油器安装在燃烧室内，将汽油直接喷注在气缸燃烧室内，空气则通过进气门进入燃烧室与汽油混合成混合气被点燃做功，这种形式与直喷式柴油机相似，因此，缸内直喷式汽油发动机是将柴油机的形式移植到汽油机上的一种重大创举。

缸内直喷发动机的空燃比可以达到40∶1，具有节省燃油、减少废气排放、提升动力性能、减少发动机振动、提高喷油精度、使发动机更耐用等优点，目前各汽车制造企业纷纷推出了各自的缸内直喷发动机，如大众公司的TSI、通用公司的SIDI（点燃式缸内直喷）、丰田公司的D-4S、宝马公司的HPI（高压直喷）、三菱公司的GDI（汽油缸内直喷）、保时捷公司的DFI（直接燃油喷射）等。这些缸内直喷发动机各有特点，技术先进，维修难度大，而市场上缺少这方面的资料，严重阻碍了缸内直喷发动机的维修工作。为了适应我国汽车维修业的发展，满足广大汽车维修人员的需要，以及推动缸内直喷发动机维修技术的普及与维修水平的提高，我们特编写了此书。

本书从8个方面讲解了新型直喷发动机两大机构和冷却系统、润滑系统、点火系统、进排气系统、燃油供给系统的工作原理、故障诊断、检修、拆装等。通过阅读本书，能理解缸内直喷发动机的结构原理、故障诊断和维修方法。本书适合汽车维修人员及技术人员参考使用，也可作为大中专汽车相关专业学生的学习参考书。

本书由李伟主编，李校研、李春山、于洪燕、李校航参与编写，由于涉及面广，水平有限，书中不妥之处在所难免，恳请广大读者批评指正。

编 者

目 录

前言

第一章　缸内直喷发动机原理与燃烧技术控制　1

第一节　直喷发动机稀薄燃烧特点和类型　1
 一　基本术语　1
 二　稀薄燃烧的定义　2
 三　稀薄燃烧的实现　2
 四　稀薄燃烧的优点　3
 五　稀薄燃烧的缺点　3
 六　稀薄燃烧的分类　3
 七　稀薄燃烧空燃比的特性　4
 八　稀薄燃烧空燃比的控制过程　6
 九　HCCI的压燃技术　7
 十　控制HCCI燃烧的方法　8

第二节　缸内直喷发动机的原理　9
 一　分层燃烧与缸内直喷　9
 二　GDI与FSI的区别　9
 三　缸内直喷发动机的优缺点　10
 四　缸内直喷发动机工作原理　12

第三节　缸内直喷发动机控制技术　13
 一　燃油供给系统的技术要求　13
 二　燃烧系统的技术要求　20
 三　喷油器与火花塞的安装位置　24
 四　缸内直喷发动机的火花塞　26

第二章　曲柄连杆机构　31

第一节　气缸盖结构、检修与拆装　31
 一　新型整体式气缸盖结构　31
 二　新型气门室盖　32
 三　大众直喷发动机气缸盖的拆装　33
 四　整体式气门室盖拆装　39
 五　气缸盖变形检修　41
 六　缸压检测　42

第二节　发动机缸体结构、检修　43
 一　发动机缸体新结构　43
 二　气缸套结构　44
 三　气缸磨损的检测　46
 四　气缸衬垫　50

五　油底壳　51
第三节　活塞连杆组结构、检修与拆装　52
　　一　活塞结构　52
　　二　活塞直径、缸壁间隙测量　53
　　三　活塞选配　54
　　四　活塞环　55
　　五　活塞安装　58
　　六　安装轴承及轴承盖　58
　　七　连杆　59
　　八　连杆衬套选配　60
　　九　活塞销　61

第四节　曲轴飞轮组结构、拆装与检修　63
　　一　曲轴结构　63
　　二　曲轴拆装　63
　　三　曲轴轴向间隙检测　65
　　四　扭转减振器　66
　　五　曲轴前端密封环更换　71
　　六　曲轴推力轴承　72
　　七　发动机平衡机构　73
　　八　双质量飞轮　81
　　九　轴瓦　84

第三章　配气机构　90

第一节　配气机构组成　90
　　一　部件　90
　　二　凸轮轴　91
　　三　滚子式气门压杆或摇臂结构　94
　　四　液压气门间隙补偿器（HVA）　94
　　五　气门结构　96
　　六　气门座圈　98
　　七　气门导管　102
　　八　气门弹簧　103
　　九　气门油封拆装　104
　　十　气门间隙调整　105
　　十一　大众、奥迪自动调整的滚子摇臂RSH　107

第二节　电子气门、可变气缸、可变配气相位工作原理　109
　　一　奥迪电子可变气门升程系统　109
　　二　本田可变气缸工作原理　115
　　三　奥迪可变气缸工作原理　118
　　四　大众、奥迪EA888可变配气相位工作原理　123
　　五　宝马电子气门　128

第三节　正时带、正时链条拆卸与安装　135
　　一　新款高尔夫正时带更换　135
　　二　大众、奥迪配气相位检查　141

第四章　燃油供给系统　143

第一节　缸内直喷发动机燃油供给系统组成与检修　143
　　一　缸内直喷发动机燃油供给系统组成　143

二	大众、奥迪直喷发动机高压油泵结构及工作原理	145	
三	大众新款直喷发动机高压油泵拆装	147	
四	直喷发动机喷油器	149	
五	直喷发动机燃油泵控制单元	153	
六	燃油压力传感器	155	
七	燃油压力调节电磁阀	158	
八	燃油泵	159	
九	燃油箱结构	161	
十	拆卸和安装燃油分配器、喷油器	164	

第二节 缸内高压直接喷射双喷系统　167
　一　大众、奥迪双喷系统　167
　二　丰田双喷系统　168

第三节　其他车型直喷发动机　174
　一　奔驰缸内直喷发动机　174
　二　宝马轿车HPI高精度直喷发动机　180
　三　三菱GDI缸内直喷发动机　185
　四　凯迪拉克CTS缸内直喷SIDI发动机　192

第四节　燃油系统故障案例　197
　一　燃油泵早期损坏导致发动机偶尔熄火　197
　二　燃油压力调节阀N276机械故障　199
　三　宝马X5加速不良　201
　四　宝马发动机功率下降　201
　五　宝马怠速不稳故障　202
　六　新款别克GL8商务车怠速发抖　204
　七　奔驰E260高压油泵内部故障　208

第五章　进排气系统　213

第一节　进气系统　213
　一　进气系统结构　213
　二　谐振进气系统结构　215
　三　电子节气门　215
　四　大众EA888发动机可变进气歧管翻板结构及检测　219

第二节　排气系统　222
　一　废气涡轮系统组成　222
　二　大众废气涡轮增压系统结构、原理　222
　三　涡轮增压器控制阀结构及检测　225
　四　宝马废气旁通阀电子气动压力转换器、减压阀　228
　五　奥迪涡轮增压器结构及工作原理　230
　六　曲轴箱通风系统　233
　七　三元催化转化器　236
　八　排气系统故障　239

第六章　润滑系统　246

第一节　概述　246
　一　润滑系统的功用　246
　二　润滑方式　246
　三　润滑系统的组成及油路　247

第二节　润滑剂	248	
一　机油的功用	248	
二　机油的使用特性及机油添加剂	249	
三　机油的分类	250	
四　润滑脂	250	
第三节　润滑系统的主要部件	250	
一　机油泵	250	
二　新型机油滤清器	254	
三　机油压力开关	259	
四　电控自调式机油泵	261	
五　大众、奥迪电子机油尺	266	
六　电容式液位传感器	267	
七　可控式活塞冷却喷嘴	270	
八　润滑系故障	272	

第七章　冷却系统　　276

第一节　冷却系统概述　　276
　　一　冷却系统的功用、组成　　276
　　二　冷却系统的循环水路　　276
　　三　双节温器冷却循环系统　　277
第二节　冷却系统主要部件　　278
　　一　节温器结构　　278
　　二　双节温器结构、控制原理　　279
　　三　冷却液循环泵　　284
　　四　冷却液散热器　　287
　　五　特性曲线式节温器　　287
　　六　冷却液停流切换阀　　289
　　七　创新温度管理（ITM）　　292
　　八　冷却风扇控制　　298
第三节　冷却系统检修、拆装及故障　　302
　　一　检查冷却系统的密封性　　302
　　二　排放并添加冷却液　　303
　　三　拆卸和安装冷却液泵　　306
　　四　冷却系统故障　　309

第八章　点火系统　　312

第一节　电子点火系统组成及部件　　312
　　一　电子点火系统的组成　　312
　　二　点火锁的结构　　313
第二节　迈腾B7L点火开关　　317
　　一　迈腾B7L点火开关端子电压形成　　317
　　二　迈腾点火开关档位及工作过程　　319
第三节　点火系统电路分析　　324
　　一　新款捷达点火系统电路分析　　324
　　二　卡罗拉点火系统电路分析　　328
第四节　火花塞结构及检修　　330
　　一　火花塞的结构　　330
　　二　火花塞、高压线的检修　　333
第五节　点火钥匙遥控器匹配　　338
　　一　上海大众途锐钥匙匹配方法　　338
　　二　奔腾B70、B90、X80车遥控钥匙匹配方法　　338
　　三　宝马遥控器的编程方法　　339
　　四　奥迪A6L遥控钥匙激活　　339

五　长安福特蒙迪欧点火钥匙匹配　339
六　起亚遥控钥匙设定　340
七　迈腾1.8T轿车智能遥控钥匙设定　340
八　大众速腾轿车遥控钥匙匹配　341
九　部分丰田轿车遥控钥匙手工设定　341
十　北京现代悦动防盗钥匙匹配　342

第六节　点火锁拆装　343
一　拆卸和安装锁芯　343
二　拆卸和安装电子点火开关　344
三　拆卸和安装点火钥匙防拔出锁的电磁铁N376　345

第七节　点火系统故障案例分析　346
一　发动机无法起动　346
二　发动机抖动故障　347
三　东风日产骊威智能钥匙不能锁止故障　348
四　雪佛兰景程加速时有强烈的顿挫感　350
五　速腾遥控钥匙失效　351

第一章
缸内直喷发动机原理与燃烧技术控制

第一节　直喷发动机稀薄燃烧特点和类型

随着能源供应的日益紧张，人们对车用发动机的燃油经济性更加重视，采取了许多改进措施，其中汽油机稀薄燃烧技术是改进汽油机燃油经济性的重要手段。它可以使燃料的燃烧更加完全，同时，辅以相应的排放控制措施，汽油机的有害排放物 CO、HC 等大大减少。

一、基本术语

可燃混合气中空气与燃油的比例称为可燃混合气成分或可燃混合气浓度，通常用过量空气系数和空燃比表示。

（1）过量空气系数

发动机工作过程中，燃烧 1kg 燃油实际供给的空气质量与理论空气质量之比，称为过量空气系数，用 λ 或 ϕ_a 表示，即

$$\lambda = \frac{\text{燃烧 1kg 燃油实际供给的空气质量}}{\text{完全燃烧 1kg 燃油的理论空气质量}}$$

$\lambda=1$ 的可燃混合气称为理论混合气；$\lambda<1$ 的称为浓混合气；$\lambda>1$ 的称为稀混合气。

（2）空燃比

可燃混合气中空气质量与燃油质量之比为空燃比，记作 α。即

$$\alpha = \frac{\text{空气质量}}{\text{燃油质量}}$$

按照化学反应方程式的当量关系，可求出 1kg 汽油完全燃烧所需空气质量，即化学当量空气质量约为 14.7kg。我们称 $\alpha=14.7$ 的可燃混合气为理论混合气；$\alpha<14.7$ 的为浓混合气；$\alpha>14.7$ 的为稀混合气。空燃比 $\alpha=14.7$ 称为理论空燃比或化学当量空燃比。过量空气系数 $\lambda(\phi_a)$ 与空燃比 α 在数值上的对应关系如表 1-1 所示。

表 1-1　λ 与 α 数值对应关系

$\lambda(\phi_a)$	0.6	0.7	0.8	0.9	1.0	1.1	1.2	1.3	1.4
α	8.9	10.4	11.8	13.3	14.7	16.3	17.8	19.2	20.7

试验证明，当燃用 $\lambda = 1.05 \sim 1.15$ 的可燃混合气时，燃烧完全，燃油消耗率低，故称这种

混合气为经济混合气，其混合比为经济混合比。当 λ = 0.85 ~ 0.95 时，混合气燃烧速度最快，热损失最低，这时发动机的有效功率最大，故称此种混合气为功率混合气，其混合比为功率混合比。

试验还证明，混合气过浓或过稀都不能着火燃烧。在一般情况下，混合气浓到 λ = 0.4 ~ 0.5 或混合气稀到 λ = 1.3 ~ 1.4 时，火焰便不能传播。通常称前者为火焰传播极限，称后者为火焰传播下限。

如上所述，可燃混合气成分直接影响发动机的性能及发动机能否正常运转，而且使用同一种成分的混合气不可能同时获得最大功率和最低油耗率。

二、稀薄燃烧的定义

所谓稀薄燃烧是指空燃比 α 大于理论空燃比 14.7 时的燃烧。但在实际使用中为保证各缸不失火，混合气不能太稀，其空燃比的稀限为 17，所以将空燃比大于 17 的燃烧视为稀薄燃烧。

三、稀薄燃烧的实现

传统的汽油机在空燃比达到 15 甚至更高以后，就可能出现点火困难或不点火现象，反而使发动机各项性能指标降低、排放恶化。为了实现稀薄燃烧，必须使燃烧室内形成分层气流，使火花塞周围形成较浓的混合气，在远离火花塞处则形成较稀的混合气，为了达到上述要求，对汽油机主要进行了如下改动：

1）进气道由传统形状改为螺旋式，在进气口处设置蝶形涡流阀，使气流形成较强的涡流，流动更为合理，有利于火花塞点火及火焰的迅速传播。

2）采用无级调节气门定时系统 VVT-i，可改变进气门定时角 20°，以满足不同工况、不同转速下的进排气效应，从而保证汽油机在各种工况下都能稳定地工作。

3）加装燃烧压力传感器。汽油机的压缩比在提高到 10 以上时，为了防止汽油机出现爆燃现象，在燃烧室内加装了燃烧压力传感器，使燃烧室内的燃烧状态及时反馈到电子控制模块（ECM），ECM 根据预先设定的数据对喷油及点火进行调整，使汽油机各项性能指标均保持在最佳状态。

4）采用大口径喷油器，通过提高燃油系统压力，使燃油能在设定时刻准确无误地喷入燃烧室内。

5）氧传感器的重新研究开发。为了保证燃烧的稳定性，稀薄燃烧系统对进气涡流的组织、喷油定时和各工况下的空燃比控制都提出了严格的要求。目前，安装有三元催化转化器的车用汽油机一般采用氧传感器进行闭环反馈控制，即将发动机的空燃比控制在化学当量空燃比附近，以保证三元催化转化器的正常工作。而稀薄燃烧要求对各工况下的目标空燃比进行调节，其目标空燃比并不仅仅在当量空燃比附近，因而必须采用测量范围较宽的新型氧传感器，通过 PID（比例 - 积分 - 微分）调节来对空燃比进行闭环反馈控制。

目前，日本丰田、三菱、本田，美国福特，德国奔驰、宝马等许多国外汽车公司和研究机构都开发出了比较成熟的稀薄燃烧缸内直喷（Gasoline Darect Injection，GDI）机型和产品。这些 GDI 机型，除了少数机型仍采用单一的均质预混燃烧模式外，大多根据汽油机的不同工况而采用了不同的混合燃烧模式。目前广泛使用的是内开式螺旋喷油器，中小负荷区域通过压缩行程后期喷油和燃烧系统的合理配合，形成分层稀薄快燃的混合气；而在大负荷和全负荷工况下，通过在进气行程中较早地把燃油喷入气缸，在点火时刻形成预混燃烧的均质混合气。也有如丰田、三菱的某些 GDI 机型采用两段喷射技术，即把燃油分 2 次喷射。

四 稀薄燃烧的优点

稀薄燃烧系统能有效地使燃油发挥出最大的效率，使汽油机燃烧室内的燃烧更加完全，不但大大地降低了汽油机的燃油消耗率，也大大地改善了汽油机的尾气排放。GDI 超稀薄空燃比的利用和工作方式的改变有不少优点，如取消进气节流过程降低了泵气损失，燃油蒸发引起了缸内温度的降低，提高了汽油机可工作的压缩比；燃油在进气行程中对进气的冷却，提高了充气效率等。这些优点可以使发动机的燃油经济性提高 25% 左右，动力输出也比进气道喷射的汽油机增加了将近 10%。GDI 发动机除了温室气体 CO_2 排放较少外，由于其冷起动迅速快捷，很少需要冷起动加浓，因而可以大幅度降低冷起动时未燃碳氢（UHC）的排放。

五 稀薄燃烧的缺点

1. 成本高

由于稀薄燃烧系统的结构较为复杂，对喷油系统的要求也相当严格，使喷油系统的结构也较为复杂，因此使制造成本明显增加。

2. 排放量增加

虽然采用了较稀的空燃比，NO_X 因气缸内的反应温度较低而降低，但由于分层混合气由浓到稀，将不可避免地出现过量空气系数为 1 附近的偏浓区域，会导致这些地方的 NO_X 生成增加。另外，较高的压缩比和较快的反应放热率也会引起 NO_X 的升高。一般来说，GDI 发动机在稀空燃比工作条件下造成的富氧气氛使得传统的三元催化转化器的转化效率降低，同时排气温度较低也不利于催化器的起燃，限制了催化器在缸内直喷汽油机上的应用。稀薄燃烧催化剂的开发直接影响到了 GDI 发动机 NO_X 排放问题的解决。

六 稀薄燃烧的分类

1. 按混合气状态分

按混合气状态分，可将稀薄燃烧分为均质和非均质两种。

（1）均质预混合方式

大部分进气道喷射汽油机一般只能在空燃比小于 25 的范围内工作，它们均采用均质预混合方式。此种方式的空燃比限制在以化学当量比为中心的狭窄区域内，即空燃比小于 25 的范围内工作，其本身存在燃油经济性较差和污染物排放高的缺点。

1）为保证所要求的空燃比，只能用进气管节流的方式对混合气充量进行调节。由于节流会引起较大的泵气损失，造成低负荷时的燃油经济性较差。

2）由于缸内充满均质的易着火和燃烧的混合气，容易产生爆燃，因而不能采用高压缩比，使热效率较低。

3）浓混合气的比热容较低，也使热效率较低。在化学当量比附近燃烧，NO_x 排放较高。

（2）非均质分层进气

由于均质预混合方式的缺点，目前，分层进气（分层燃烧）作为稀薄燃烧中的非均质燃烧方法，是实现稀薄燃烧的主要方式。随着空燃比的增加，由于混合气过稀，火花塞周围微小点火体内的燃料量太少，产生的热量不足以聚集形成火焰，均质混合气难以点燃，且燃烧速度减慢会造成燃烧不稳定，使油耗和 HC 排放上升。传统发动机供给各缸的混合气成分不均匀，在汽油机中只要形成火焰，在火焰的传播过程中，即使是相当稀的混合气，也能正常燃烧。为了提高稀薄燃烧界限，可采用分层充气燃烧，以保证在空燃比大于 20 的条件下，在火花塞周围形成易于着火的较浓的可燃混合气（空燃比在 12 ~ 13.5），而在周边区域和燃烧室的大部分区域是较稀混合气或空气。在浓稀之间，有从浓到稀的各种空燃比混合气，以利于火焰的传播。因此，燃烧室中混合气浓度有组织地分成各种层次，故称为分层进气（分层燃烧）发动机。分层燃烧的汽油机可稳定在空燃比为 20 ~ 25 的范围内工作，分层燃烧缸内直喷发动机空燃比的稀限已提高到 40 以上。在小负荷工况下不需要关小节气门来限制进气量，基本上避免了发动机换气过程中的泵气损失。在高空燃比情况下，由于混合气物性的改变，绝热指数增加，传热损失减少，发动机的热效率可进一步提高。由于汽车发动机经常在小负荷工况下工作，可使其平均油耗降低 15% ~ 20% 左右，NO_x 也显著降低。为使发动机在燃用稀混合气时工作稳定可靠，必须同时做到控制燃烧过程，使之实现快速燃烧；改善供给系混合气制备与分配；改进或强化点火系统。分层进气燃烧室可分为统一式和分隔（预燃室）式两大类。美国的德士古 TCCS 和福特 PROCO，以及日本三菱 MCP 属于统一式；日本的本田 CCVC 和丰田 TGP，以及德国的博世 SKS 和大众 PCI 则属于预燃室式。

2. 按燃烧供给方式分

按燃烧供给方式的不同，汽油稀薄燃烧可分为三种类型，即进气道喷射分层稀薄燃烧 PFI、缸内直喷稀薄燃烧 GDI、均质混合气压燃 HCCI。

七　稀薄燃烧空燃比的特性

稀薄燃烧技术的宗旨是使发动机在最佳稀薄空燃比下稳定工作，以改善燃油消耗率和排放性能。从图 1-1 给出的空燃比特性曲线可知：在理论空燃比下，采用三元催化技术，可以使 NO_x 排放达标，但不能满足燃油经济性的要求；提高空燃比，NO_x 排放量增加，$\alpha = 16$ 时达到最大；

而后继续增加空燃比，NO_X 排放量下降，而发动机输出转矩的变动量小的空燃比范围很窄。因此，空燃比的精确控制成为稀薄燃烧技术成功的关键。

稀薄燃烧空燃比的控制策略有以下三种。

1. 空燃比反馈控制

1）控制原理。在排气系统中安装氧传感器，利用它测出排气中的 O_2 浓度，实现空燃比的闭环控制。它的工作原理如图 1-2 所示，排气侧有氧化铝和镁制成的气体扩散层，管型加热器可将端部加热至 700~800℃，传感器通过将氧离子沿图 1-2 所示实线方向泵入，可探测到排气中氧气的浓度，由此进行空燃比的反馈控制。

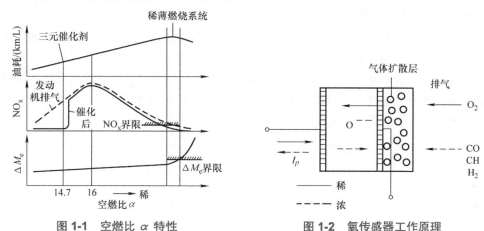

图 1-1 空燃比 α 特性　　　　图 1-2 氧传感器工作原理

2）控制过程。氧传感器输出的信号为模拟量，需进行 A/D 转换，转换后输入电子控制单元 ECU。ECU 根据传感器测得排气中的 O_2 浓度，查询存储在 ROM 中的、由发动机工况确定的目标空燃比脉谱图，计算该工况下排气中的目标 O_2 含量。然后比较目标值与实测值，求出偏差量并修正。ECU 根据修正的 O_2 浓度确定燃油的最终喷射量，如图 1-3 所示。

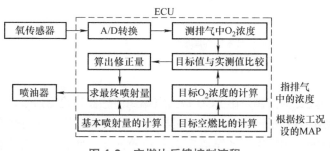

图 1-3 空燃比反馈控制流程

2. 燃烧压力反馈控制

此方式通过气缸压力传感器直接检测气缸内的燃烧压力，计算出发动机每一循环输出转矩的变动量 ΔM_e，以此进行空燃比的反馈控制，使实际转矩的变动量控制在允许的范围之内，如图 1-4 所示。该控制方式是直接测量发动机输出转矩的变动量，故可以控制空燃比 α 使实际转矩变动量更接近于所允许的界限值。因此，可将空燃比控制在稀薄燃烧范围的上限，使油耗率降得更低，NO_X 的排放量更少。

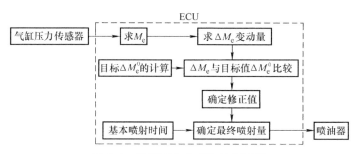

图 1-4　燃烧压力空燃比控制流程

3. 物理模拟的空燃比控制

它是改进的稀薄燃烧汽油机空燃比控制方案。该方案增加了一个进气模拟参数在线辨识模块，并对前馈综合控制参数进行实时在线修改，构成自校正调节器环节，以提高前馈控制的反应速度和精度；增加了电控节气门环节，以满足发动机在稀薄燃烧时进行浓稀转换控制的特殊要求，其模拟参数可通过离线辨识事先输入控制器中；用线性氧传感器，使反馈环节在发动机整个空燃比工作范围内都起到良好的调节作用，如图 1-5 所示。

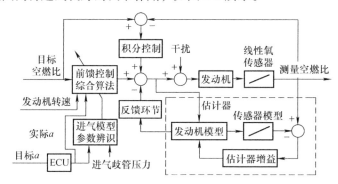

图 1-5　改进的稀薄燃烧汽油机空燃比的控制方案

八　稀薄燃烧空燃比的控制过程

稀薄燃烧过程空燃比的控制是由 ECU 根据空燃比传感器的检测信号，进行空燃比的反馈控制，保证实现稀薄燃烧过程的所需空燃比，是根据发动机转速及节气门开度等发动机的运转条件进行相应修正所得的。实际控制过程是 ECU 控制喷油器，使实际燃料的喷射量达到事先根据发动机运行状态设定的目标喷射量，即在基本喷射量的基础上，乘以稀薄燃烧空燃比的学习修正系数。该系数是根据发动机可实施稀薄燃烧空燃比控制的运行条件设定或变更的。发动机可实施稀薄燃烧空燃比控制的运转条件，由发动机冷却液温度、转速、进气压力及其变化量，以及节气门开度及其变化量决定。当 ECU 监测到稀薄燃烧空燃比控制条件成立时，从寄存器读取发动机前一次怠速状态下运行时所用的学习修正系数，完成稀薄燃烧控制过程；如不满足稀薄燃烧空燃比控制条件，则回到初始检测等待状态，重新监测发动机是否满足实施稀薄燃烧空燃比控制的运行条件。

1）稀薄燃烧空燃比控制技术的实质是控制燃油的喷射量，主要有空燃比反馈控制、燃烧压力控制，以及带有自校正调节器的基于物理模型的空燃比控制三种方式，它们有效降低了排放和燃油消耗率。

2）稀薄燃烧空燃比的控制由 ECU 根据发动机可实施稀薄燃烧空燃比控制的运行条件，确定稀薄燃烧空燃比的学习修正系数，确定实际燃油喷射量，完成稀薄燃烧空燃比控制。

九 HCCI 的压燃技术

1. HCCI 的工作原理

HCCI 的全称是 Homogenous Charge Compression Ignition，意即均质混合气压缩点燃。早在 20 世纪 30 年代，人们就认识到在汽油机上存在均质混合气压缩自燃的燃烧方式。HCCI 燃烧方式的出现，有效地解决了传统均质稀薄点燃燃烧速度慢的缺点，是有别于传统汽油机的均质点燃预混燃烧、柴油机的非均质压缩扩散燃烧和 GDI 发动机的分层稀薄燃烧的第四种燃烧方式。

HCCI 发动机与传统的汽油发动机一样，都是向气缸里面注入均匀的空气或可燃混合气，但传统的汽油发动机通过火花塞点火，点燃可燃混合气；而 HCCI 发动机的点火过程同柴油发动机相类似，通过活塞压缩混合气使之温度升高至一定程度时自行燃烧。而提高缸内混合气温度和压力的方式有提高压缩比、采用废气再循环、进气加温和增压等。在压燃时气缸内形成多个点火核，有效维持了着火燃烧的稳定性，并减少了火焰传播距离和燃烧持续期，解决了传统均质稀薄点燃燃烧速度慢的缺点。

2. 汽油机 HCCI 与柴油机燃烧方式的区别

汽油机 HCCI 与柴油机燃烧方式的不同在于：柴油机在着火时刻燃油还没有完全蒸发混合，进行的是扩散燃烧方式，燃烧速率主要受燃油蒸发以及与空气混合速率的影响；而进行 HCCI 燃烧的混合气在着火前已经均匀混合，进行的是预混燃烧模式。它既保留传统汽油机升功率高的特点；又由于节流损失减小，设计压缩比高，采用多点同时着火的燃烧方式使得能量释放率较高，接近于理想的等容燃烧，热效率较高，改善了部分负荷下的燃油经济性。另外，它还可以利用废气再循环控制均质稀混合气。

3. HCCI 的主要优点

1）HCCI 的优点在于它可以同时保持较高的动力性和燃油经济性。一方面，它采用均质燃烧混合气，保持了传统汽油机升功率高的特点；另一方面，它减少了节流损失，设计压缩比高，采用多点同时着火的燃烧方式使得能量释放率较高，接近于理想的等容燃烧，热效率较高，且保持了柴油机部分负荷下燃油经济性好的特点。如 1996 年丰田汽车公司研究的 HCCI 汽油机，压缩比提高到 17.4，空燃比设计值为 33～44。研究表明，它的缸内平均指示压力与 GDI 汽油机和柴油机相当，如图 1-6 所示。它的燃油消耗率水平甚至超过直喷柴油机的水平 [180～200g/(kW·h)]，并且随着进气温度的提高，HCCI 燃烧的稀薄燃烧界限可拓宽至空燃比为 80 以上。

2）HCCI 燃烧方式可以同时降低 NO_x 和炭烟。它通过设计较稀的混合气空燃比，或利用再循环的废气控制把燃烧温度降低到 1800K 以下，并且由于它以均质混合气燃烧方式工作，有效地抑制了 NO_x 和炭烟的生成，几乎做到了无烟燃烧。

3）由于HCCI只与燃料本身的物理化学性质有关，它的着火和燃烧速率只受燃油氧化反应的化学反应动力学控制，受缸内流场影响较小。同时，均质预混的混合气组织也比较简单。因此，在发动机上实施HCCI燃烧模式可以简化发动机燃烧系统和喷油系统的设计。HCCI发动机设计的难点在于对HCCI燃烧速率和着火时刻的控制。由于车用发动机的工况多变，想要在各工况点都获得较好的燃烧和排放特性，则必须对HCCI燃烧进行控制。如果HCCI燃烧控制得较好，则发动机可在拓宽的大空燃比范围内进行高效、稳定的燃烧，循环波动压力小，工作柔和；如果HCCI燃烧组织得不好，则容易出现爆燃或失火，发动机的性能变差。

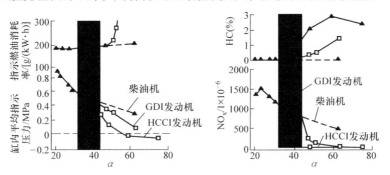

图1-6　HCCI发动机、GDI发动机和柴油发动机性能对比

控制HCCI燃烧的方法

HCCI燃烧的着火时刻主要受到混合气本身化学反应动力学的影响，受负荷、转速的影响较小，因此不能通过常规的负荷、转速等反馈信号来加以控制，只能通过试验手段间接测量，获取经验。控制HCCI燃烧的方法如图1-7所示，但目前还没有单独的切实可行的方法控制HCCI燃烧始点，需要综合采用两种或多种控制方法。还有学者通过数值模拟方法进行HCCI燃烧始点控制的研究，但由于燃油火焰前的氧化反应机理还未完全清楚，这类工作只是定性地与试验取得了一致，还无法实际应用于指导HCCI燃烧始点的控制。对于HCCI燃烧速率的控制策略，由于HCCI燃烧反应较快，因此一般采用较大的空燃比，或较高的废气再循环率来减缓燃烧率，以防爆燃的发生，但这使得发动机缸内的平均指示压力难以达到较高的水平，这就使HCCI发动机容易受到失火、爆燃、功率等的限制，可操作范围不宽。

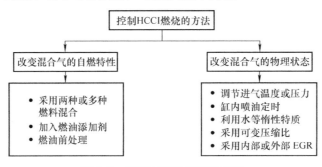

图1-7　控制HCCI燃烧的方法

第二节　缸内直喷发动机的原理

缸内直喷发动机混合气的模式一般分为分层混合气、均质稀混合气、均质混合气三种，在不同的工况采用不同的模式。下面介绍缸内直喷发动机的特点、不同混合气模式的实现方法及其控制策略。

一、分层燃烧与缸内直喷

分层燃烧技术和缸内直喷技术一直是相关联的。不是说缸内直喷就必须采用分层燃烧，也不是说分层燃烧必须采用缸内直喷。分层燃烧的真正目的是可以实现较稀混合气的点燃，而设计缸内直喷的主要目的则是为了实现稀薄燃烧。发动机的稀薄燃烧技术主要是为了让混合气更充分燃烧，以达到降低油耗和排放的目的。

分层燃烧实际上成了实现稀薄燃烧的技术手段。而要实现分层燃烧，又必须基于缸内直喷，对于缸外喷射的发动机，是无法实现分层燃烧的。稀薄燃烧的目的是为了节省燃油，而省油说起来很简单，少喷油不就行了嘛！但是少到什么程度才合适，才能在保障动力系统不受太大影响的前提下，实现燃烧效率的最优化呢？我们知道燃油和空气的理论混合比是14.7∶1，当混合气的空燃比超过理论空燃比，假设达到了25∶1，这时油的浓度很低，会很难点燃，光靠提高点火能量还是不够的。

设想一下，如果此时在火花塞附近的燃油浓度较高，能达到理论空燃比的燃油浓度，那么此时较浓的混合气其实是很容易被点燃的。而如果用这个较浓的混合气去点燃其他的混合气，显然也是很容易的，这就是分层燃烧。如果采用分层燃烧，就可以在很低的燃油浓度下，实现发动机的正常运转。而从上面的分析我们可以看出，实现分层燃烧的前提就是气缸内的可燃混合气不均匀化，只在靠近火花塞的区域内达到或超过理论空燃比。

如果是采用缸外喷射的发动机，燃油喷射在进气歧管里，在进气门打开活塞向下运动时，缸内会形成一个很大的负压，油气混合气被吸入后会在缸内形成很多涡流，这些涡流会使燃油和空气得到充分的混合，也就是说进入气缸的混合气已经经过了较充分的混合，点燃这种已经充分混合的稀薄混合气就会变得非常困难，因为它们无法实现分层，自然也就无所谓分层燃烧了。所以，只有缸内喷射，才会实现分层燃烧。

二、GDI 与 FSI 的区别

缸内喷射目前主要分为两大阵营，一个是三菱的 GDI，一个是大众的 FSI。三菱的 GDI 是最早的缸内直喷汽油发动机。其实无论是 GDI 还是 FSI，或者其他的缸内直喷稀薄燃烧发动机，它们的设计理念就是想借鉴柴油发动机节油的先天优势，来实现对汽油发动机的优化，所以它们在结构上有一定的相似性。柴油机是缸内喷射，这些发动机也是，柴油机的压缩比很高，这些发动机的压缩比也相对较高，一般都在 12∶1 左右。但是，在这种压缩比下，由于汽油这种

燃料的稳定性要比柴油差很远,很难实现压燃,还是要依靠火花塞来点燃。所以,稀薄燃烧技术就成为这类直喷发动机的独门技术,以提高燃烧效率来实现节油、环保的目的。

三菱的GDI采用的是真正的直接喷射,设计师将喷油器布置在气缸顶部,离火花塞和进气门都很近的地方,在发动机进气行程中,它也会喷油,但喷油量非常少,在活塞向下运动到底部并向上压缩时,气缸内的空气已经得到完全混合,这就如同缸外喷射的道理。但这时的混合气是不能被点燃的,因为浓度实在是太低了,预先达到这种浓度,只是为第二次喷油点燃缸内气体并充分燃烧做准备。当活塞即将达到上止点时,喷油器开始第二次喷油,因为喷出的燃油是漏斗形,越是靠近喷油器的地方,浓度就越高,而火花塞离喷油器很近,显然,此时在火花塞附近的燃油浓度是很高的,比其他部位的混合气要高,从而实现了不同区域出现不同浓度混合气,也就是所谓分层。现在,火花塞附近的混合气较浓,很容易被点燃,这部分点燃的气体会继续引燃剩余的混合气,从而达到分层点火燃烧的目的。

大众的FSI喷油是间接式的。大众的FSI把喷油器安放在进气门附近,同样是两次喷油,但喷油对象是对准活塞,而且在活塞上有个U形槽,燃油喷射出来后,会随着凹槽转变方向,目的地也是火花塞附近。因此也实现了在火花塞附近形成较浓的混合气,达到燃油分层的目的。大众的目的似乎很单纯,就是想要节油,活塞上的U形槽有助于产生更多的缸内涡流,使混合更充分。

三 缸内直喷发动机的优缺点

1. 缸内直喷发动机的优点

由于燃油被精确喷射进气缸燃烧室内,因此它具有节省燃油、减少废气排放、提升动力性能、减少发动机振动、喷油的准确度提升、发动机工作寿命长等优点。

(1)节省燃油

现代发动机技术的趋势之一就是节约燃料,而缸内直喷技术可以大大提升燃油与空气混合的雾化程度与混合的效率,带来了燃油的节约。采用缸内直喷技术的车型油耗水平可下降3%以上。缸内直喷允许采用较迟的点火时间,可进一步推迟喷油时间,有利于油气在高温下的快速蒸发和分层。晚喷方式喷油定时的设计原则,是使喷油结束到点火之间的时间间隔尽可能地短,以避免燃油蒸气的过度扩散,维持分层的稳定性。但时间过短会造成燃油颗粒不能较好地雾化蒸发,导致发动机不能可靠地点火。因此,喷油时间和点火正时都需要随着工况改变而进行优化。在某些过渡工况进行两段喷射被实验证明是保证平稳过渡的有效方法,如丰田第一代D-4GDI机型,在从中负荷向大负荷的过渡时,采用了两段喷射技术,把燃油分两次分别在进气和压缩行程中喷入气缸。在全负荷下也采用两段喷射技术,把燃油分两次分别在进气和压缩行程中喷入气缸,第一次喷入的燃油蒸发可以提高发动机的充气系数,第二次蒸发的燃油可以降低压缩终了的气体温度,抑制了爆燃的发生,可增加功率2%～3%。三菱公司开发的4G15型缸内直喷汽油机在冷起动时采用在做功行程后期补充喷油的方法,可以使催化器快速起燃,降低HC和NO_x排放。这方面的主要原因是:

① 部分负荷下采用稀薄分层混合气,比热容数值增大(由1.3向1.4趋近),使发动机循环

热效率提高，从而降低了油耗。

② 缸内燃油蒸发导致压缩终点混合气温度降低，加之是稀混合气，爆燃倾向减小，从而使压缩比提高，也使循环热效率提高，从而降低了油耗。

③ 由于中小负荷工况采用稀薄燃烧和均质调节方式，泵气损失大大减少（降低 10% 左右），使发动机工作效率提高，从而降低了油耗。

④ 中小负荷时燃烧室周边基本是空气，散热损失减少，使发动机热效率提高，从而降低了油耗。

（2）减少废气排放

缸内直喷发动机的高压泵能提供高达 $1.2 \times 10^7 Pa$ 的压力，确保燃料快速蒸发、充分燃烧，最大限度地减少废气中的有害杂物。冷起动时的 UBHC 降低，温室效应气体 CO_2 排放减少，稀薄燃烧使发动机排出的 NO_x 降低，并允许采用更高的废气再循环率来降低 NO_x 排放。

（3）提升动力性能

由于燃料的混合更充分、燃烧更彻底，也带来了燃料转化为动能的效率提升，直接推动了发动机动力性能的增加，同排量下，最大功率可提高 15%。

（4）减少发动机振动

由于缸内直喷技术允许更高的压缩比，同时缸内爆燃情况大大减少，对降低发动机低速情况下的振动也有明显的效果。

（5）喷油的准确度提升

缸内直喷技术的关键是电子控制系统的精确控制。由于电子控制系统会感知发动机缸内的实际工作情况，并会在瞬间完成对喷油量、喷油时间和压力的微调，保证了发动机始终处于精确的喷油状态。

（6）发动机工作寿命长

新技术不但提升效率，减少排放，更对发动机工作寿命的延长起到了积极的作用。燃油直接喷射于气缸内并迅速转化为能量，大大降低了传统发动机燃油附着于进气歧管而带来的损害。

（7）各缸工作不均匀性改善

由于燃油直接喷入气缸，可以对各缸的空燃比进行精确并相对独立的控制，改善了各缸工作的不均匀性。

（8）良好的瞬态响应

GDI 方式没有 PFI 方式所形成的壁面油膜，燃油计量精确，加速响应快，减速断油及时，冷起动迅速，冷起动加浓要求低。

2. 缸内直喷发动机的缺点

缸内直喷发动机具有柴油机的经济性并保持了汽油机的特点，相对于技术成熟的 PFI 发动机具有显著优点，但是排放、燃烧稳定性等方面的问题限制了其普遍应用。目前，缸内直喷技术完全替代 PFI 技术仍然存在一些技术挑战。

（1）排放控制

分层混合气浓度非均匀分布，存在较浓的混合气，在这些区域中局部燃烧温度仍然较高，导致 NO_x 排放较多，然而总体混合气较稀不能有效利用三元催化转化器；分层混合气外边界较稀的部分易发生火焰熄灭现象，同时缸内喷油湿壁现象会使活塞顶部和气缸壁混合气过浓的区域燃烧不好，使得小负荷时 HC 排放相对较高。分层燃烧工况由于混合气浓度分布不均匀，使 GDI 发动机微粒排放增加。

（2）稳定燃烧控制

GDI 发动机分层充气稀薄燃烧区域的稳定燃烧控制难度较大，部分负荷分层稀薄燃烧和大负荷均质燃烧模式转变时的控制也非常复杂；为了降低 NO_x 排放，GDI 发动机采用较高的废气再循环率，且喷油器沉积物增加，这都增加了稳定燃烧控制的难度。

（3）燃油经济性

燃油缸内直喷需要较高的供油压力，提高喷油压力和油泵回流增加了发动机机械损失，喷油器、油泵驱动额外增加了电能消耗，催化器快速起燃和再生补偿也增加了燃油消耗。

（4）性能和可靠性

相对 PFI 发动机，GDI 发动机喷油器沉积物和积炭增多，并且由于提高了系统压力，降低了燃油的润滑性，增加了供油系统的磨损；由于使用较稀的混合气，缸套的磨损增加，进气门和燃烧室的沉积物也增加。

（5）控制复杂性

GDI 发动机从冷起动到全负荷的各种工况都需要复杂的供油和燃烧控制，并需要复杂的排放控制系统和控制策略，同时也增加了系统优化的标定参数。GDI 发动机要求复杂的供油系统硬件，需要高压泵和更复杂的控制系统。由于三元催化转化器在 GDI 发动机上不能有效地使用，目前 GDI 发动机面临的重要问题是 NO_x 排放控制。虽然 GDI 发动机稀薄燃烧能够降低 NO_x 的排放，但是达不到三元催化转化器降低 NO_x 排放 90% 的水平。世界范围内正在开发稀薄燃烧催化器，但目前在整个发动机工作区域内的 NO_x 转化效率仍低于三元催化转化器，小负荷时 HC 排放增加仍待解决。

四 缸内直喷发动机工作原理

1）进气过程。在均质混合气模式，节气门的开度是按加速踏板位置传感器的信号来控制的。进气歧管翻转阀是根据发动机的负载和转速来控制的，它可以打开、关闭、部分关闭进气歧管的下进气道，如图 1-8 所示。

2）喷油过程。喷油时刻是在压缩行程上止点前 300℃A 时喷入燃油，如图 1-9 所示，但此模式的过量空气系数为 $\lambda = 1$。

3）混合气形成。混合气形成只发生在 40°~50° 曲轴转角之间，如果曲轴转角小于这个范围则无法点燃混合气，如果曲轴转角大于这个范围，则混合气就变成均质充气，$\lambda = 1.6 \sim 3$，如图 1-10 所示。

4）点燃做功过程。对于均质混合气模式，点火时刻也有较大的范围，根据发动机的负荷、转速以及其他传感器信号来进行精确控制，如图 1-11 所示。

5）排气过程。活塞由下向上移动，进气门关闭，排气门打开，气缸中的燃烧废气由活塞向上移动时，经排气门排至大气中，如图 1-12 所示。

第一章 缸内直喷发动机原理与燃烧技术控制

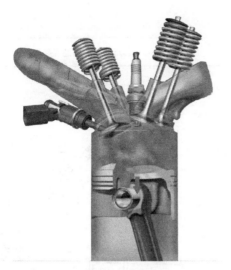

图 1-8 进气过程

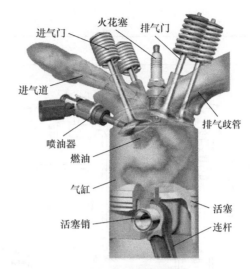

图 1-9 喷油过程

图 1-10 混合气形成

图 1-11 点燃做功过程

图 1-12 排气过程

第三节 缸内直喷发动机控制技术

一、燃油供给系统的技术要求

1. 缸内直喷类型

现在已开发的缸内直喷射系统可分为采用高压燃油直喷和采用低压空气辅助直喷两种，如图 1-13 所示。对两种喷射方式的燃烧系统性能研究表明，后者比前者对部分负荷运转的适应性更强，对喷油定时、空燃比、废气再循环的容许范围可以更宽一些。这主要是因为后者的燃油和空气在喷入气缸前就进行过一次预混合，因此它在缸内的喷雾质量及雾化速度都较高。但此种系统通常需要两套电磁阀、喷油器和压气机等附加设备，使得它的生产成本较高，结构复杂，其应用研究还在进一步进行中。而高压汽油直喷式系统，由于可借鉴进气道喷射系统的经验，容易开发，性能可靠，因而得到广泛使用。

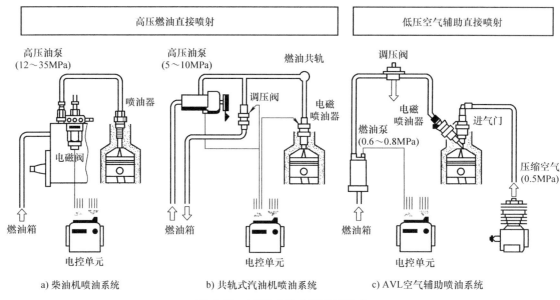

图 1-13 直喷式发动机喷射模式

2. 汽油直喷对喷油质量和喷射压力的要求

为了在压缩行程后期较短的时间内形成良好的混合气，GDI 发动机要求较高的喷雾质量。一般来说，索特平均直径（SMD）不应大于 25μm，90% 的燃油颗粒直径（DV90）不应超过 45μm。GDI 燃烧系统对喷雾质量非常敏感，少量大尺寸液滴就能明显恶化发动机的排放性能和降低燃烧效率。另外，液滴的最大直径不应超过 50μm，因为排气中的炭烟主要是大粒度的燃油来不及蒸发混合造成的。提高喷油压力是促进燃油雾化的有效手段，这样能获得较小粒度和均匀的喷雾。但过高的喷油压力往往会造成喷雾贯穿距离过长、燃油碰壁等情况，另外也使燃油泵的负荷增大和机械噪声增加，所以 GDI 发动机的喷油压力也不能设计得过高。一般高压汽油直接喷射方式所需要的喷油压力应在 5 ~ 13MPa 之间。有一种采用可变喷射压力的汽油直喷模式，能更好地满足不同负荷对喷雾的要求。

3. 高压泵的开发

由于汽油的黏度小，高压油管的压力波动较大，柱塞副的磨损也较大，传统柴油机用柱塞泵的性能和耐久性不能满足汽油高压喷射的要求，因此不少公司开发了 GDI 专用的高压泵。现代直喷式汽油机高压泵的任务是将燃油压力由 0.35 ~ 0.40MPa 的初级输油压力提高到 12MPa，甚至最高达 20MPa，并要求泵油流量变化小，以减小共轨中的压力波动。

首先，应根据发动机的要求合理确定高压泵的排量。高压泵应具备比发动机全负荷喷油量要求的最小供油量更大的泵油量，以满足实际运转中动态压力变化的需要。例如：就排量为 2.2L 的缸内直喷式汽油机而言，经计算高压泵排量大约为 0.4cm^3/r 左右。现代缸内直喷式汽油机所应用的高压泵的结构类型如图 1-14 所示，大致有轴向柱塞泵、径向柱塞泵和直列式柱塞泵三种。仅仅从功能角度来讲，采用三种柱塞泵中的任一种，都能满足要求。但是，从各方面综合评价的结果，显然径向柱塞泵更为有利，由于其中 3 个柱塞径向均匀布置，对驱动轴的径向作用力可部分抵消，而且结构长度较短，特别是可由发动机凸轮轴直接驱动，因此在使用寿命和工作效率方面均具有优势，因此它成为现代直喷式汽油机上应用最广的一种高压泵。

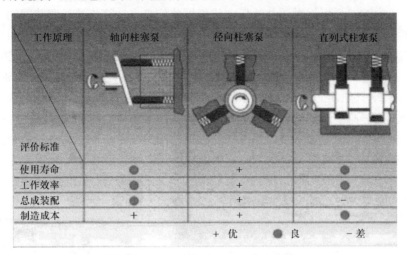

图 1-14　现代缸内直喷式汽油机高压泵的结构类型

这种径向柱塞泵的供油量波动性主要取决于柱塞的数目。为了获得较小的供油波动，至少需要 3 个柱塞交替泵油。采用单缸泵、3 缸泵和 5 缸泵进行的对比试验研究证实，3 缸泵在性能和成本方面具有最有利的综合优势。此外，与电动机驱动方案相比，径向柱塞泵由发动机凸轮轴直接驱动，在装配、效率和成本等方面更为有利。图 1-15 示出了这种径向柱塞式高压泵的基本结构，其主要特点是：柱塞经滑动底座支承在凸轮上，同时由于进油阀直接集成在柱塞副上方，因此泵油室的有害容积最小。图 1-16 示出了高压泵在发动机怠速、部分负荷和全负荷 3 种典型运转工况时，不同共轨压力下的驱动功率。

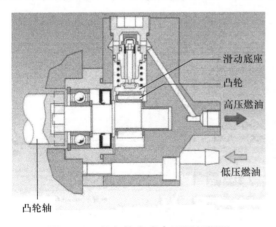

图 1-15　径向柱塞式高压泵剖视图

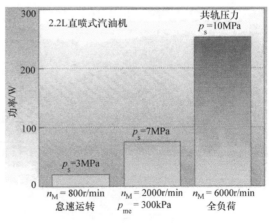

图 1-16　高压泵的驱动功率

与这种传统的 3 缸径向柱塞泵相比，大众轿车新的 1.4L/1.6L-FSI 分层直喷式汽油机，奥迪 A3 轿车的 20L-FSI 分层直喷式汽油机，都采用了 BOSCH 公司新开发的，可按需要调节供油量的 HDP2 型单柱塞高压泵，如图 1-17 所示。这种高压燃油泵不仅具有较轻的质量、较小的外形尺寸和较高的效率，而且泵油量能按需调节，降低了高压泵的驱动功率（约 40%），特别是在发动机需要燃油量较少的运转工况，具有明显的节油效果。如图1-18所示，这种按需要调节供油量的高压泵的工作原理如下：其泵油量的调节是由集成在油泵上的电控油量调节阀（MSV）来实现的。发动机电控单元根据燃油共轨压力传感器的信息来计算该油量调节阀的关闭时间，仅仅将为达到喷油压力所必需的燃油量泵入燃油共轨中去，一旦燃油共轨中的燃油压力达到所需的额定值，油量调节阀即被打开，多余的燃油被剩下的柱塞行程泵回到高压泵的进油油路中去，这样不仅节省了高压泵的功率消耗，具有明显的节油效果，而且避免了油箱中燃油温度的升高，使得即使在20MPa共轨压力下也无须燃油冷却器。进油阀上方低压进油腔的弹簧-膜片式低压燃油稳压器，能够减小进油油路中的压力波动，提高泵油量精度。这种单柱塞高压泵悬挂安装在凸轮轴相位调节器的旁边，由位于进气凸轮轴轴端的凸轮传动。该凸轮上的两个凸起相差180°，由于两次相邻的喷射只有一次泵油行程，在第一次喷射后燃油共轨中的压力会降低，如图1-19所示，第二次喷射的喷油时间由发动机电控单元进行修正，以使第二次喷油仍能喷射出相同的燃油量，因而大大提高了喷油精度。

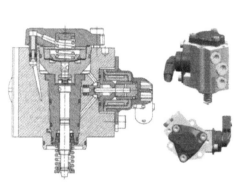

图1-17 供油量按需调节BOSCH-HDP2型单柱塞高压泵

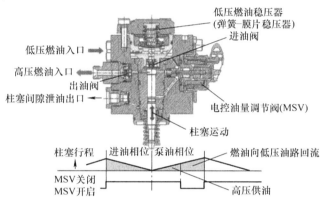

图1-18 可调高压泵的工作原理

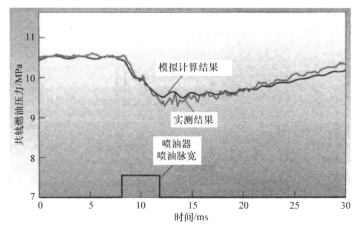

图1-19 共轨压力对应喷油脉宽动态变化关系曲线

4. 喷油器开发

（1）按开启方式分的喷油器类型

喷油器是现代缸内直喷式汽油机喷油系统中的核心部件，一方面必须满足喷油器在结构紧凑的气缸盖上的装配条件，另一方面喷油器必须满足对较短的喷油持续时间、较大的喷油量线性动态流量范围等方面特别高的要求，同时燃油喷束特性对于调节分层混合气燃烧过程又具有特别重要的作用。选择喷油器形式的评判标准，除了应具有良好的雾化品质之外，还必须不易积炭，并能够实现倾斜于喷油器轴线的喷射油束（这对于空气滚流分层燃烧过程特别重要），以及易于加工和适合于大批量生产。如图1-20所示的三种喷油器形式的综合评价，其中喷油器针阀的开启方式存在着原则性的区别，对其性能产生重大的影响。图1-21显示了这三种喷油器喷射油束形状的比较。

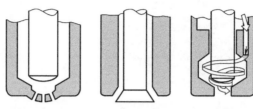

评价标准	多孔喷油器	A型喷油器	I型喷油器(旋流雾化)
油束形状的灵活性	++	+	+
油束倾斜的可能性	+	−	++
燃油雾化品质 (在系统压力10MPa下)	−	○	++
抗结焦耐久性	−	++	+

注：+优　○良　−差

图1-20　三种喷油器类型

 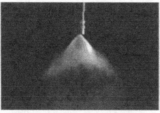 

多孔喷油器　　　　　　向外开启喷油器(A型喷油器)　　　　向内开启旋流喷油器(I型喷油器倾斜喷射)

图1-21　三种喷油器喷射油束形状的比较

A型喷油器由于针阀向外开启，具有较好的抗积炭能力，但喷射油束形状是一个透明的空心圆锥体，其雾化品质略差，呈现有限的伞状油束，较为适合于喷射油束引导的分层燃烧过程。

I型旋流喷油器的针阀向内开启，并能在密封座面上方产生燃油的横向旋流，因而能形成非常良好的雾化品质，并能产生倾斜于喷油器轴线的喷射油束，便于喷油器在气缸盖上的布置，特别适合于空气滚流引导和壁面引导的分层燃烧过程。这种雾化方法及其油束方位的灵活性和不易积炭的特点，使其具有明显的优势，从而获得了广泛应用。

多孔喷油器与当今直喷式柴油机使用的十分相似，其特点是可通过每一个喷孔喷射出界限分明的单个油束，虽然其雾化品质不如旋流喷油器，但是它可通过有针对性地设计各个喷孔的长度与孔径比，调整油束在燃烧室中的位置和单个分支锥形油束的贯穿度，能灵活地适应燃烧室的几何形状。如图1-22所示，旋流喷油器和多孔喷油器的结构及其喷射油束的形状，应根据缸内直喷式汽油机所采用的燃烧过程的要求来选择。

旋流式喷油器的混合气形成　　　多孔式喷油器的混合气形成

图 1-22　旋流喷油器和多孔喷油器的结构及其喷射油束的形状

（2）按针阀控制方式分的喷油器类型

现代缸内直喷式汽油机喷油系统应用的喷油器，按针阀控制的方式可分为电磁阀控制式喷油器和压电控制式喷油器两种。

1）电磁阀控制式喷油器。当今的缸内直喷式汽油机一般采用电磁阀控制式喷油器，如图1-23所示。它的针阀的运动质量较小，能达到高频率喷油必须快速开关的时间要求，从而在最大喷油持续时间5ms情况下获得了喷油量1∶12的线性动态流量范围，已能够满足一般缸内直喷式汽油机的要求。这种汽油机喷油器的头部细长（直径为7.7mm，长度为20mm），并选用尽可能小的喷油器套直径（21mm），有利于在发动机气缸盖上的布置，这样使得气缸盖可以布置足够的冷却水套。

但是，随着现代缸内直喷式汽油机升功率的提高，对喷油器最小和最大喷油量之间的喷油量跨度，也即喷油量的线性动态流量范围（最大喷油量/最小喷油量）的要求已有明显提高。为此，西门子威迪欧（Siemens VDO）公司开发了新一代Deka-DL-XL2型电磁阀控制式喷油器，其喷油量动态范围>20。这种新一代喷油器具有的喷油量跨度，能适用于升功率高达95kW/L的涡轮增压汽油机。

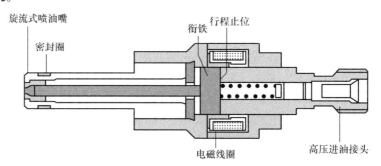

图 1-23　电磁阀控制式喷油器结构

为了达到如此大的动态流量范围，必须对喷油器的磁回路进行优化，使得存储在电磁线圈中的能量最少，从而使喷油器针阀能够迅速地开启和关闭。然而，燃油压力高时，喷油器磁回路中应具有比燃油压力低时更多的能量，这样喷油器才能开启。但是，当喷油器中的磁能存储得太多时，就会延缓关闭过程，为此在发动机电控单元中集成了一个控制喷油器的可变驱动器，能够根据燃油压力的大小，通过改变软件参数为喷油驱动器预先确定不同的驱动电流波形，以控制磁回路存储的能量恰好等于喷油器开启所必备的能量。因此，在任何时候喷油器开启和关闭的动作时间都是最短的，从而大大改善了这种喷油器针阀的动态性能，扩大了其动态流量范围。

这种新一代电磁阀控制式喷油器具有较强的工作能力，其静态流量高达17g/s（在10MPa和70℃时），并且在4MPa燃油压力和0.35ms喷油持续期时的最小动态喷油量为4mg/喷油脉冲。它的喷油的雾化品质可达到平均油滴直径（SMD）< 20μm，完全能够满足高效燃烧的需要。同时，喷油器的开启和关闭时间 <300μs，每工作循环可进行两次喷射，因此在选择喷油脉冲的相位和喷油量时具有更大的自由度。

这种新一代电磁阀控制式喷油器还具有非常灵活的结构形式：可以安装在气缸侧面位置，也可以安装在气缸中央位置，而喷油器经过优化后，旋流喷油器的油束锥角可达到35°~80°，其油束偏转角可为0°~25°；多孔喷油器的分支油束可多达6~8支，油束锥角可为35°~90°，其油束偏转角可为0°~30°，因而几乎能够形成各种各样的喷雾油束。这种可变性对于在现代缸内直喷式汽油机上的应用而言是一个非常重要的因素，因为油束的几何形状对适应燃烧室中的情况具有非常重要的意义，可避免润湿壁面、形成炭烟和稀释机油。

2）压电控制式喷油器。近几年，常规的电磁喷油器越来越多地被高速开关的压电喷油器所替代。后者更迅速的针阀开关特性能够获得更精确的燃油计量和更小的喷油量，不但能够降低噪声和油耗，而且还能减少有害物排放。图1-24所示的是西门子威迪欧（Siemens VDO）公司开发的压电喷油器。这种喷油器最重要的特点是压电执行器以及由其直接操纵的向外开启的针阀和机油阻尼热补偿器等，具有高的抗结焦能力和非常短的开关时间（200μs），并能够实现多次喷射，以及喷油器针阀的全升程和部分升程，其最短的喷油时间可达0.1ms，同时具有高的静态流量（在20MPa喷油压力下最多可达约30g/s），大大拓展了喷油器的动态流量范围。因此，特别是对于喷油量跨度较大的涡轮增压直喷式汽油机，在喷油策略方面可获得很大的自由度，可根据发动机负荷、转速和温度，将喷油量在整个进气和压缩行程期间任意分成多达3次喷射。在小负荷工况时只需进气行程期间的单次喷油脉冲就足以获得均匀的混合气，而在低速高负荷运转工况时，将喷油量分成2次或3次喷射，这样就能够尽可能减少燃油湿壁和机油稀释现象。此外，高精度的喷油量计量为现代缸内直喷式汽油机满足越来越严格的废气排放限值提供了必要的前提条件。

这种压电喷油器的最重要的元件是压电执行器。目前汽车上使用的压电元件都由陶瓷薄片堆（铅-锆-钛，PZT）组成，并带有由银-钯（Ag Pd）或铜（Cu）制成的内触点。这种结构适合于多层陶瓷薄片的机械串联，而在电路上是并联的，这样能够在低电压下获得必要的伸长量，图1-25显示了这种压电元件的基本结构。这种结构类型的压电执行器要求只承受压应力，为了避免在快速收缩时产生拉应力，用一个管状弹簧从外部给压电堆施加预压应力。当发动机电控单元给压电执行器施加一个电压时，它就会膨胀，并向图1-25所示的方向伸长。由于其最大伸长量很小，大约只有其总长度的0.1%，因此现在的压电喷油器都包含有用于加大行程的机械和液压传动元件，有的还有液压伺服回路、补偿元件和增压装置。

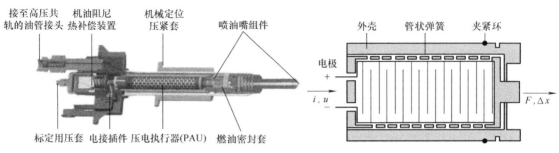

图 1-24 压电喷油器结构　　　图 1-25 用于喷油器的压电执行器基本结构

这种压电喷油器具有重复性较好的高计量精度、稳定的锥形油束和高的抗结焦能力，特别适合于油束引导燃烧过程，能够在很大的运行范围内实现充量分层运转，从而使汽车获得特别好的燃油经济性。

二 燃烧系统的技术要求

1. 混合气形成的宏观控控制

如何有效且稳定可靠地实现部分负荷时缸内混合气的分层与稀薄燃烧，是缸内直喷式汽油机成功的关键技术。按照混合气分层的机理，现代缸内直喷式汽油机的分层燃烧系统大体上可分为喷射油束引导、壁面引导和空气引导三种，具体结构形式如图 1-26 所示。它们在混合气的形成及其向火花塞的输送，以及充量运动的产生等方面的设计思想，存在着很大的不同，而喷油器和火花塞的空间布置不仅影响气缸盖的结构，而且也影响形成可供点燃的混合气的时间和区域，因而对燃烧过程产生重大的影响。

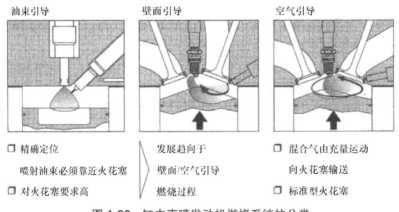

图 1-26 缸内直喷发动机燃烧系统的分类

（1）喷射油束引导

喷射油束引导的燃烧过程由于喷油器和火花塞布置得非常紧凑，直接位于喷射油束的边缘，混合气向火花塞的输送实际上仅依靠喷射油束的能量，在不同的发动机负荷即不同的喷油量时，获取形成混合气所需的空气是通过调节喷射油束的物理参数 - 贯穿深度来实现的，而充量运动和燃烧室的几何形状的影响较小。同时，由于火花塞与喷油器之间的间距较小，其燃烧过程可用于混合气形成的时间非常短,使得只有非常少的混合气能够可靠地点燃,因而其分层燃烧的能力极为有限,而且混合气的点燃是在一个过量空气系数具有很大梯度的范围内实现的,因而对于局部过量空气系数的波动(例如,因喷射油束的差异)反应极其敏感,其燃烧过程强烈地依赖于喷射油束的形状及其特性的误差。另一方面,喷射油束对火花塞的直接撞击,不仅会导致采用普通电极材料的火花塞寿命缩短,而且还出现了难以解决的火花塞易于结胶等方面的问题。此外,这种喷射油束引导的燃烧系统由于喷油器必须紧靠火花塞,至少在四气门汽油机的情况下,还带来一个附加的缺点,即会明显地减小气门尺寸。

(2)壁面引导

对于壁面引导的燃烧过程,喷油器与火花塞彼此之间的间距较大,此时燃烧室壁面(由燃烧室凹坑的几何形状来调整)将喷射的燃油导向火花塞,同时进气道和燃烧室凹坑几何形状所产生的充量运动(滚流或涡流)起到了辅助作用。在这种燃烧过程中,在着火之前有较长的混合气准备时间,因此能够在较大的区域内形成可点燃的可燃混合气,从而使得这种壁面引导的燃烧过程对喷油的误差并不敏感。

(3)空气引导

空气引导的燃烧过程主要是依靠充量运动(滚流或涡流),将燃油中已准备好的气态部分从喷射油束输往火花塞,并且还必须确保在喷射油束和充量运动的共同作用下,在发动机负荷/转速特性场的宽广范围内,获得足够多的充量分层和混合气均质化。

虽然根据混合气形成的机理按上述方式来分类,但是实际上存在着各种方式相互交叉的情况,其中各种因素并存且相辅相成,需应用这些机理的组合效应来达到充量分层的效果,并确保其稳定可靠地运行。例如,壁面引导和空气引导两种机理往往是无法分离而独立存在的,仅仅是以一种机理为主而另一种机理为辅,起到相互支持的效果。特别是进气道和燃烧室凹坑几何形状所产生的充量运动(滚流或涡流),不仅能在充量分层时起到主导作用,而且强烈的充量运动,在晚些时候蜕变成较小幅度的涡流,它们有助于混合气的均质化,以及随后燃烧过程中的物质交换,可以促进充量的完全燃烧。在实际的发动机燃烧系统中,这三种混合气组织形式并不能截然分开,而是两种或三种组合在一起,只是每一种形式的权重不同而已。目前,商品化的缸内直喷发动机中,主要是用壁面引导方式来形成分层混合气,并把浓的混合气运送到火花塞周围。

2. 缸内流场的结构

在进气行程和压缩行程中缸内瞬时流场的组织,是缸内直喷发动机燃烧系统设计中的关键技术。它一方面要促进燃料与空气的迅速混合;另一方面又要控制气流的流动,以生成稳定的分层混合气。发动机中缸内流场的形式主要有三种:

① 涡流。其旋转轴轴线平行于气缸中心线。

② 滚流。其旋转轴轴线垂直于气缸中心线。

③ 挤流。它形成于压缩行程活塞接近上止点时与缸盖间隙处的径向气体流动,它有助于加强压缩终点时的紊流强度。

三种流场的运动变化对于混合气的形成和发展有着很大的影响。

(1)进气滚流

缸内直喷式汽油机所应用的进气滚流是进气空气通过进气道的导向而在气缸中形成的,绕垂直于气缸中心线的轴线旋转的充量运动。根据滚流形成的方式又可细分为正向滚流（如图1-27所示）和逆向滚流（如图1-28所示）两种。

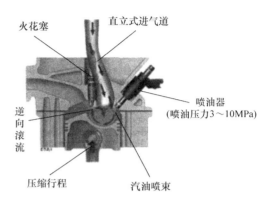

图 1-27　FEV 公司直喷式汽油机的正向滚流　　图 1-28　直喷式汽油机壁面引导燃烧过程中的逆向滚流

逆向滚流通常由直立式进气道产生，进气空气直接沿着同侧的气缸壁面进入气缸而形成充量的旋转运动，流动顺畅，具有较好的流量系数，但其气缸盖高度较高，会增加发动机的总体高度。直喷式汽油机壁面引导式燃烧过程大多应用直立式进气道及逆向滚流。

正向滚流的进气道大多倾斜布置在气缸盖的一侧，而喷油器布置在其下方。图 1-29 所示的奥迪 A3 轿车 2.0L-FSL 直喷式汽油机应用了这种进气道和滚流阀。此时，火花塞可以对称地布置在气缸中央，对燃烧过程十分有利。通常气缸盖滚流进气道中的滚流阀隔板将进气道按 40∶60 的比例分隔成上下两部分，如图 1-30 所示。在其下半部进气道口设有滚流阀。在部分负荷时随着滚流阀的关闭，进气空气越来越多地通过上半部进气道进入气缸，气缸中的滚流强度增强，以此来帮助混合气的形成和控制充量的分层；而在高负荷工况以均质混合气运行时，滚流阀完全打开，以充分利用进气道的流通能力。进气道中的滚流阀隔板可以采用预先将隔板与进气道滤芯一起定位在铸模中铸入，在要求较高的场合也可以如奥迪 A3 轿车 2.0L-FSL 直喷式汽油机那样，在进气道采用可控仿形铣刀进行加工的同时，在进气道中铣出安装滚流阀隔板的槽。这种加工形成的进气道和插入的滚流阀隔板的流量系数，要明显高于进气道喷射 MPI 汽油机。

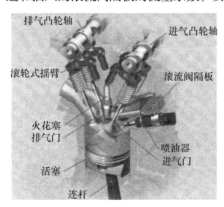

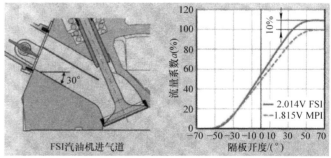

图 1-29　奥迪 A3 轿车 2.0L-FSL 直喷式发动机　　图 1-30　滚流进气道的几何形状及其流量系数

通常，滚流阀及其操纵装置组合成一个组件，连接安装在气缸盖进气道侧。图 1-31 所示的是大众 LUPO 轿车 1.4-FSL 直喷式汽油机的滚流阀组件。各缸的滚流阀用螺钉安装在同一根轴上，由杠杆机构和一个由电磁阀（安装在进气管侧面）控制的真空膜盒操纵，其功能只局限于滚流阀纯粹的开/关控制。真空膜盒通过电磁阀从进气管上的一个单独的真空罐中获得所需的真空度。由于在分层充量运转时可利用的真空度平均只有 0.010 ~ 0.015MPa，因此在日常使用和车辆维修中必须重视系统的密封性，以避免因真空度不足甚至无真空度而使分层充量运转中断，因小疏忽而酿成大故障。在滚流阀轴端还装有一个位置传感器，将滚流阀的位置反馈给电控单元，以实现反馈控制。因为滚流阀的位置对均质燃烧运行时的最佳点火正时有重大影响，而在有 EGR 的均质燃烧工况下，关闭滚流阀能明显提高燃烧稳定性。为了提高滚流强度的控制精度，现代直喷式汽油机越来越多地应用伺服电动机或电磁执行器来操纵滚流阀，使其能够根据工况变化的需要而无级改变其开度，从而获得更为合适的滚流强度。

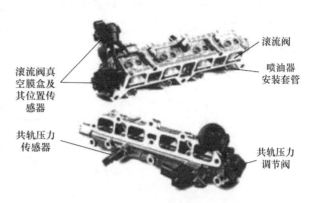

图 1-31　直喷式汽油机滚流阀组件

（2）进气涡流

缸内直喷式汽油机所应用的进气涡流是进气空气通过进气道的导向，而在气缸中形成的绕气缸轴线旋转的充量运动，类似于直喷式柴油机中的情况。这种进气涡流既适合于分层混合气形成，例如丰田公司直喷式汽油机；也是均质混合气形成所需要的，例如 Fiat-GM-OPEL 动力总成公司在 2.2-Ecotec 进气道喷射汽油机的基础上推出的该公司第一台 2.2-DireCt Ecotec 直喷式汽油机，采用了均质混合气运行，每缸具有两个完全分开的进气道：切向进气道（也可采用螺旋气道）和充气进气道，如图 1-32 所示。在充气进气道中装有涡流调节阀，在部分负荷工况时由伺服电动机通过杠杆机构，能将充气进气道连续关小直至完全关闭，越来越多的进气空气通过切向进气道进入气缸，从而提高涡流强度，如图 1-33 所示，以提高充量均质化，并有利于提高发动机对 EGR 的相容性。全负荷工况时涡流调节阀完全打开，以充分利用充气进气道的流通能力来改善空气供应以获得高功率，此时得到与进气道喷射汽油机相同的空气流动特性。

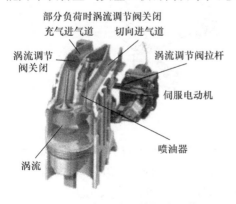

图 1-32　进气涡流及其涡流调节阀

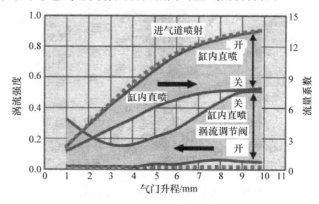

图 1-33　涡流强度和流量系数

（3）挤流

挤流在活塞接近上止点以前并不显著，它仅能改变主体流动的强度。因此增大挤流强度可以明显提高燃烧期火焰的传播速度，缩短燃烧时间。对四气门发动机，当进气门角度大于40°时宜采用滚流结构；对三气门或四气门发动机，当进气门角度小于30°时则应采用涡流结构；当进气门角度在30°~40°之间时，任何一种流场结构都是可行的，如图1-34所示为流场为挤流的结构。

试验表明挤流在混合气准备和燃烧中的作用非常有限，整个系统的性能与PFI发动机相似。目前燃烧系统中三菱采用反向滚流结构，丰田采用涡流结构，Yamada提出了一种可以综合利用涡流和滚流特点的"斜涡流"，即涡流和滚流的综合结构。

图 1-34　流场为挤流的结构

三　喷油器与火花塞的安装位置

在直喷发动机燃烧系统中，火花塞和喷油器的相对位置可以分为：

1）窄空间布置或近距离布置，如图1-35a所示。福特和奔驰等公司开发的直喷汽油机，一般喷油器布置在燃烧室中心，火花塞位于喷雾锥的边缘。这种形式的燃烧系统的主要优点是结构简单，且中心布置的喷油器可以形成周向分层混合气，对减少传热损失有好处。

2）宽空间布置或远距离布置，如图1-35b所示。三菱、丰田等公司开发的直喷汽油机，喷油器布置在离火花塞较远的地方，加长了混合气在时间和空间上的运动历程，有利于燃油蒸发。

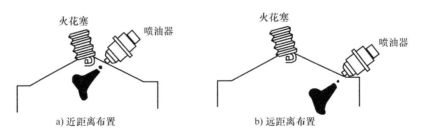

图 1-35　喷油器与火花塞两种布置方式

一般来说，近距离布置火花塞和喷油器的燃烧系统不利于分层混合气的蒸发，并容易造成火花塞积炭，既引起喷雾变形，影响点火，又使火花塞耐久性变差。因而GDI发动机大都采用了远距离布置火花塞和喷油器的燃烧系统。在远距离布置方案中，喷油器和火花塞之间的布置位置有两种：第一种是将喷油器置于进气门和排气门之间，第二种是将喷油器置于进气道下、两进气门之间,如图 1-36 所示。前一种方式可以使多缸 GDI 发动机(尤其在小缸径的情况下)结构设计紧凑,并可以增加进气对燃油的卷吸,喷油器也可以得到不同程度的冷却。后一种情况,喷油器承受的温度应力较高,容易引起喷油器积炭和耐久性变差。

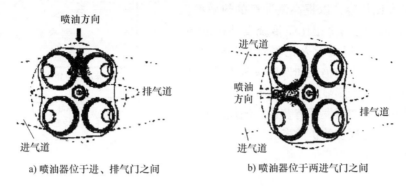

图 1-36 喷油器布置位置

在气缸中心近距离布置喷油器和火花塞的方案中,将喷油器安装在排气门侧、火花塞安装在进气门侧,喷雾容易雾化蒸发,容易利用压缩行程中的滚流运动将燃油蒸气导向火花塞,但并没有考虑排气温度对喷油器的不利影响。研究表明,平顶活塞不能获得令人满意的混合气质量,活塞顶的优化设计对混合气的合理分布非常必要。喷油器的倾斜角也是燃烧系统设计需考虑的一个问题。三菱 GDI 发动机采用了较大的喷油器倾斜角,使得喷雾在空间的扩散混合时间加长,如图 1-37 所示。日产汽车公司的研究表明,减小喷油器的倾斜角,发动机的燃油消耗率、HC 排放和烟度都有改善,如图 1-38 所示。

喷油器喷油嘴、火花塞电极和气流运动方向之间的关系也是对混合气点火有重要影响的因素。试验中,离喷油嘴等距离安装了三个火花塞,分别采用了顺气流、逆气流和与气流无关的方向,如图 1-39 所示。顺气流的火花塞间隙存在过浓的混合气,且火花塞容易被蒸发的燃油沾湿,火花塞间隙的流速较高,此间的混合气浓度不稳定;逆气流布置的火花塞间隙混合气浓度适中,燃烧稳定;与气流无关的火花塞处没有混合气形成,不能着火。

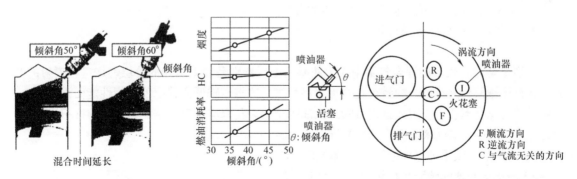

图 1-37 喷油器倾斜角　　图 1-38 喷油器倾斜角的影响　　图 1-39 喷油器和火花塞的位置

3)混合气控制策略。缸内直喷发动机混合气控制策略如图 1-40 所示。在大负荷和全负荷工况下缸内直喷发动机的喷油是在进气行程早期进行的,燃油能够在较长的时间内完成蒸发扩散,形成接近化学当量比的均质混合气,以保持汽油机升功率高、动力性好的优点。

在中小负荷工况下，喷油是在压缩行程后期进行的，这时缸内形成分层稀混合气。缸内直喷发动机在中小负荷进行分层稀薄燃烧的目的是为了减少泵气损失，增大比热容，以提高汽油机的热效率。虽然GDI发动机的空燃比相比于传统发动机的均质混合气要大得多，但由于火花塞周围形成的是可点燃的浓混合气，火焰仍能向四周快速传播和燃烧。燃烧过程的高速摄影显示，压缩行程后期喷射形成的燃烧，在燃烧初期发现有蓝色火焰包围着黄色火焰，呈现出一定程度的扩散燃烧特征，但此阶段以后的燃烧主要显现为蓝色火焰。

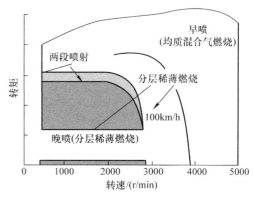

图 1-40　混合气控制策略

四　缸内直喷发动机的火花塞

1. 缸内直喷发动机火花塞的要求

现代缸内直喷式汽油机的点火系统普遍采用分缸独立高能点火系统，各缸的高能点火线圈直接与火花塞相连，与现代先进的进气道喷射汽油机无异，但是对火花塞提出了比进气道喷射汽油机更高的要求。

（1）高的耐热性能

为了实现分层燃烧，混合气应有足够的时间暴露在火花塞电极周围，点火点应尽量深入到易于点燃的足够浓的混合气区域，并且为了保证稳定、可靠地点燃，火花塞电极周围处于着火界限内的混合气区域应足够大，因此缸内直喷式汽油机的火花塞要位于燃烧室较深的部位，其端部的温度也要比进气道喷射汽油机更高，因而必须具有更高的耐热性能。为了使火花塞能够更好地散热，必须采用以下措施：

1）采用突出的金属壳来降低接地电极的温度。

2）采用铜芯接地电极来传热。

（2）高的抗积炭性能

分层燃烧时，较浓的混合气集中在火花塞周围，特别是油束引导的分层燃烧过程喷射的油束，会直接碰撞到火花塞，导致火花塞更容易积炭，这将会降低火花塞的绝缘性能而引起漏电，从而导致火花塞不点火，因此缸内直喷式汽油机用的火花塞应具有自洁能力和高的抗积炭性能。为此，可采用以下措施来提高火花塞的抗积炭性能：

1）采用直径较小的直形绝缘体末端改善自洁能力。

2）减小火花塞间隙防止积炭。

3）采用两段直径中心电极来改善自洁能力。

4）采用半表面放电型来改善自洁能力。

（3）高的点火性能和耐久性

为了实现分层稀燃，必须确保在稀混合气中稳定、可靠地点火，因此要求火花塞具有高的点火能量和较长的火花持续时间，并采用铱合金的触点来提高火花塞的耐久性。

2. 缸内直喷发动机火花塞结构与类型

火花塞弯曲的侧电极焊接在金属壳体的底端，并借壳体直接搭铁。用金属氧化物陶瓷（氧化铝含量在 90% 以上）制成的绝缘体，固定在壳体内并加以密封，绝缘体的下部与壳体之间装有纯铜垫圈。中心电极装入绝缘体的中心孔内，其间用密封剂密封，高压导线接头套接在接线螺母的上端，电极材料一般采用镍锰合金或镍锰硅合金，如图 1-41 所示。火花塞绝缘体纯铜垫圈以下的锥形部分，称为绝缘体的裙部。绝缘体的裙部在发动机工作时直接与燃气接触，周期性地被燃气加热，使绝缘体裙部的温度升高，吸入的热量又不断地经纯铜垫圈、壳体、绝缘体、中心电极、金属杆等传递到气缸盖、缸体和冷却系统，并散发到大气中，使火花塞的各部分保持可接受的温度。

对于高速、高压缩比的发动机，由于燃烧过程中缸内气体温度高，火花塞散热时间又短，为了保持绝缘体裙部温度适宜，火花塞的裙部应做得短些，可以减少吸热面积并缩短散热途径。这种绝缘体裙部短的火花塞，称为冷型火花塞，如图 1-42a 所示，它适用于高速、高压缩比的大功率发动机。反之，对于低速、低压缩比的发动机，燃烧室的温度低，火花塞散热时间长，绝缘体裙部应做得长些，可以使裙部吸收热量较多，散热较慢。这种绝缘体裙部长的火花塞，称为热型火花塞，如图 1-42b 所示，它适用于低速、低压缩比的小功率发动机。更换火花塞的里程：首次 15000km，之后每 20000km 更换，（35000km、55000km、75000km……）

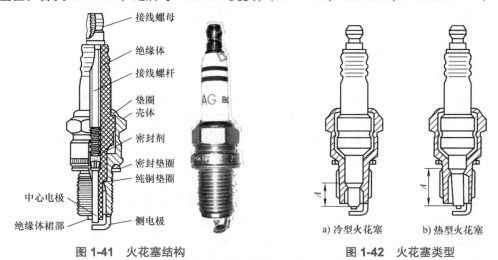

图 1-41　火花塞结构　　　　图 1-42　火花塞类型

3. 缸内直喷式汽油机火花塞技术的现状

目前缸内直喷式汽油机使用的两种火花塞如表 1-2 所示：铱合金电极的标准型火花塞和半表面放电型火花塞。它们与进气道喷射汽油机使用的火花塞是有区别的，在维修保养时绝不能任意换用。

（1）标准型火花塞

这种伸长型火花塞的接地电极伸入燃烧室较深，故将铜芯嵌入电极以提高其散热性，并通过增大金属端部的截面，缩短电极本身的长度。另一方面，当部分负荷充量温度较低并进行分层燃烧时，需防止积炭。为此，采用带有较长直形绝缘体和较小顶端直径的电极，以提高其局部温度。为了防止积炭,还应采用两段直径的电极并减小火花塞间隙。采用上述措施后,即使在容易产生积炭的分层燃烧时,也能获得良好的点火性能和耐久性。但是采用的细长电极的耐久性较差,故采用贵金属替代原有材料,考虑到缸内直喷式汽油机都使用高能点火线圈,因而采用抗烧蚀性好的铱合金电极来提高耐久性。然而,这种标准型火花塞对连续积炭的自洁能力仍然不足,必须采用进一步的改进措施。

表1-2 缸内直喷式汽油机火花塞特性

类型	标准型	半表面放电型
特征	突出的跳火间隙;铜芯接地电极;两段直径中心电极;铱合金电极;细长的直形绝缘体端部;伸长的金属壳	突出的跳火间隙;2个接地电极;半表面放电;伸长的金属壳
优点	耐久性好	抗积炭好
缺点	抗积炭差	沟槽影响耐久性

(2) 半表面放电型火花塞

与标准型火花塞一样,它也是伸长型的,火花塞的过热问题依然存在,为防止接地电极过热也采用了伸长的金属壳,不过其接地电极比标准型火花塞短,因此不再需要如前所述的带铜芯电极。但是,由于火花发生在紧靠绝缘体顶端表面的周边,因此即使发动机在可能形成积炭的工况下运行,它也具有优异的自洁效果。与标准型火花塞相比,这种火花塞在减少阻抗的下降和抗积炭性能方面更优越,因此在直喷式汽油机上表现出了良好的使用性能,尤其是在发动机怠速和分层燃烧运行状态下。不过,这种半表面放电型火花塞优异的自洁效果,是以电极之间放电时在绝缘体顶端表面形成沟槽为代价的,从而成为其潜在的弱点。缸内直喷式汽油机比进气道喷射汽油机的压缩比高,更容易出现沟槽。

目前,电极烧蚀是缩短火花塞使用寿命的主要原因,过多的沟槽将导致抗高温能力下降,加速火花塞的损坏,这是在缸内直喷式汽油机维修保养中经常会遇到的毛病。

4. 缸内直喷发动机火花塞技术改进

(1) 沟槽形成的原理

沟槽是由于在中心电极和接地电极之间的电容放电,使端面的绝缘材料剥落而形成的。电容放电次数、火花强度和火花压力是形成沟槽的主要因素。燃烧室中的压力、气体流动和温度是外在因素。有关电气方面的因素有电容放电、感应放电电流的密度和放电持续时间。

(2) 沟槽形成的条件

1) 放电持续时间。放电持续时间越长,火花放电次数越多,越会加速沟槽的出现。

2）火花集中度。火花越集中，形成的沟槽就越深。

3）火花压力。在高负荷条件下，气缸中的压力增高，促进深沟槽形成。

（3）沟槽形成的因素

1）燃烧室中的压力。高气缸压力伴随着高压放电产生强火花，使得沟槽变深。

2）燃烧室中的气体流动。在强气流环境中，高能电火花容易产生沟槽。

3）绝缘体的温度。没有明显的迹象表明绝缘体温度对沟槽形成有影响。

4）电容放电。强的电容放电需要较高的电压，从而加剧了沟槽的形成。

5）感应放电电流密度。没有明显的迹象表明感应放电电流密度的变化对沟槽的形成有影响。

（4）减轻沟槽的方法

减轻火花塞放电时在绝缘体顶端形成沟槽的主要方法有：固有电阻、接地电极的位置、接地电极的数量、中心电极的突出长度及中心电极材料等。

1）固有电阻。形成沟槽的主要原因是绝缘体被火花放电削掉或绝缘体端部熔化。但是，当固有电阻较大时，由于电容放电电流变小，沟槽形成较少。

2）接地电极的位置（与绝缘体重叠的尺寸）。重叠尺寸与沟槽形成之间的关系如图1-43所示。当绝缘体和接地电极重叠尺寸较大时，接地电极上端处的跳火率增加。当在上端产生电火花时，向下的火花力较弱，导致沟槽形成减少。即使当下端产生电火花时，由于电火花受到其他火花弯曲的干扰而分散，沟槽形成也减少。

3）接地电极的数量。火花的分散有效地减少了沟槽形成。增加接地电极数量对减少沟槽形成也十分有效。空气放电电极火花塞与半表面放电型火花塞相结合的混合型火花塞也能减少沟槽形成，此时主电极到子电极的火花数量减少，从而降低了所要求的跳火电压，同时减少了沟槽形成，如图1-44所示。

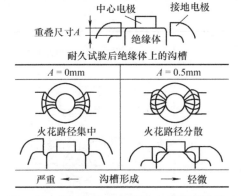

图1-43 接地电极与绝缘体之间的重叠尺寸

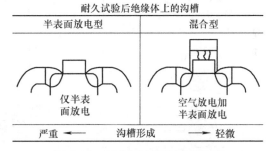

图1-44 混合型火花塞减少沟槽

4）中心电极突出长度。图1-45所示为中心电极长度与沟槽形成之间的关系。由于火花传播较容易，比较短的中心电极可以减少沟槽的产生。

5）中心电极的材料。当发动机处于高负荷工况或瞬态行驶工况时产生沟槽，这就导致火花塞温度和气缸内压缩压力随跳火电压增高而升高。为了降低跳火电压，研究人员开发了一种NTC（负温度系数）热敏电阻。NTC热敏电阻具有电阻随温度升高而降低的特性。用金属氧化物半导体材料镀在放电表面，能够降低火花塞的跳火电压，但是当火花放电时，镀层会快速消失。为了防止镀层脱落，采用含有热敏电阻材料的金属制成中心电极。在跳火过程中，来自电极的分散粉末飞溅到绝缘体表面,形成氧化物薄膜。通过降低跳火电压(降低 4.0kV)也能减少沟槽形成。图 1-46 比较了现有材料与改进型材料所需的跳火电压,同时给出了改变中心电极材料对减少沟槽形成的影响。由图 1-46 可知,通过改进中心电极材料,沟槽形成得到了改善。

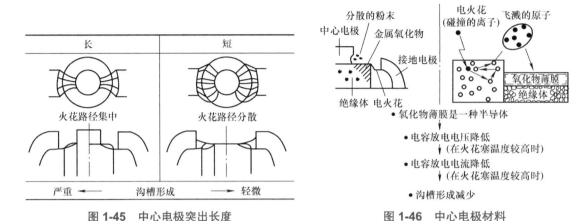

图 1-45　中心电极突出长度　　　　　图 1-46　中心电极材料

采用上述改善沟槽形成的方法,研究人员开发出了三种新型长寿命的火花塞,如图 1-47 所示。

1) 3 个接地电极的半表面放电型火花塞。

2) 4 个接地电极的半表面放电型火花塞。

3) 3 个接地电极的混合型火花塞。

在实际运行中,它们都显示出了优良的自洁能力,具有高的抗积炭能力和耐久性,能确保分层燃烧过程的稳定性,特别是带有 3 个接地电极的混合型火花塞,能满足现代缸内直喷式汽油机分层燃烧等更为严酷的运行条件。

3个接地电极半表面放电型火花塞(3-SSD)	4个接地电极半表面放电型火花塞(4-SSD)	3个接地电极混合型火花塞
中心电极为直径 ϕ2.2mm 空气间隙为 0.6mm	中心电极为直径 ϕ2.0mm 空气间隙为 0.6mm	中心电极为直径 ϕ2.0mm 主间隙为 0.9mm,子间隙为 0.5mm
• 半表面放电 • 3个接地电极 • 改进后的中心电极材料 • 铂合金(镀层)	• 半表面放电 • 4个接地电极 • 铂合金(圆片)	• 半表面放电和空气放电(混合型) • 3个接地电机 • 铂合金或铱合金

图 1-47　三种新型长寿命的火花塞

第二章 曲柄连杆机构

第一节 气缸盖结构、检修与拆装

曲柄连杆机构是往复活塞式内燃机将热能转变为机械能的主要机构,其功用是把燃气作用在活塞顶面上的压力转变为曲轴的转矩,向外输出动力。

曲柄连杆机构由机体组、活塞连杆组和曲轴飞轮组等组成。机体组主要包括气缸盖罩、气缸盖、气缸垫、气缸体及油底壳等;活塞连杆组主要包括活塞、活塞环、活塞销、连杆等;曲轴飞轮组主要包括曲轴、飞轮(双质量飞轮)等。

一、新型整体式气缸盖结构

大众新型缸盖集成了排气歧管,取消铸铁排气歧管以减轻重量,并沿用了 EA111 发动机的四气门技术、滚子摇臂式气门运动机构带液压挺杆。

排气歧管集成在缸盖上,减小尺寸,减轻重量,缩短起燃时间从而利于排放优化。横流式气缸盖可使冷却液从进气侧通过燃烧室流入排气侧。排气侧分成两个区域,一个在排气歧管上面,一个在排气歧管下面。冷却液进水口布置在缸盖上,燃烧室冷却充分,减小爆燃风险,如图 2-1 所示。

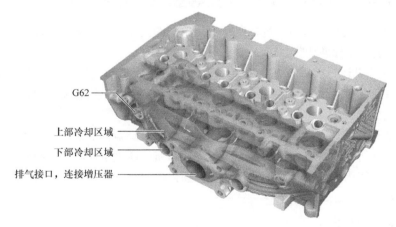

图 2-1 整体式气缸盖

1)通过排出的气体使冷却液加热更快,预热发动机,使发动机可更快地达到其工作温度。这可降低耗油量,并且能更迅速地对车厢内进行加热。

2）由于排气侧壁表面扩展至三元催化转化器的面积减小，因此排气在预热阶段不能释放出足够的热量，三元催化转化器可更快速地升温至其工作温度，同时使冷却液仍然具有足够的冷却效果。

3）若系统在全负载状态进行工作，冷却液温度将继续降低，从而扩大了发动机氧传感器在过量空气系数 $\lambda = 1$ 时的工作温度范围，降低了耗油量和排气量。

二、新型气门室盖

1. 宝马气门室盖

宝马气门室盖的结构如图 2-2 所示。泄漏气体通过气缸进气侧区域的开口到达三个簧片分离器处。附着在泄漏气体上的机油通过簧片分离器分离，并沿器壁向下通过单向阀流回气缸盖内。分离出机油后的净化泄漏气体此时根据运行状态进入进气系统内。

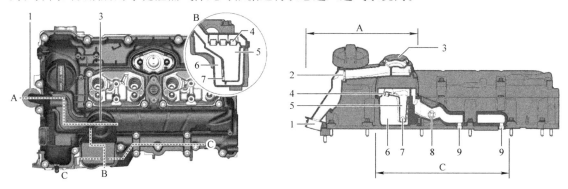

图 2-2　宝马气门室盖

1—连接废气涡轮增压器前的洁净空气管　2、7、8—单向阀　3—调压阀
4—簧片分离器　5—机油分离器　6—集气管　9—连接气缸盖内进气通道的泄漏通道　A、B、C——局部剖视图

功能：只有在进气集气管内通过真空压力使单向阀处于开启状态时，即处于自吸式发动机运行模式时，才能使用标准功能。

在自吸式发动机运行模式下，进气集气管内的真空压力使气缸盖罩泄漏通道内的单向阀打开，并通过调压阀抽吸泄漏气体。同时真空压力使增压空气进气管路通道内的第二个单向阀关闭。

泄漏气体通过集成在气缸盖罩内的分配管直接进入气缸盖内的进气通道中，与废气涡轮增压器前的洁净空气管，以及曲轴箱相连的清洁空气管路，通过单向阀直接将新鲜空气输送至曲轴空间内。曲轴空间内的真空压力越大，进入曲轴箱内的空气量就越大。通过这种清污方式可防止调压阀结冰。

2. 大众奥迪气门室盖

新款桑塔纳、新款 EA211 和高尔夫 A7 发动机都采用整体式缸盖，它是把凸轮轴和气门室罩盖集成为一体，如图 2-3 所示。EA211 的凸轮轴不能从缸盖罩壳中拆出来，凸轮轴前端轴承改为球轴承，减少摩擦降低油耗。

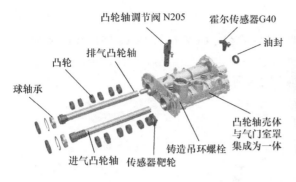
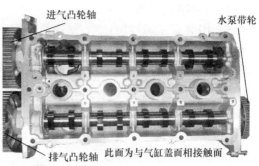

图 2-3 新款捷达气门室盖

全新奥迪 A3 也采用整体式气门室罩盖。其推力球轴承起止推作用，前端支撑由滑动摩擦变为滚动摩擦，减小轴径尺寸，增加支撑点，提高凸轮轴刚度。气门室罩盖（凸轮轴壳体）和凸轮轴要一起更换，推力球轴承能拆卸但不能单独更换，如图 2-4 所示。

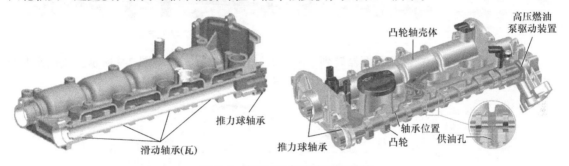

图 2-4 奥迪 A3 气门室罩盖结构

三、大众直喷发动机气缸盖的拆装

1）拆下发动机罩。在紧固点（箭头）将发动机罩向上拔出，如图 2-5 所示。
2）拆除与缸盖相连接的水管、油管及相关附属件。
3）拔下凸轮轴调节阀 1-N205 的插头 1，如图 2-6 所示。

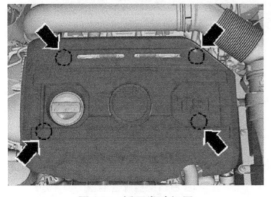

图 2-5 拆下发动机罩

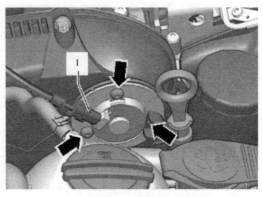

图 2-6 拔下凸轮轴调节阀

4）拆卸正时链上盖板。

5）用装配工具 T10352（发动机型号代码为 CCZA、CCZB、CDAA、CDAB：装配工具 T10352/1）沿箭头方向拆卸控制阀，如图 2-7 所示。

6）拧出螺栓（箭头）并拆下轴承支架，如图 2-8 所示。

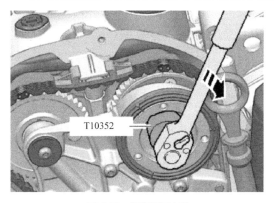

图 2-7 拆卸控制阀

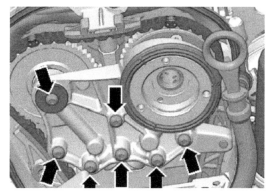

图 2-8 拧出螺栓（箭头）并拆下轴承支架

7）用固定支架 T10355 将减振器转到"上止点"位置（箭头），如图 2-9 所示。减振器上的切口必须与正时链下盖板上的箭头标记相对。凸轮轴的标记 1 必须指向上方。

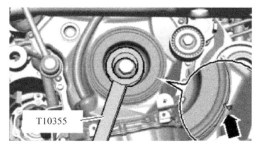

图 2-9 将减振器转到"上止点"位置

8）用防水笔标记凸轮轴正时链和气缸盖（箭头）在链轮 1 上的标记。

9）此外还要用防水笔标记凸轮轴正时链相对凸轮轴正时链滑轨 2 的位置，如图 2-10 所示。

10）拆除密封塞（箭头），如图 2-11 所示。

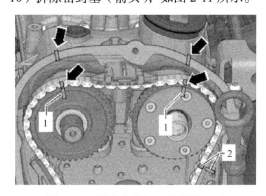

图 2-10 用防水笔标记凸轮轴正时

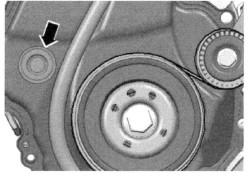

图 2-11 拆除密封塞

11）拧出螺栓（箭头），如图 2-12、图 2-13 所示。

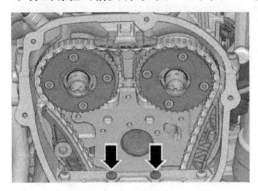
图 2-12 拧出螺栓（一）

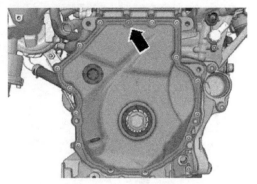
图 2-13 拧出螺栓（二）

12）拧入装配杆 T40243（箭头），如图 2-14 所示。
13）挤压链条张紧器（箭头）的卡环，将装配杆 T40243 缓慢地沿箭头方向按压并固定。
14）用定位工具 T40011 固定链条张紧器，如图 2-15 所示。

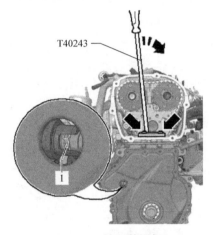
图 2-14 拧入装配杆

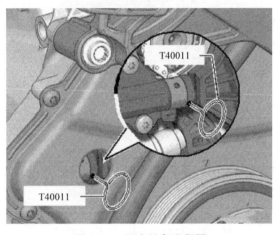
图 2-15 固定链条张紧器

15）拆下装配杆 T40243。
16）凸轮轴固定件 T40271/2 拧到气缸盖上，并沿箭头方向推入链轮花键 2 中，必要时用扳手将进气凸轮轴 1，沿箭头方向旋转，如图 2-16 所示。
17）将凸轮轴固定件 T40271/1 拧到气缸盖上。用呆扳手沿着顺时针方向固定凸轮轴。
18）拧出螺栓 A，并向下推张紧导轨，如图 2-17 所示，继续固定凸轮轴。
19）沿着顺时针方向继续旋转排气凸轮轴 1，直至可将凸轮轴固定件 T40271/1 推入链轮花键中，如图 2-18 所示。
20）拆卸上部滑轨 1 方法是：用旋具解锁卡锁件，接着向前压出滑轨。标记链轮（箭头）至凸轮轴固定件的位置，如图 2-19 所示。
21）将凸轮轴正时链从链轮上取下。
22）沿箭头方向逆时针将密封塞（箭头）旋转 90°，然后取下。拧出球头 1～2，如图 2-20 所示。

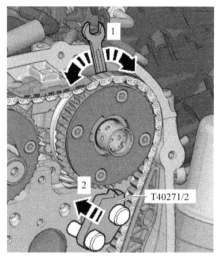

图 2-16　固定件拧到气缸盖上

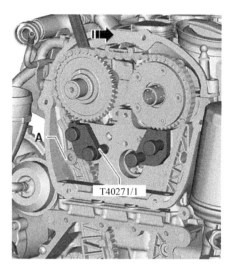

图 2-17　拧出螺栓

图 2-18　将凸轮轴固定件推入链轮花键中

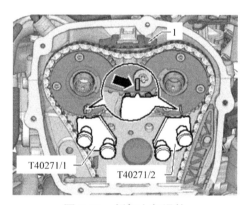

图 2-19　拆卸上部滑轨

23）拧出螺栓（箭头）。将气缸罩盖螺栓按照 1 ~ 6 的顺序拧出，如图 2-21 所示。

注意：装配时由中间往两边装配（用 8N·m 的拧紧力矩预拧紧螺栓，用呆扳手继续转动螺栓 90°）。

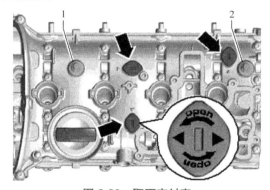

图 2-20　取下密封塞

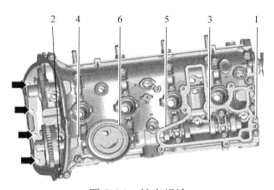

图 2-21　拧出螺栓

24）将气缸盖螺栓用工具头 T10070 按照 1～10 的顺序拧出，如图 2-22 所示。
注意：T10070 专用工具。
25）取出气缸盖。气缸盖放置在一个软垫层上（泡沫塑料）。

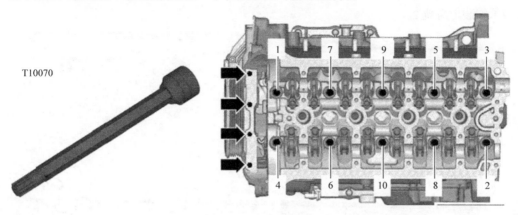

图 2-22　拆卸气缸盖

安装：

1）装上气缸盖衬垫。

注意：气缸体内的定心销（箭头）如图 2-23 所示。

注意：气缸盖密封件的安装位置标记，零件号必须能从进气侧看到。

2）如果在此期间转动了曲轴：气缸 1 的曲轴置于上止点，并将曲轴再次略微往回转。

3）装上气缸盖。装入气缸盖螺栓，并用手拧紧。

4）气缸盖的拧紧顺序如图 2-24 所示：

①按照顺序 1～10 如下拧紧气缸盖螺栓。

②用扭力扳手以 40N·m 的力矩预紧。

③用刚性扳手将螺栓继续转动 90°。

④用刚性扳手将螺栓继续转动 90°。

⑤用 8N·m 的力矩预紧螺栓（箭头）。

⑥用刚性扳手将螺栓（箭头）再转动 90°。

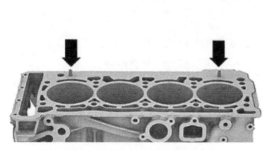

图 2-23　装上气缸盖衬垫

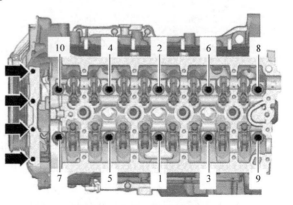

图 2-24　气缸盖拧紧顺序

5)用固定支架 T10355 将减振器转到上止点位置(箭头),如图 2-25 所示。减振器上的切口必须与正时链下盖板上的箭头标记相对。

6)链环标记(箭头)置于链轮 1 上,以便安装凸轮轴正时链,如图 2-26 所示。

7)安装上滑轨 2。

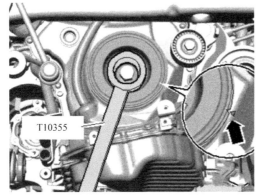

图 2-25　将减振器转到上止点

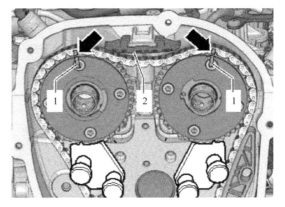

图 2-26　链环标记(箭头)置于链轮 1 上

8)沿箭头方向缓慢地旋转排气凸轮轴 1,直至可将凸轮轴固定件 T40271/1 从链轮花键中拉出,如图 2-27 所示。

9)小心地松开凸轮轴,直至凸轮轴正时链紧贴到滑轨上,将凸轮轴固定在该位置。

10)继续固定凸轮轴,安装凸轮轴正时链的张紧导轨,拧紧螺栓 A,如图 2-28 所示。

11)拆下凸轮轴固定件 T40271/1。

图 2-27　将凸轮轴固定件从链轮花键中拉出

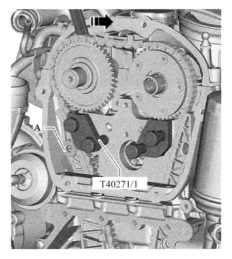

图 2-28　拧紧螺栓 A

12)将凸轮轴固定件 T40271/2 从链轮花键推出,必要时略微旋转进气凸轮轴 1。

13)拆下凸轮轴固定件 T40271/2 如图 2-29 所示。

14)检查标记,凸轮轴正时链和气缸盖(箭头)必须与链轮标记 1 对齐。

15)凸轮轴正时链标记和凸轮轴正时链导轨 2 必须相对。减振器切口必须与正时链下部盖板上的标记 3 相对,如图 2-30 所示。

图 2-29 拆下凸轮轴固定件

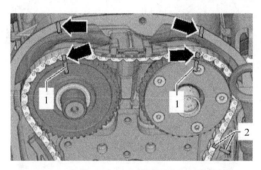
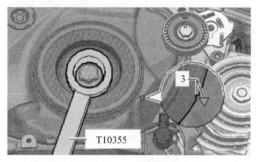

图 2-30 正时标记对正

16）均匀地插上轴承支架，不要歪斜！用手拧入螺栓（箭头），如图 2-31 所示。

17）拆下链条张紧器定位销 T40011。

18）后续安装以倒序进行，同时要注意以下几点：

① 更换发动机机油。

② 更换冷却液。

四 整体式气门室盖拆装

图 2-31 手拧入螺栓

（1）拆卸

1）排放冷却液。

2）拆卸空气滤清器。

3）拆卸点火线圈。

4）断开以下电器插头：1用于霍尔传感器G40，3用于凸轮轴调节阀N205，拧出接地线固定螺栓2，如图2-32所示。

5）松开线束固定卡子（箭头），并将线束置于一旁。

6）拔出机油尺。

7）松开软管卡箍（箭头），拔下冷却液软管。

8）拧下螺栓1和2，将冷却液管路3置于一旁，如图2-33所示。

9）拆卸冷却液泵。

10）从凸轮轴上脱开正时带。

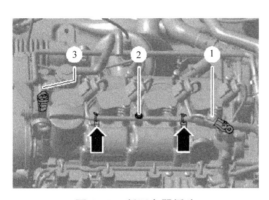

图2-32 断开电器插头

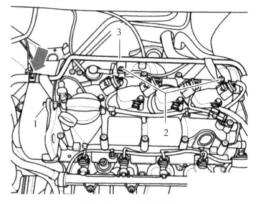

图2-33 拧下螺栓

11）按照顺序⑮~①松开并拧出凸轮轴箱的螺栓，如图2-34所示。

12）取下凸轮轴箱。

（2）安装

提示：更换拧紧时需要旋转特定角度的专用螺栓，更换密封件以及带机油滤网的密封件。

1）调整配气相位。

2）检查是否所有的滚子摇臂都正确安装在气门杆末端上，并卡入各自的补偿元件上。

3）在气缸盖1上放入机油滤网2如图2-35所示。

注意：带可变配气机构的才有机油滤网。

4）把密封垫安装在定位销箭头上。

5）将（M6×80）的双头螺柱2和4拧入气缸盖，如图2-36所示。

6）小心地将凸轮轴箱从上方垂直沿双头螺柱2和4导入，直至将其与气缸盖1表面紧密贴合在一起。

注意：凸轮轴箱不得倾斜。

7）拧紧凸轮轴箱螺栓，按①~⑮的顺序分步拧紧螺栓，如图2-37所示。

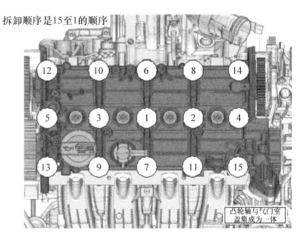

图2-34 拆卸整体式气门室盖

注意：先分别以拧紧力矩 10N·m 拧紧，然后再分别继续旋转角度 180°。

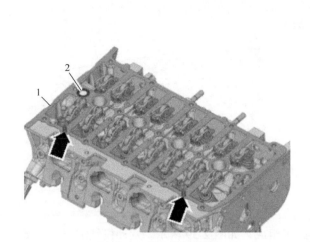

图 2-35　放入机油滤网

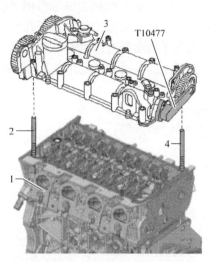

图 2-36　将（M6×80）的双头螺柱 2 和 4 拧入气缸盖

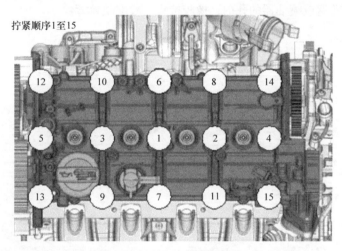

图 2-37　气门室盖拧紧顺序

8）后续安装工作以拆卸的倒序进行，同时请注意下列事项：安装正时带（调整配气相位）。
9）安装点火线圈、冷却液泵、电气接口和布线。

五　气缸盖变形检修

　　气缸体和气缸盖在使用中变形是普遍存在的。造成变形的原因包括拆装螺栓时拧紧力矩过大或不均匀，或没有按正确顺序拧紧，以及在高温下拆卸气缸盖等。
　　缸体变形主要表现为上平面、端面的翘曲变形和配合表面的相对位置误差增加；缸盖变形主要表现为下平面和进、排气歧管侧平面的翘曲变形。

气缸体和气缸盖翘曲变形的检修

气缸体、气缸盖的翘曲变形可用平板做接触检测，或者用钢直尺和塞尺检测。用刀形尺和塞尺检测气缸盖平面翘曲的方法为在气缸体或气缸盖上平面的纵向、横向和对角线方向进行测量，求得其平面度误差，如图 2-38 所示。气缸体上平面在全长上的平面度最大允许误差为 0.05mm。

六、缸压检测

气缸密封性是表征发动机技术状况的重要指标，气缸密封性的诊断参数主要有气缸压缩压力、曲轴箱窜气量、气缸漏气率、进气管真空度等。

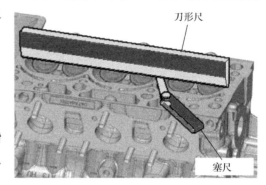

图 2-38 气缸盖变形检修

气缸压力表是检测气缸压缩压力的一种专用压力表，它一般由压力表头、导管、单向阀和接头等组成，如图 2-39 所示。发动机气缸压力表接头有两种。螺纹接头可以拧在火花塞孔内，螺纹接头一般配软导管；另一种锥形或阶梯橡胶接头，可以压紧在火花塞或喷油器的孔内，橡胶接头一般配硬导管。

图 2-39 气缸压缩压力测量

（1）操作步骤

1）测量气缸压缩压力时，应将发动机运转至正常工作温度（冷却液温度 80～90℃）后熄火进行。

2）拆卸发动机罩。

3）拆卸和安装发动机罩。

4）使用顶拔器 T10094A，拆下点火线圈。

5）从熔丝架中取出燃油泵控制单元的熔丝。

6）汽油机需要拆除全部火花塞，将节气门全开；柴油机需要拆除全部喷油器。然后把气缸压力表的锥形橡胶头扶正紧在火花塞（喷油器）孔上，用起动机转动曲轴 3～5s（转速应符合原厂规定）。待压力表指针指示并保持最大压力后停止转动，记录压力表指示的读数。按下单向阀按钮使压力表指针回零。按上述方法依次进行测量，每缸测量次数不少于二次取平均值。

7）汽油直喷发动机压缩压力值：新发动机为 10～15bar[⊖] 过压；磨损极限为 7bar 过压；所有气缸间允许相差 3bar。

8）气缸压力表装有通大气的单向阀，在测试气缸压力之后，单向阀关闭，使压力表指针位置保持不变以便读数。读数后按下单向阀使气缸压力表指针回零。

（2）诊断标准

以发动机处在海平面为准，汽油机的气缸压缩压力应符合原厂规定的范围，或不低于原厂规定的标准值的 90%；柴油机的气缸压缩压力应符合原厂规定的范围，或不低于原厂规定的标准值的 80%。为保证发动机运转平稳，各缸的压力差：汽油机应不超过其平均值的 10%；柴油机应不超过其平均值的 8%。

（3）结果分析

如果测得的气缸压缩压力超过原厂规定，其原因一般为燃烧室内积炭过多、气缸衬垫过薄或缸体与缸盖结合平面经过多次修理磨削过甚所至。

如果测得的气缸压缩压力低于原厂规定时，可向该缸火花塞（喷油器）孔内注入 20～30mL 干净机油后再测量。

① 第二次测出的压力比第一次高，接近标准压力，表明是气缸、活塞环、活塞磨损过大或活塞环对口、卡死、断裂及缸壁拉伤等原因造成气缸不密封。

② 第二次测出的压力与第一次基本相同，即仍比标准压力低，表明是进、排气门或气缸衬垫不密封。

③ 两次检测结果均表明某相邻两缸压力都相当低，说明是两缸相邻处的气缸衬垫烧损窜气。

第二节　发动机缸体结构、检修

一、发动机缸体新结构

气缸体是发动机各个机构和系统的装配基体，并由它来保持发动机各运动件相互之间的准确位置关系。水冷式发动机通常将气缸体与上曲轴箱铸成一体，简称气缸体。气缸体上半部有若干个为活塞在其中运动导向的圆柱形空腔，称为气缸。下半部为支承曲轴的上曲轴箱，其内腔为曲轴运动的空间。在上曲轴箱上制有主轴承座孔，有的发动机还制有凸轮轴轴承座孔。为了这些轴承的润滑，在侧壁上壁面铸有主油道，前后壁和中间隔板上铸有分油道。气缸体的上、下平面用以安装气缸盖和下曲轴箱，是气缸修理的加工基准。

⊖　1bar=100kPa。

新型发动机缸体采用压铸铝合金 AlSi9Cu3 制成。带有铝合金曲轴箱的四缸发动机上使用。使用的涂层工艺电弧丝喷涂 LDS 可优化气缸工作表面特性。

冷却水套同样经过了优化，环岸孔可改善环岸区域的冷却效果，并根据涡轮增压发动机要求进行了调整。缸体结构如图 2-40、图 2-41 所示。

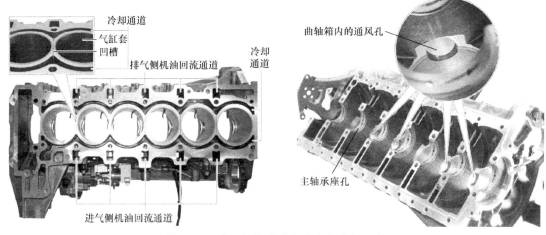

图 2-40 宝马缸体内冷却水套和冷却通道

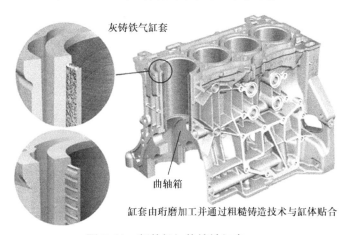

图 2-41 新款铝缸体铸铁缸套

二 气缸套结构

气缸套结构形式也有 3 种，即无气缸套式、干式气缸套和湿式气缸套，如图 2-42 所示。

（1）无气缸套

即不镶嵌任何气缸套的机体，在机体上直接加工出气缸。其优点是可以缩短气缸中心距，从而使机体的尺寸和质量减小。另外，机体的刚度大，工艺性好。

（2）干式气缸套

指的是在一般灰铸的气缸座孔内压入或装入干式气缸套。干式气缸套不与冷却液接触。

用合金铸铁离心铸造的干式气缸套壁厚度为 2～3mm，而精密拉伸的钢制气缸套厚度仅为 1.0～1.5mm。干式气缸套外圆表面和气缸套座孔内表面均须精加工，以保证必要的几何公差和便于拆装。气缸套与座孔的配合，现在多采用动配合，其间隙为 0.017～0.037mm。镶嵌干式气缸套的优点是机体刚度大，气缸中心距小，质量轻和加工工艺简单。缺点是传热较差，温度分布不均匀，容易发生局部变形。

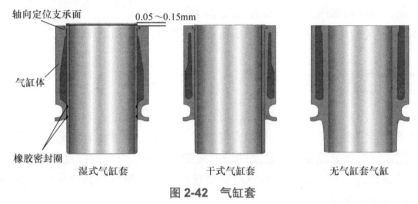

图 2-42　气缸套

（3）湿式气缸套

此种气缸套外壁与冷却液直接接触。用合金铸铁制造的湿式气缸套的壁厚一般为 5～8mm。轴向定位一般是靠气缸套上部凸缘与机体顶部相应的支承面。湿式气缸套下部用 1～3 道耐油的橡胶密封圈进行密封，防止冷却液泄漏。气缸套顶要高出机体顶面 0.05～0.15mm。这样拧紧气缸盖螺栓时，大部分压紧力作用在气缸套凸缘上，使其与气缸盖衬垫和机体支承面贴合得非常紧密，起到防止气缸漏气和水套漏水的作用。湿式气缸套的特点是机体上没有封闭的水套，容易铸造，传热好，温度分布比较均匀，修理方便，不必将发动机从汽车上拆下来，就可以更换气缸盖。缺点是机体刚度差，容易漏水。湿式气缸套广泛应用于柴油机上。

水冷式气缸周围和气缸盖中均有用以流通冷却液的空腔，称为水套。气缸体和气缸盖上的水套是相互连通的，利用水套中的冷却液流过高温零件的周围而将热量带走。

（4）气缸镶套

气缸用修理尺寸法修理超过最后一级时，可用镶套法恢复至原始尺寸。

1）干式气缸套的镶配工艺：

①选择气缸套。第一次镶套选用标准尺寸的气缸套；若气缸体上已镶有缸套，拆除旧套后，应选用大一级修理尺寸的气缸套。

②检修气缸套承孔。根据气缸套的外径尺寸，将气缸套承孔镗至所需尺寸，按要求留有过盈量。

③镶配。将气缸套外壁涂以机油，放正气缸套，用压床以 20～50kN 的力缓慢压入。为防止缸体变形，应采用隔缸压入法。压入后的缸套应与气缸体上平面平齐。压入缸套前后应对气缸体进行水压试验。

2）湿式气缸套镶配工艺：

①拆去旧缸套。轻轻敲击气缸套底部，用手或顶拔器拉出。除去气缸体承孔结合面上的铁锈、污物，用砂纸擦至露出金属光泽为止，特别是与密封圈接触的部位必须光滑，以防止不平

而漏水。气缸体上下承孔的圆度和圆柱度误差应不大于 0.015mm。

② 试装新缸套。将未装密封圈的气缸套装入气缸套体内，压紧后检查气缸套端面高出气缸体平面的距离，使其符合原厂规定（一般约高出气缸体上平面 0.03 ~ 0.10mm）。如不符合尺寸要求，可在气缸套台肩下选装适当厚度的铜质或铝质垫片调整，误差不得大于 0.04mm。

③ 装入气缸套。将镗磨好的气缸套装上密封圈，并涂以密封胶，检查各道密封圈与气缸体的接触是否平整，然后稍加压力即可装入气缸体的承孔内。

④ 水压试验。气缸套压入后，应进行水压试验，检查密封圈的密封性。

三 气缸磨损的检测

气缸的圆度误差：在同一断面上不同方向测量到的最大与最小直径差值一半，即为该断面的圆度误差。把在所有测量断面上测量到的最大圆度误差作为气缸的圆度误差。

气缸的圆柱度误差：在所有测量的气缸表面任意方向所测得读数中最大与最小直径差值的一半，即为气缸的圆柱度误差。

气缸的圆度误差达 0.050 ~ 0.0625mm，圆柱度误差达到 0.175 ~ 0.250mm，必须修理或更换气缸套；气缸的圆度误差和圆柱度误差都小于极限值，并且气缸磨损量小于 0.15mm 时，可更换活塞及活塞环。

（1）气缸的测量位置

在测量时，应在活塞全行程内的①、②、③三个断面附近测量，如图 2-43 所示。以便正确地测量出气缸的最大磨损量以及圆度和圆柱度误差。气缸①、②、③三个测量断面的位置是：第一道活塞环上止点稍下处，此断面一般是气缸的最大磨损断面；气缸中部测量位于活塞上、下止点中间的位置；气缸下部测量断面时，取活塞到下止点时最下一道活塞环对应的位置附近。

（2）测量前的准备工作

1）将被检验的气缸缸筒及上平面清洗，擦干。同时清洁千分尺、卡尺、量缸表、钢直尺等量具，量缸表如图 2-44 所示。用钢直尺测量气缸长度，并在气缸筒内画上所要测量的轴向和径向的位置。

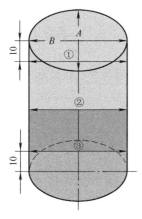

图 2-43 气缸的测量位置

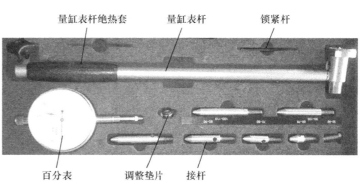

图 2-44 量缸表

2）用卡尺测量气缸口处的直径。**提示：测量时卡尺必须与气缸平面垂直，当尺的两个内量爪贴近气缸壁时应做轻轻晃动，以取得测量时的最大直径，然后将卡尺的锁紧螺母锁紧读数**，如图2-45所示。

3）将千分尺校零，校量杆要放平，否则校零不准。将标准量规夹在测轴和砧子之间，慢慢转动限荷棘轮旋钮，当棘轮转动一圈半并发出2~3次"咔咔"声后，即能产生正确的测定压力，检视指示值；棘轮旋钮的作用是保证测轴的测定压力，当测定压力达到一定值时，限荷棘轮即会空转。如果测定压力不固定则无法测得正确尺寸。如有误差应用校正扳手对固定套筒或旋转套筒进行调整，并记录下其误差，如图2-46所示。

图 2-45　测量气缸直径

图 2-46　千分尺校零及调整

4）根据测量气缸直径尺寸，把千分尺调到所测气缸标准直径尺寸。

5）根据气缸直径大小选择合适的接杆，旋入量缸表下端，百分表所选测量杆长度要比气缸大0.5~1.0mm。例如，气缸直径为81.01mm，接杆选择80~90mm，调整垫片应选择2mm。如果是千分表，要选择和气缸尺寸相近的尺寸。例如：气缸直径为81.01mm，接杆选择80~90mm，调整垫片应选择1mm。量缸表的杆件有两种，一种是垫片调整式，还有一种是螺旋调整式。

6）把装好紧固螺母的测量杆装在支架上，装上百分表时要进行0.5~1.0mm预压缩，如图2-47所示。

注意：千分表应预压缩0.1~0.2mm。

7）组装好量缸表要进行简单检查，并再次清洁，使用量缸表拿住隔热套，另一只手托住下部靠本体的地方，如图2-48所示。

8）根据被测气缸的标准尺寸用外径千分尺校对量缸表，并留出测杆伸长的适当数值（即预压缩0.5~1.0mm左右），用右手大拇指轻轻旋转表盘，使大指针"0"位对正指针，记住小针指示毫米数，把接杆螺母固定，并复校。**提示：使量缸表测头分别顶住千分尺前后测砧中央，保证量缸表垂直位置如图2-49所示。**

（3）测量气缸

测量垂直于曲轴轴线方向的气缸上部直径。将内径百分表的测杆伸入到气缸上部，对准第一道活塞环在上止点位置时所对应的气缸壁位置。先测量垂直于曲轴轴线方向的气缸直径。

a）百分表预压缩　　　　b）千分表预压缩

图 2-47　装上量缸表进行预压缩　　　　图 2-48　量缸表的正确拿法

图 2-49　量缸表校零

提示：

1）在测量气缸直径时，要先将导向轮端倾斜使其先进入气缸，然后再使测量接杆端进入，并贴着缸壁摆动表杆，直到量缸表的测量杆与气缸轴线成直角。

2）测量时一定要将测量端放入缸体，当测量端放不进气缸时千万不要硬放，否则会损坏量缸表。

3）导向轮的两个支脚要和气缸壁紧密配合如图 2-50 所示。

（4）读数方法

1）百分表表盘有 100 格刻度，指针在表盘上转动一格为 0.01mm（千分表表盘每格为 0.001mm，小表盘每转一格为 0.1mm，转动一圈为 1mm），转动一圈为 1mm；小指针移动一格为 1mm。

2）测量时，当表针顺时针方向离开"0"位，表示缸径小于标准尺寸的缸径，它是标准缸径与表针离开"0"位格数的差；若表针逆时针方向离开"0"位，表示缸径大于标准尺寸的缸径，它是标准缸径与表针离开"0"位格数之和。

图 2-50 量缸表的使用方法

3)若测量时,小针移动超过 1mm,则应在实际测量值中加上或减去 1mm。量缸表校零时,大指针对零(例如标准缸径 81.01mm)。缸径测量时,若大指针逆时针方向偏转 2 格,这时读数为(81.01+0.02)mm=81.03mm,即所测气缸直径为 81.03mm,如图 2-51a 所示。若大指针顺时针方向偏转 2 格,这时读数为(81.01-0.02)mm=80.99mm,即所测气缸直径为 80.99mm,如图 2-51b 所示。

a) 逆时针离开0位　　b) 顺时针离开0位

图 2-51 量缸表的读法

4)读取量缸表数值时。量缸表放入气缸后,轻轻前后摆动量缸表,使得指针偏转最大值时,即量缸表与气缸真正成直角时,读取其数值如图 2-52 所示。

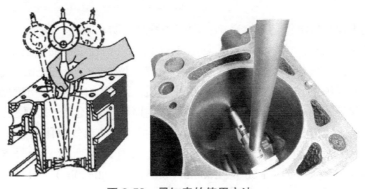

图 2-52 量缸表的使用方法

提示：量缸表拿出或放入气缸时，禁止拖擦量缸表的测头。

提示：

① 读数时眼睛和量缸表面需在同一水平面上；

② 测量时，使量缸表的活动测杆同气缸轴线保持垂直，才能使测量准确。

5）计算气缸的圆度、圆柱度如表2-1所示。

表2-1 计算气缸圆度、圆柱度

气缸号	位置号	直径1 （轴或纵向）	直径2 （横或径向）	圆度	圆柱度
1	位置1（上部）				
	位置1（中部）				
	位置1（下部）				
2	位置2（上部）				
	位置2（中部）				
	位置2（下部）				

（5）气缸修理尺寸

气缸的修理尺寸可以按下式进行计算

气缸修理尺寸 = 气缸最大磨损直径 + 镗缸余量（一般为 0.10～0.20mm）

镗缸余量 = 活塞最大直径 - 气缸最小直径 + 配合间隙 - 磨缸余量（一般为 0.03～0.05mm）

计算出的修理尺寸应与修理级数相对照。气缸修理尺寸除标准尺寸外，通常还有每加大 0.25mm 为一级的。

（6）整理工具

清洁所有量具，整理好工作台。

注意：在千分尺、卡尺上涂防锈油。

四 气缸衬垫

气缸衬垫用来保证气缸体与气缸盖结合面间的密封，防止漏气、漏水。

大众、奥迪是三层钢片式气缸衬垫，如图2-53所示。钢叠层型的缸垫用于提高耐用度。气缸衬垫接触高温、高压气体和冷却液，在使用中很容易被烧蚀，特别是缸口卷边周围。因此要求气缸衬垫应具有足够的强度、耐热；不烧损或变质、耐腐蚀；具有一定的弹性，能弥补接合面的不平度，以保证密封；使用寿命长。气缸衬垫的厚度不可随意，需要根据发动机的型号选择，以便提高压缩比的精度。气缸衬垫的厚度主要依据活塞凸出气缸体的高度来确定。

例如：丰田3L发动机共有3个类型的缸垫，如图2-54所示。标号 B：1.40～1.50mm（0.0551～0.0591in）、标号 D：1.50～1.60mm（0.0591～0.0630in）、标号 F：1.60～1.70mm（0.0630～0.0669in）

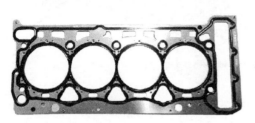

图2-53 大众迈腾钢片式气缸衬垫

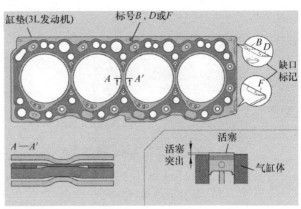

图2-54 丰田气缸衬垫

五、油底壳

新款大众发动机的油底壳用铝合金制成。其内部安装了机油泵,并且额外地加强了曲轴箱的强度(底板效应)。油底壳通过螺栓紧固在曲轴箱上,并且两者之间敷涂了液体密封剂。油底壳下部件由薄钢板深度拉伸、冲压并经过表面处理。它的内部安装油位传感器G266和放油螺栓。油底壳的下部件通过螺栓紧固到油底壳的上部件,并且两者之间敷涂了液体密封剂。油底壳内集成了一个用聚胺材料制成的蜂窝状内芯,此内芯能够在车辆以运动方式行驶时防止机油形成漩涡,如图2-55所示。

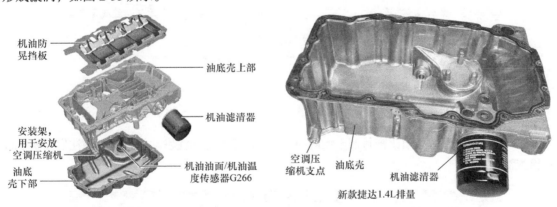

图2-55 油底壳

油底壳拆卸、安装

1)机油放净后按顺序20~1松开并拧出螺栓,如图2-56所示。

注意:

① 用密封剂清除剂冲洗密封面,去除密封剂。

② 用平刮刀刮去油底壳上部件上的残留密封剂。

2)去除油底壳下部件上的残留密封剂,可用旋转式塑料刷去除,如图2-57所示。

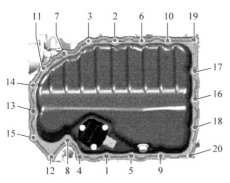
图 2-56 拆卸油底壳螺栓顺序

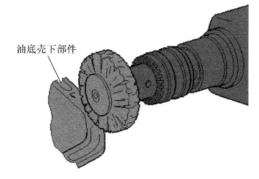
图 2-57 旋转式塑料刷去除残留密封剂

3）在前部标记处切开密封剂管口（管口直径约 3mm），如图 2-58 所示。

4）如图 2-59 所示，将硅胶密封剂涂敷到油底壳下部件的干净密封面上。密封剂带的厚度：2～3mm。

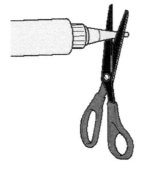
图 2-58 切开密封剂管口

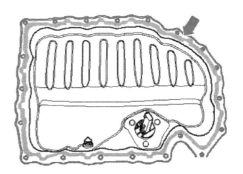
图 2-59 硅胶密封剂涂敷到油底壳下部件

提示：油底壳必须在涂抹硅胶密封剂后 **5min** 内安装。

5）按顺序 1～20 对角交叉分 3 步，按如下方式拧紧螺栓：

① 用手拧紧螺栓。

② 用 15N·m 的力矩拧紧螺栓。

③ 继续转动螺栓 90°。

6）装配油底壳后必须让密封剂干燥约 30min。然后才能加注发动机机油。加注发动机机油并检查油位。

第三节　活塞连杆组结构、检修与拆装

一、活塞结构

活塞的主要部分包括活塞顶、带有火力岸的活塞环部分、活塞销座孔和活塞裙，如图 2-60 所示。活塞环、活塞销和活塞销卡环也是活塞总成的一部分。

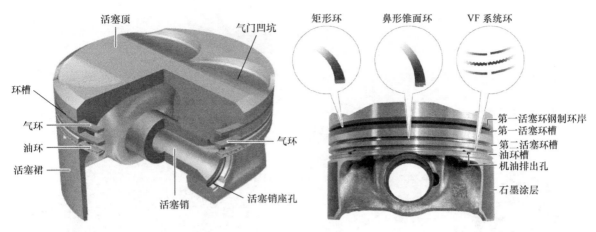

图 2-60 活塞结构

活塞顶和气缸盖构成了燃烧室,如图 2-61 所示。在汽油发动机上可以采用平顶、凸顶或凹顶活塞。

活塞的环槽部分通常有三个用于固定活塞环的环形槽,活塞环的作用是防止漏气和漏油(密封)。活塞环岸位于环形槽之间。位于第一个活塞环上方的环岸一般称为火力岸。一套活塞环通常包括两个气环和一个油环。

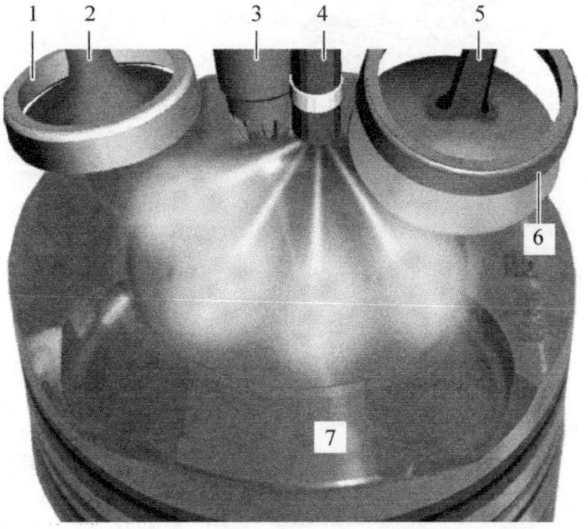

二、活塞直径、缸壁间隙测量

图 2-61 燃烧室及部件
1—排气门气门座 2—排气门 3—火花塞 4—喷油器
5—进气门 6—进气门气门座 7—活塞的挤压面

(1)活塞直径测量

同一台发动机上应选用同一厂牌、同一规格和同组活塞。活塞的选组应根据测得的气缸直径,选取对应的组别。将活塞环拆下,活塞测量的部位如图 2-62 所示,用外径千分尺从活塞裙部底边向上约 10mm 处测量活塞的横向直径,与活塞销的轴线错开 90°。相对于活塞标准尺寸的偏差:最大 0.04mm。

(2)缸壁间隙测量

活塞与气缸壁的间隙标准值为 0.02 ~ 0.04mm。测量方法是:将气缸和活塞擦净,把一定规格(长 × 宽 × 厚为 200mm × 13mm × 0.03mm)的塞尺预先置放在气缸内受侧压力较大的一侧(发动机右侧),倒置活塞(前后方向不变),使裙部大径方向对正塞尺,并推入气缸内,至下缘与气缸上平面平齐,然后左手握住活塞,右手用拉力计拉出塞尺,其拉力应符合规定,各缸间的拉力差应不超过 9.8N,拉力计的标准拉力为 22.5 ~ 36.5N,如图 2-63 所示。也可用外径千分尺测量活塞的最大直径,再用量缸表测量气缸的最大直径(参照量缸表使用),最后计算出气缸直径与活塞的配合间隙。

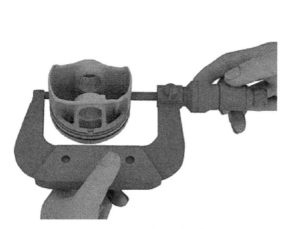
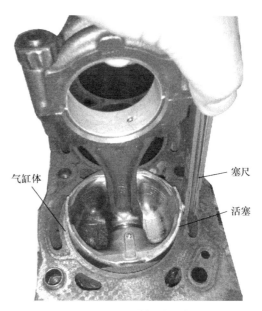

图 2-62　活塞直径测量　　　　　图 2-63　缸壁间隙测量

三、活塞选配

在发动机大修或更换气缸体（或气缸套时），应同时更换全部活塞。在选配活塞时，应注意下列要求：

1）活塞的修理尺寸要求。活塞的修理尺寸是指活塞的直径较标准尺寸加大一个或几个修理级差。每级为 0.25mm。加大常用 "+" 或 "+0.25mm" 表示，加大的数值一般打印在活塞顶部，如图 2-64 所示。

图 2-64　加大一级活塞标识

2）活塞的修理尺寸应与气缸的加大级别相一致。同一台发动机上，应选用同一厂牌、同一组的活塞，以便使材料、性能、质量、尺寸一致。同一组活塞直径差不得大于 0.02～0.025mm。

3）活塞的质量要求。同一组活塞中，各活塞的重量应基本一致，其重量差不得超过 3%，高速发动机则要求更为严格。活塞的重量差超过规定时，可调节活塞的重量，其方法为车削活塞裙部内壁下部向上到20mm处。

4）活塞裙部圆度及圆柱度要求　活塞裙部的圆度和圆柱度应符合一定的要求，汽油机活塞裙部锥形的圆柱度为0.005～0.015mm，最大不得超过0.025mm，膨胀槽开到底的活塞应为0.015～0.03mm。活塞的圆度偏差一般为0.10～0.20mm，膨胀槽开到底的为0～0.075mm。

5）活塞头部、裙部直径差要求　由于活塞头部壁较厚，且温度明显高于其他部位，因此，对活塞的头部、裙部直径有一定的要求，以防止活塞顶部受热膨胀，使头部外径过大。这也可保证活塞环的工作可靠性。

四　活塞环

1. 活塞环功用

活塞环的主要功用是密封、导热、隔热、刮油。活塞环的结构如图2-65所示。

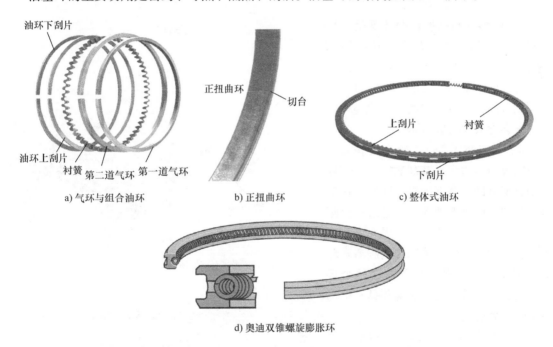

图2-65　活塞环结构

2. 活塞环类型

活塞环的类型如图2-66所示。

1）矩形环是在普通运行条件下使用的带有矩形横截面的气环，目前多数被桶面环替代。

2）锥面环的运行表面呈锥形，锥面向上逐渐缩小。这样可以缩短起动时间。锥面环也是气环，但具有油环的作用。由于内倒角矩形环的横截面不对称，因此安装时会使其呈碟形，这使得它与气缸壁的运行表面呈锥形。这种气环与锥面环一样，也具有辅助刮油的作用。

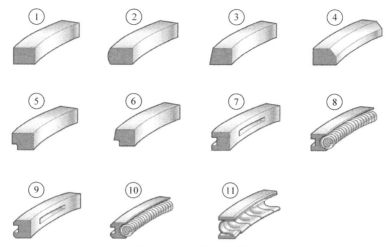

图 2-66 活塞环的类型

1—矩形环 2—桶面环 3—锥面环 4、5—正扭曲环 6—鼻形锥面环 7—开槽油环
8—带有管状弹簧的开槽油环 9—双倒角环 10—带有管状弹簧的双倒角环 11—VF系统

3）鼻形环和鼻形锥面环既是气环又是油环，如图2-67所示。这些活塞环的底部都有一个小槽口，鼻形锥面环的运行表面呈锥形。安装鼻形环时不允许颠倒方向，槽口必须朝下。此类环安装错误会导致发动机损坏。

4）开槽油环通过两个运行表面上较高的表面压力实现其刮油作用。环壁上的开槽有助于刮下的机油回流。在带有管状弹簧的开槽油环上，通过一个圆柱形螺旋弹簧（管状弹簧）提高表面压力和接触面积。位于铸铁或钢制活塞环圆形或V形固定槽内的弹簧使整个环壁均匀受力，因此这种活塞环具有结构灵活性较大的优点。

5）双倒角环与开槽油环相似。两个运行表面的倒角可以进一步提高表面压力，从而达到更好的刮油效果。双倒角环也可以采用带有管状弹簧的结构。

6）VF系统是一个三件式钢带刮油环。它由两个钢片和一个钢制隔离弹簧构成。这种结构特别适用于较薄的活塞环。两个钢片彼此独立径向移动有助于提高刮油效果。

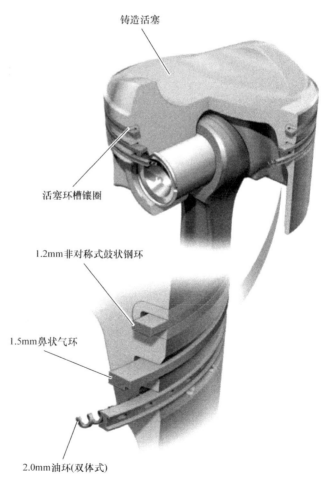

图 2-67 奥迪活塞环

7）U 形弯曲环是比较特殊的部件，在 M43TU 发动机上作为刮油环安装在第三个凹槽内。该刮油环的横截面呈 U 形，两端构成了运行表面。该活塞环由通过弹簧支撑的挠性元件构成。与传统刮油环不同，其弹簧不是将活塞环压向气缸套，而是与其一起张紧。挠性元件本身产生的作用力足够用于达到所需要的表面压力。安装窄小的 U 形弯曲刮油环时必须特别小心。

若将内圆面的上边缘或外圆面的下边缘切掉一部分，整个气环将扭曲成碟子形，因此称这种环为正扭曲环；若将内圆面的下边缘切掉一部分，气环将扭曲成盖子形，因此称其为反扭曲环。在环面上切去部分金属的位置称切台。

3. 活塞环选配

活塞环的直径尺寸同样也有标准和加大的修理尺寸，但没有分组尺寸。标准尺寸的气缸和活塞选用标准尺寸活塞环，加大尺寸的气缸和活塞，选用同一修理尺寸级别的活塞环。

发动机在两次大修之间，二级维护时，如果气缸的最大圆柱度误差达到 0.09 ~ 0.11mm 时，可采用更换活塞环的方法来改善发动机的性能，以延长发动机的大修间隔里程。

4. 活塞环检验

（1）活塞环端隙的检验

活塞环端隙指的是活塞环平装到气缸内时，两端间的间隙一般为 0.25 ~ 0.50mm。端隙的检查方法如图 2-68 所示。

注意：用活塞的头部将活塞环推入气缸，将环垂直地从上面推进气缸开口，离气缸边缘约 15mm 处。

（2）活塞环侧隙的检验

如图 2-69 所示，将环放在环槽内，围绕环槽滚动一圈，环在槽内应滚动自如，既不松动，又无阻滞现象。然后用塞尺测量，侧隙值一般为 0.02 ~ 0.05mm；极限值为 0.15mm；其他环为 0.03 ~ 0.07mm；油环为 0.025 ~ 0.07mm。侧隙过大将使活塞环的泵油作用加剧，活塞环岸易疲劳破碎。过小则会使环卡死在槽内，造成拉缸。侧隙过小时，可用车削法加宽活塞环槽。因现代汽车活塞环一般采用表面喷钼等强化措施，所以不宜采用研磨环的办法修整侧隙。

（3）活塞环背隙的检验

活塞环的背隙是指活塞与环装入气缸后，活塞环外圆柱面与活塞环槽底间的间隙。为了测量的方便，通常是将活塞环装入环槽内，以环槽深度与活塞环径向厚度的差值作为背隙值。测量时，将环落入环槽底，再用深度游标卡尺测出环外圆柱面低于环岸的数值。另一种方法是将活塞环放进气缸内，测量环的内径，再测量活塞的环槽底径后计算背隙。此方法较准确。该数值一般为 0.5 ~ 1.0mm。如背隙过小，应更换活塞环或车深环槽。

图 2-68　活塞环端隙检测

图 2-69　活塞环侧隙测量

5. 活塞环安装

活塞环需要用活塞环钳安装。活塞环安装时开口必须错开120°，如图2-70所示。标记"TOP"或文字"上"的一侧必须指向活塞顶。

注意：不能将活塞环强行扭曲或撑开过大，在活塞环及环槽表面涂抹机油，先从底部油环开始安装，安装撑簧油环，先装弹簧，再装环体，弹簧接头处放于环体开口处对面。钢带组合油环，先装衬簧，再装上下刮片，撑簧接头与上下刮片的开口周围方向相隔3cm以上，气环安装时，应将有标记的一面朝活塞顶部，无标记应将有内台阶或内倒角一面朝下，切勿装反。活塞环装入环槽内各道环之间开口互错开90°～120°，且开口处不要对活塞销处。如有四道活塞环，第一、二道互错180°，第二、三道互错90°，第三、四道互错180°，各环开口不要朝向活塞受侧压的方向（右侧），这样安装可获得较长的、迷宫式的漏气路线，增加漏气阻力，减少漏气量。

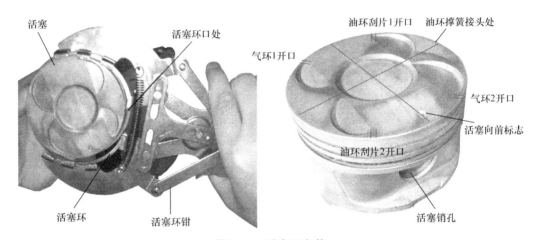

图2-70 活塞环安装

五、活塞安装

首先在活塞裙部和气缸内部涂抹机油，用活塞环钳收紧各道活塞环，放进气缸，同时用塑料棒放在活塞环钳上十字交叉位置，将活塞环钳敲平，并再次收紧，小心地捅入气缸，装配时注意活塞顶部的箭头应朝向发动机前端，如图2-71所示。连杆螺栓拧紧力矩为（45N·m+90°），安全阀用27N·m力矩拧紧，如图2-72所示。

六、安装轴承及轴承盖

轴承安装时应注意其定位及安装位置（将轴瓦居中装入连杆和连杆轴承盖内，尺寸a必须一致），如图2-73所示。连杆轴承盖安装时也应注意安装标记和缸号不能装错。

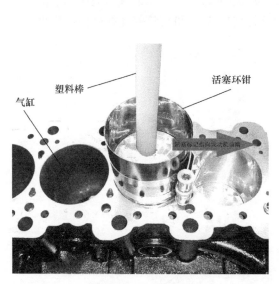

图 2-71 安装活塞

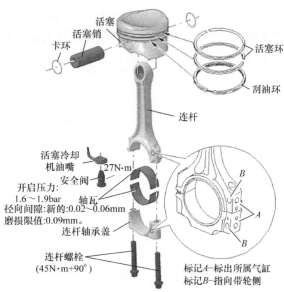

图 2-72 活塞连杆组

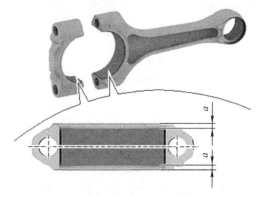

图 2-73 轴承安装时应注意其定位

七、连杆

连杆由小头、杆身、大头三部分组成,如图 2-74 所示。

在曲轴传动机构中,连杆负责连接活塞和曲轴。活塞的直线运动通过连杆转化为曲轴的转动。此外,连杆还要将燃烧压力产生的作用力由活塞传至曲轴上。

作为一个加速度很大的部件,连杆的重量直接影响发动机的工作效率和运行平稳性。因此,为了获得尽可能舒适的发动机运行特性,最重要的是优化连杆重量。

梯形连杆小连杆头的横截面呈梯形。就是说,在小连杆头处由连杆轴端部向连杆端部逐渐变细。这样一方面可以进一步减轻重量,因为节省了"未承受负荷"一侧的材料,而承受负荷一侧则为整个轴承宽度。此外,还能缩小活塞销孔间距,这意味着活塞销弯曲度较低。

另一个优点是可以取消小连杆头内的油孔,因为机油通过滑动轴承的倾斜边渗入。由于省去了油孔,因此也避免了对该侧轴承强度造成的不利影响。这又可使该侧连杆结构更窄小。这样不仅可以减轻重量,还能节省活塞空间。

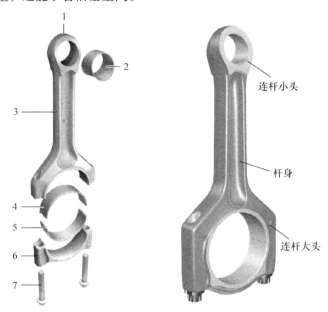

图 2-74 连杆

1—油孔　2—连杆小头内的滑动轴承　3—杆身　4—连杆内的轴瓦　5—连杆盖内的轴瓦　6—连杆盖　7—连杆螺栓

八、连杆衬套选配

连杆衬套与小头座孔之间的配合要有一定的过盈量,一般为 0.045～0.150mm。过盈量过大会造成压装衬套困难,甚至造成衬套变形、损坏;过盈量过小时,衬套能压入小孔内,但工作时易出现衬套松动现象,并造成小头座孔磨损加剧。对过盈量的测量,一般选用游标卡尺分别测量新衬套的外径和连杆小头内径,根据计算出的过盈量大小选择新衬套,如图 2-75 所示。

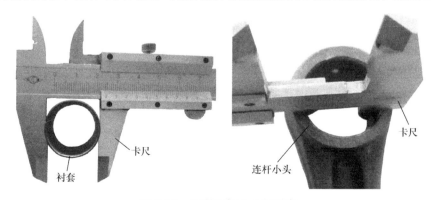

图 2-75 测量连杆小头与衬套

活塞销与连杆衬套之间的配合间隙在常温下应为 0.02～0.05mm，并且保证接触面在 75% 以上，如勉强套入活塞销，则为合适。如套不进活塞销，则说明加工余量太大，如套上后感到松旷，则加工余量太小，均应重新选配。

新衬套在被压入前，应用冲子将旧衬套顶出，然后检查小头座孔内部有无毛糙、卷边现象等。若有必须进行处理。在装配新衬套时，有倒角的一端应对着连杆小头有倒角的一侧，使其对正压入，如图 2-76 所示，还要注意使油孔对准。对于两半截式的衬套，如图 2-77 所示，应使衬套压至连杆小头油孔边缘，以保证机油流动畅通。露出连杆小头端面部分，需用锉刀修平。

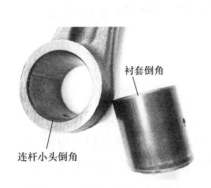 

图 2-76　装配时倒角一端对齐　　　　图 2-77　两半截式的衬套

例如：发动机有异响，冷车时异响更明显的故障。

1) 检查分析：试车发现，该车在急速运转时就能够听到异响。将发动机的怠速提高到 1500/min 时，声音最为明显。

利用听诊器检查，感觉气门室盖前端声音较强，于是拆检气门挺柱机构。检查发现液压挺柱、摇臂等均正常，正时链条松紧度也合适。接下来检查凸轮轴相位执行器，仍然未能发现任何问题。考虑到异响是在气门室盖处较强，所以决定更换相位执行器。

更换后异响没有任何改变，看来真正的原因还是没有找到，至此只有对发动机进行解体检查。分解发动机后，逐一检查各部分的零件，发现 1 缸连杆的铜套有异常磨损，如图 2-78 所示。显然问题就出在这里。

2) 故障排除：整套更换活塞及连杆，故障彻底排除。

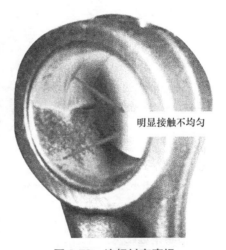

图 2-78　连杆衬套磨损

九　活塞销

活塞销的作用是连接活塞和连杆小头，将活塞承受的气体作用力传给连杆。

活塞销一般采用低碳钢或低碳合金钢，经表面渗碳淬火后再精磨加工。为了减轻质量，活塞销一般制成空心圆柱，空心圆柱的形状可以是组合形或两段截锥形，如图 2-79 所示。

全浮式连接是指在发动机工作温度时，活塞销与销座、活塞销与连杆小头之间都是间隙配合，活塞销、连杆小头和活塞销座都有相对运动。这种连接方式增大了实际接触面积，减小了磨损且使磨损均匀，被广泛采用。为防止工作时，活塞销从孔中滑出，必须用卡环将其固定在销座孔内，进行轴向定位，如图2-80所示。

图 2-79　活塞销结构　　　　　　　图 2-80　全浮式活塞销

半浮式连接是指销与座孔或销与连杆小头两处，一处固定，一处浮动如图2-81所示。活塞销只能在销座内做自由摆动，而和连杆小头没有相对运动，使活塞销与座孔磨损不均匀。其中大多数采用销与连杆小头固定的方式。可以将活塞销压配在连杆小头孔内，这种方式不需要卡环，也不需要连杆衬套。

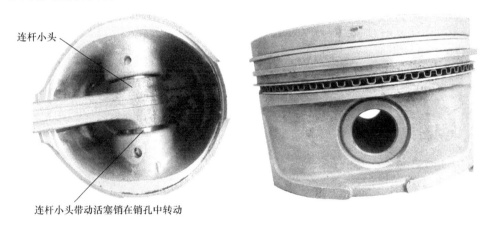

图 2-81　半浮式活塞销

活塞销选配

活塞销磨损过大，将会引起气缸偏磨和不正常的金属敲击声响，活塞销如弯曲变形过大，将会引起销座很大的应力集中，可能会造成销座破裂。

发动机大修时，活塞销必须随活塞的更换而更换。活塞销除标准尺寸外，还有加大修理尺寸，除标准尺寸至第一级修理尺寸的级差为0.08mm外，其余各级修理尺寸的级差为0.04mm，共分四级，以适应发动机在两次大修之间修理的要求。

选配活塞销的质量要求是：新活塞表面粗糙度R_a不大于0.63μm，无锈蚀斑点，圆度、圆柱度误差不超过0.0025mm，同组活塞销重量差在10g以内。

选用修理尺寸的活塞销，可以按照原活塞销尺寸的加大量和连杆衬套与活塞销座孔的磨损程度来决定，并应成组更换。

全浮式活塞销与销座孔的配合，对于汽油机，在常温下有微量的过盈，过盈量一般为 0.0025～0.0075mm，要求它们之间的接触面积在 75% 以上。对于柴油机，在常温下是过渡配合，只允许有轻微间隙。

第四节　曲轴飞轮组结构、拆装与检修

一、曲轴结构

曲轴的作用是把活塞连杆组传来的气体压力转变为转矩并对外输出。同时，曲轴还驱动发动机的配气机构和其他辅助装置（如发电机、水泵、空调压缩机）等。

曲轴由一个单一部件构成，但可以分为多个不同的部分。主轴承轴颈位于曲轴箱内的轴承内。连杆轴颈或曲柄轴颈与曲轴通过曲柄臂连接起来（简称一个曲拐单元）。曲柄轴颈和曲柄臂的这部分也称为曲柄，如图 2-82 所示。

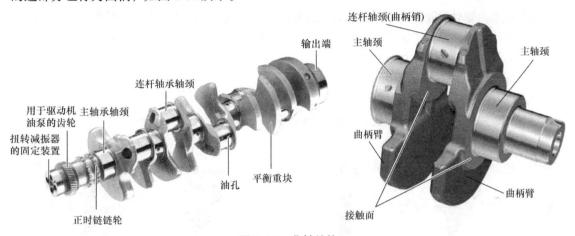

图 2-82　曲轴结构

二、曲轴拆装

曲轴装配图如图 2-83 所示。

新款大众奥迪 EA888 发动机曲轴主轴承直径从 52mm 减至 48mm，平衡块的数量从 8 个减至 4 个，上部和下部主轴瓦采用两层构造，而且不含铅添加物。曲轴减轻 1.6kg，如图 2-84 所示。

（1）曲轴拆卸

1）拆下靶轮上的螺栓，做好位置记号，因为靶轮只有在某一位置才可安装。拆下靶轮，拆前注意将其不均匀的孔的位置做好记号。

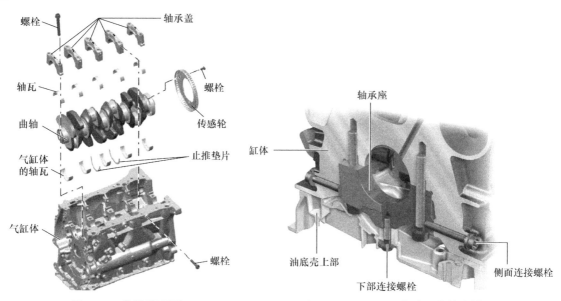

图 2-83 曲轴装配图　　图 2-84 EA888 发动机曲轴主轴承

2）检查曲轴轴向间隙，极限轴向间隙为 0.07～0.24mm，超过此值，应更换止推垫片。

3）按规定顺序松开主轴承盖螺栓，由两边向中间分次均力拆卸，如图 2-85 所示。

4）拆下第 3 道轴瓦及止推垫片。

5）拆下曲轴。

（2）曲轴安装

1）安装曲轴，注意安装位置，如图 2-86 所示。

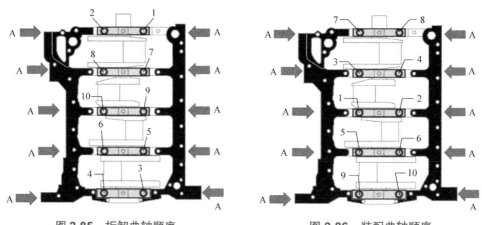

图 2-85 拆卸曲轴顺序　　图 2-86 装配曲轴顺序

2）安装第 1、2、4、5 道轴瓦，最后装上第 3 道轴瓦及止推垫片。

3）按轴承盖上打印的 1、2、3、4、5 标记，由前向后顺序安装。

4）曲轴轴承盖螺栓应由中间向两边交叉顺序拧紧，按照曲轴瓦盖上的 1～5 的顺序拧紧曲轴螺栓：

① 用手拧紧螺栓 1～10。

② 用 65N·m 的拧紧力矩预拧紧螺栓 1 ~ 10。
③ 用呆扳手将螺栓 1 ~ 10 继续转动 90°。
④ 用 20N·m 的拧紧力矩预拧紧螺栓（箭头）。
⑤ 用呆扳手将螺栓（箭头）继续转动 90°，如图 2-86 所示。轴承盖紧固后，曲轴转动应平滑自如。

三　曲轴轴向间隙检测

检查曲轴的轴向间隙时将曲轴撬向一端，用塞尺检查第三道主轴承的轴向间隙，新轴为 0.07 ~ 0.23mm，磨损极限为 0.30mm。超出磨损极限时，应更换第三道主轴承两侧的半圆止推环。

1）检查方法：
① 把磁力百分表和通用磁力百分表支架拧紧到气缸体上，如图 2-87、图 2-88 所示。
② 把百分表杆部平行于曲轴中心线放置，将表针调为零。
③ 将百分表顶在曲轴曲柄臂上。
④ 将曲轴用手对着千分表压入，将千分表拨到 0。
⑤ 从百分表上推开曲轴，读取测量值。轴向间隙：新轴：0.07 ~ 0.24mm，磨损极限：0.26mm。

图 2-87　磁力百分表座

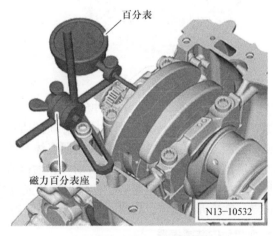

图 2-88　安装磁力百分表座

2）曲轴轴向间隙也可用另一方法进行检查：将曲轴定位轴肩和轴承的承推端面的一面靠合，用撬棒将曲轴挤向后端，然后用塞尺在曲轴臂与止推垫片或止推垫圈之间测得曲轴轴向间隙。

曲轴轴向间隙一般为 0.05 ~ 0.25mm，使用极限为 0.35mm，轴向间隙过大会引起气缸、活塞连杆组的异常磨损。检查曲轴的轴向间隙，一般是在拆卸曲轴之前用撬杠将曲轴拨向一端，并用百分表或塞尺测量出曲轴的轴向间隙。如该间隙不符合技术要求，可通过更换止推垫片进行调整。

四、扭转减振器

1. 扭转减振器作用及类型

曲轴扭转减振器功用是吸收曲轴扭转振动的能量，消减扭转振动，避免引发发动机强烈共振进而引起严重恶果。

1）橡胶扭转减振器。减振器壳体与曲轴连接，减振器壳体与扭转振动惯性质量黏在硫化橡胶层上。发动机工作时，减振器壳体与曲轴一起振动，由于惯性质量滞后于减振器壳体，因而在两者之间产生相对运动，使橡胶层来回揉搓，振动能量被橡胶内的内摩擦阻尼吸收，从而使曲轴的扭振得以消减。橡胶扭转减振器如图 2-89 所示。但它的阻尼作用小，橡胶容易老化，故在大功率发动机上较少用。

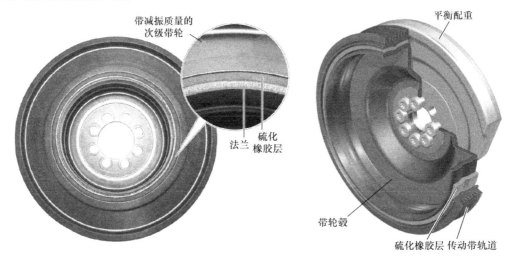

图 2-89 橡胶扭转减振器

2）硅油扭转减振器。由钢板冲压而成的减振器壳体与曲轴连接。侧盖与减振器壳体组成封闭腔，其中滑套着扭转振动惯性质量。惯性质量与密封腔之间留有一定的间隙，里面充满高黏度硅油，当发动机运转工作时，减振器壳体与曲轴一起旋转、一起振动，惯性质量则被硅油的黏性摩擦阻尼和衬套的摩擦力所带动，在惯性质量与减振器壳体间产生相对运动。曲轴的振动能量被硅油的内摩擦阻尼吸收，使扭振消除或减轻，硅油扭转减振器减振效果好、性能稳定、工作可靠、维修方便，所以在汽车发动机上的应用日益普遍，如图 2-90、图 2-91 所示。

2. 拆卸和安装减振器

必备的专用工具、检测仪器以及辅助工具如图 2-92、图 2-93 所示。

注意：减振器 A 的紧固螺栓连接减振器 1、正时链链轮 2 和曲轴 3，如图 2-94 所示。在拧出紧固螺栓前，必须先按如下所述步骤固定曲轴的链轮。

1）旋出螺栓（箭头）。

2）拆卸空气导向管。为此取下夹子 1 和 2，如图 2-95 所示。

3）拆卸多楔带。

4）从多楔带张紧装置中取出定位芯棒 T10060 A。

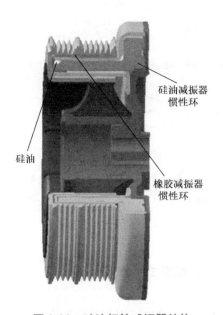

图 2-90　硅油扭转减振器结构

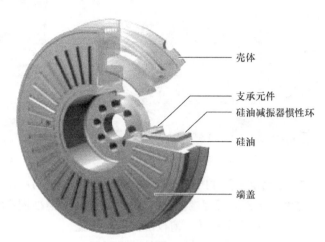

图 2-91　硅油扭转减振器外形

图 2-92　固定支架 T10355

图 2-93　装配工装 T10531

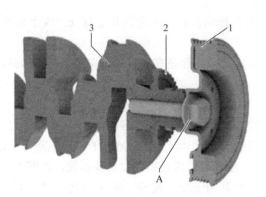

图 2-94　减振器连接

5）用固定支架 T10355 将减振器转到"上止点"位置（箭头），如图 2-96 所示。

6）减振器上的切口必须与正时链下盖板上的箭头标记相对。

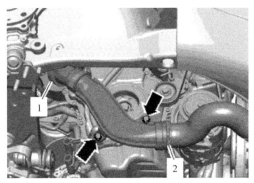

图 2-95　拆卸空气导向管

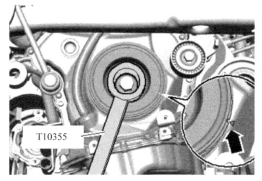

图 2-96　将减振器转到上止点位置

7）用固定工具 T10355 将减振器螺栓大约旋转 1/2 圈。

注意：减振器紧固螺栓开始时只能最多旋转 1/2 圈来松开，如图 2-97 所示。

8）如果减振器扭转，请校准上止点位置。

9）拧出所示的正时链盖板的 2 个紧固螺栓（箭头），如图 2-98 所示。必须更换螺栓。

图 2-97　将减振器螺栓大约旋转 1/2 圈

图 2-98　拧出正时链盖板上的紧固螺栓

10）如图 2-99 所示，将定位件 T10531/1 安装到减振器上，用手拧上滚花螺栓（箭头）。

11）完全拧出减振器的螺栓。

12）检查旋转工装 A 是否松动，并可从夹块 B 上移动。旋上夹紧螺栓（箭头），如图 2-100 所示。

提示：现在不再转动夹紧螺栓，而是在安装时将夹紧螺栓 T10531/2 卡入曲轴中。

13）将夹紧螺栓 T10531/2 拧入曲轴中，用开口宽度为 12mm 的呆扳手 A 拧紧，如图 2-101 所示。

14）用手拧紧夹紧螺栓 A。由此将链轮固定到曲轴上，如图 2-102 所示。

15）旋出滚花螺栓（箭头）。取出定位件 T10531/1 和减振器 A，如图 2-103 所示。

注意：减振器拧出 1/2，后也可以用顶拔器拉出减振器，如图 2-104 所示。

16）如果要转动没有减振器的曲轴：旋转工具 A 插到张紧销上，同时注意链轮的齿廓。工具的上方平面位于上止点位置。将旋转工装用带肩螺母 B 拧紧。

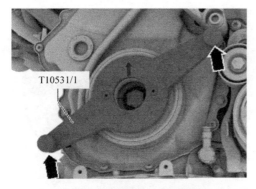

图 2-99 用手拧上滚花螺栓

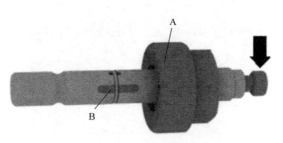

图 2-100 检查旋转工装

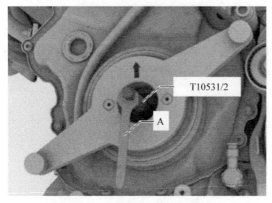

图 2-101 将夹紧螺栓 T10531/2 拧入曲轴中

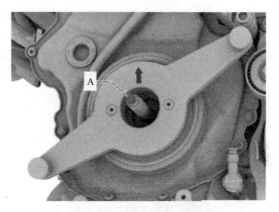

图 2-102 拧紧夹紧螺栓 A

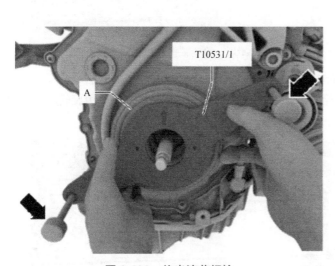

图 2-103 旋出滚花螺栓

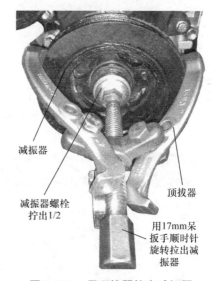

图 2-104 用顶拔器拉出减振器

17）现在可以从六角头上转动曲轴（箭头），如图 2-105 所示。

安装减振器：

1）必要时将带肩螺母 B 和旋转工装 A 从夹紧螺栓中取出，如图 2-106 所示。

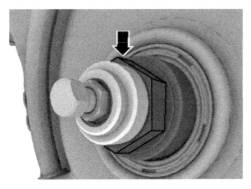

图 2-105　从六角头上转动曲轴

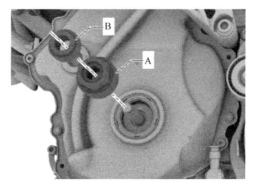

图 2-106　将工装 A 从夹紧螺栓中取出

2）将减振器放入上止点位置，注意链轮的轮廓（箭头）如图 2-107 所示。

3）旋转工具 A 插到张紧销上，同时六角应指向减振器。拧上带肩螺母 B，来回移动减振器检查减振器是否正确位于链轮轮廓内。拧紧带肩螺母，直到减振器不能再转动，如图 2-108 所示。

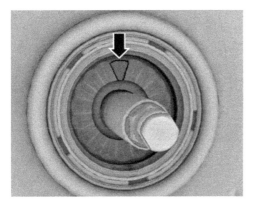

图 2-107　链轮的轮廓

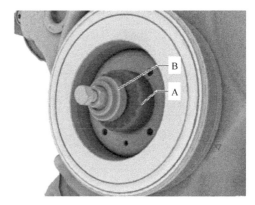

图 2-108　检查减振器是否正确位于链轮轮廓内

4）如图 2-109 所示，将定位件 T10531/1 安装到减振器上，用手拧上滚花螺栓（箭头）。

5）拧出带肩螺母 A 并松开夹紧螺栓 B，如图 2-110 所示。拧出夹紧螺栓并用旋转工装将其取出。

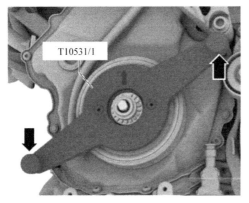

图 2-109　用手拧上滚花螺栓

图 2-110　拧出带肩螺母 A 并松开夹紧螺栓 B

6）用手拧入减振器螺栓和 O 形环 1，如图 2-111 所示。

7）拧出滚花螺栓（箭头），并取出定位件 T10531/1，如图 2-112 所示。

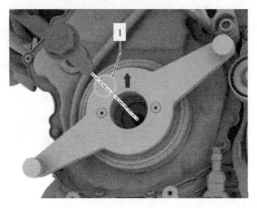

图 2-111　拧入减振器螺栓和 O 形环 1

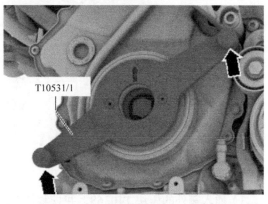

图 2-112　取出定位件 T10531/1

8）拧紧减振器的螺栓，为此使用固定支架 T10355，如图 2-113 所示。减振器的螺栓拧紧力矩：150N·m + 继续转动 90°（1/4 圈）。

五　曲轴前端密封环更换

必备的专用工具、检测仪器以及辅助工具如图 2-114、图 2-115、图 2-116 所示。

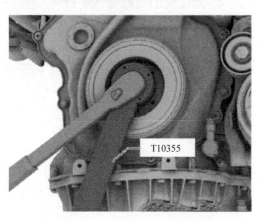

图 2-113　拧紧减振器的螺栓

图 2-114　压块 T10354

图 2-115　压块 T10368

图 2-116　起拔钩 T40274

1）拆卸减振器。

2）用起拔钩 T40274 将轴密封环拔出，如图 2-117 所示。

安装：

1）清洁工作面和密封面。

2）安装轴密封环（箭头）和压块 T10354，如图 2-118 所示。

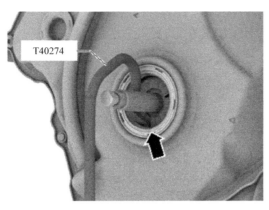

图 2-117 拔出油封

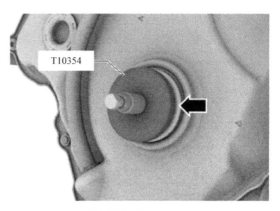

图 2-118 安装密封环

3）插入额外的压块 T10368，并拧紧带肩螺母 A。

4）用压块 T10182 推入密封环，直至限位位置，如图 2-119 所示。

5）安装减振器。

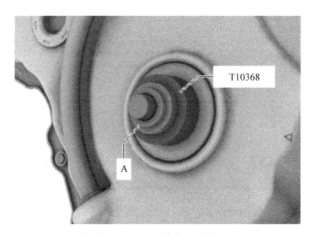

图 2-119 用压块推入密封环

六、曲轴推力轴承

曲轴推力轴承（止推垫片，共 4 片）用于限制曲轴的轴向窜动（发动机工作时，曲轴常受到离合器施加于飞轮的轴向力作用而有轴向窜动的趋势），保证曲柄连杆机构各零件正确的相对位置，推力轴承如图 2-120 所示。但曲轴受热膨胀时，又必须允许其自由伸长，故曲轴上的轴向定位装置必须有，但只能设于一处，通常设在第三道或第四道主轴承处。

注意：装配时带有储油槽侧朝向曲轴的曲柄臂（朝外），如图 2-121 所示。

注意：曲轴轴向间调整时：更换不同厚的推力轴承，或改变推力轴承的厚。曲轴的轴向间隙标准为 0.07～0.17mm，允许极限为 0.25mm。

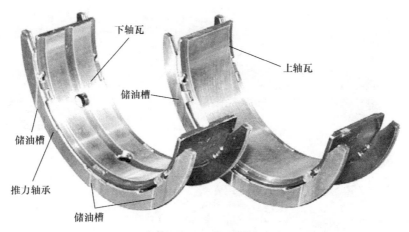

图 2-120 推力轴承

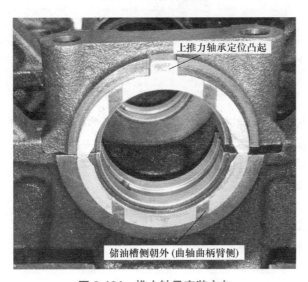

图 2-121 推力轴承安装方向

七 发动机平衡机构

1. 发动机平衡机构结构

现代轿车特别重视乘坐舒适性和噪声水平,为此必须将引起汽车振动和噪声的发动机不平衡力及不平衡力矩减小到最低限度。在曲轴的曲柄臂上设置的平衡重只能平衡旋转惯性力及其力矩,而往复惯性力及其力矩的平衡则需要专门的平衡机构。

直喷四缸发动机在 4000r/min 以上时,振动通过车身传递变得明显,令人不快的嗡嗡声会降低车辆的舒适性。这种振动是由惯性力引起的,可以用带平衡重的轴以相反方向转动抵消。

平衡轴由球墨铸铁制成并有三道轴承支撑,平衡轴安装于铸铝轴承座里,两根轴的旋转方向相反。平衡轴的反向运动,消除了发动机纵向惯性力和力矩,如图 2-122 所示。

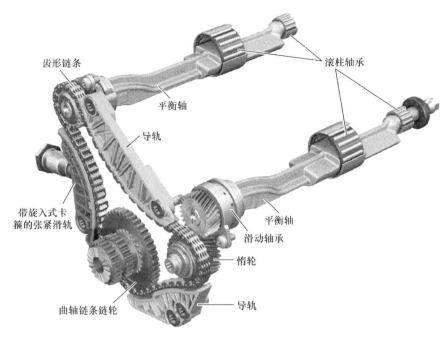

图 2-122 平衡机构

大众新型的直喷发动机平衡轴机构是从常规的 FSI 发动机继承而来的，但做了如下改动：
1）采用分体驱动链轮，实物及分解如图 2-123 所示。
2）驱动齿轮与不平衡质量分离，有利于提高平衡等级。
3）采用较宽齿轮的机油泵。
4）机油控制的机油压力调节阀位于平衡轴壳体上。
5）强度优化的压铸壳体。
6）轴承直接位于铝合金壳体上。

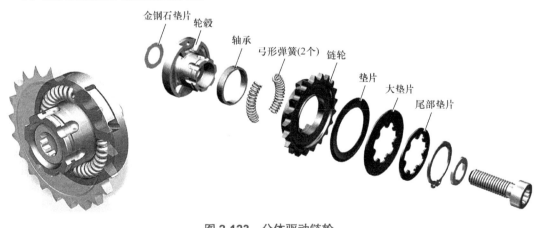

图 2-123 分体驱动链轮

在发动机转速较低时，涡轮增压发动机曲轴的旋转不平衡很严重，这会使得平衡轴链条机构的链条力明显增大。自然吸气发动机的振动角度为 0.8° 曲轴角，而涡轮增压发动机的振动角度高达 2° 曲轴角。链条机构上的突然加载使得链条的磨损大大提高了（如果不采取措施的话）。因此，新设计在链轮的轮毂内使用了弓形弹簧，这样就可使平衡轴模块中的输入轴与曲轴脱开，其作用与双质量飞轮类似。

2. 发动机平衡机构拆装

大众新款第三代 EA888 发动机平衡机构装配结构图如图 2-124 所示。

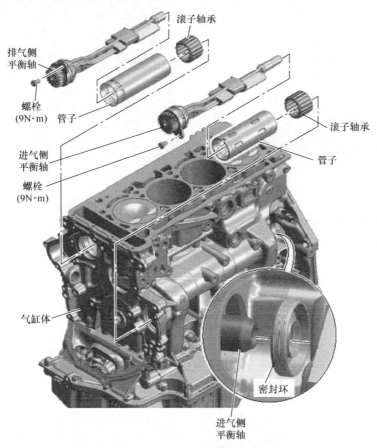

图 2-124　第三代 EA888 发动机平衡机构装配结构图

进气侧平衡轴管安装位置：平衡轴上的凸耳（箭头 A）必须卡入管上的开口（箭头 B）内，如图 2-125 所示。

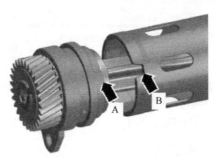

图 2-125　平衡轴上的凸耳

排气侧平衡轴管安装位置：开口右侧（箭头）必须指向链条侧，如图2-126所示。

将平衡轴管2插入气缸体1内。安装位置正确时，必须达到尺寸 $a = 21mm$，如图2-127所示。

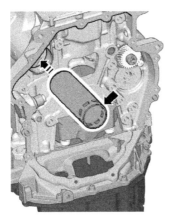

图2-126　排气侧平衡轴管安装位置

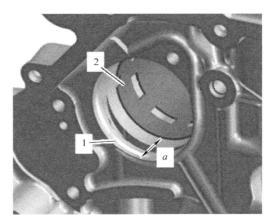

图2-127　将平衡轴管装入正确位置

（1）拆卸和安装进气侧平衡轴

提示：如果拆卸和安装平衡轴，则必须更换滚子轴承。滚子轴承套圈已标色，每次必须装入同样颜色的滚子轴承。

拆卸：

1）拆卸冷却液泵正时带。

2）拆卸平衡轴驱动链。

3）旋出螺栓2。

4）取下冷却液泵正时带驱动轮1，如图2-128所示。

5）拧出螺栓1，然后取下中间轴齿轮，如图2-129所示。

图2-128　取下冷却液泵正时带驱动轮1

图2-129　取下中间轴齿轮

6）取下轴承销1，如图2-130所示。

7）拧出螺栓2，拉出进气侧平衡轴，如图2-131所示。

图 2-130 取下轴承销

图 2-131 拉出进气侧平衡轴

安装：

1）推上平衡轴管，注意安装位置。

2）装上新滚子轴承。

3）在进气侧平衡轴的轴承和轴承滚道（箭头）上涂抹发动机机油，如图 2-132 所示。

4）将平衡轴转到安装位置，安装时半圆形轴承支撑面必须朝上。

5）装入进气侧平衡轴，然后拧紧螺栓 2，如图 2-133 所示。

图 2-132 涂抹发动机机油

6）在新 O 形环 1 上涂抹发动机机油，如图 2-132 所示。

7）在轴承销上涂抹发动机机油，然后插入。把轴承螺栓的配合销（箭头）卡入气缸体孔中。

8）用颜色箭头标记中间齿轮的齿面。

9）推入中间齿轮，平衡轴上的标记必须位于齿面的标记之间，如图 2-134 所示。

图 2-133 拧紧螺栓 2

图 2-134 推入中间齿轮

10）在这个齿轮位置时拧紧中间齿轮螺栓 1，如图 2-133 所示。检查中间齿轮/平衡轴的标记（箭头），如图 2-135 所示。其他安装以相反顺序进行。

（2）拆卸和安装排气侧平衡轴

提示：如果拆卸和安装平衡轴，则必须更换滚子轴承。滚子轴承套圈已标色，每次必须装入同样颜色的滚子轴承。

拆卸：

1）拆卸平衡轴驱动链。

2）拧出螺栓1，拉出排气侧平衡轴，如图2-136所示。

图 2-135　检查中间齿轮/平衡轴的标记　　　　图 2-136　拉出排气侧平衡轴

安装：

1）检查平衡轴管的安装位置。

2）在排气侧平衡轴的轴承和轴承滚道（箭头）上涂抹发动机机油，如图2-137所示。

3）将平衡轴转到安装位置。安装时，半圆形轴承支撑面必须朝上。

4）装入排气侧平衡轴，然后拧紧螺栓1，如图2-138所示。其他安装以相反顺序进行。

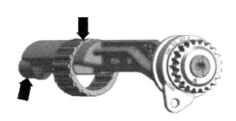

图 2-137　涂抹发动机机油　　　　图 2-138　装入排气侧平衡轴

（3）拆卸和安装平衡轴的驱动链

大众奥迪新款EA888发动机平衡轴链条装配图如图2-139所示。

第二章 曲柄连杆机构

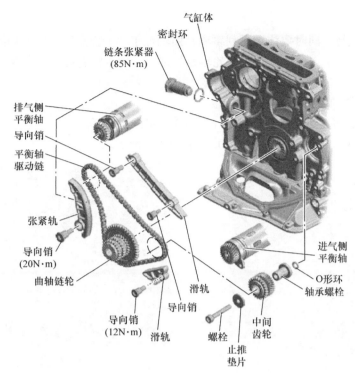

图 2-139 平衡轴链条装配图

拆卸：

1）拆卸凸轮轴正时链 1。

提示：曲轴位于"上止点"；曲轴链轮上的 V 形开口在虚拟的垂直线（箭头）内居中位于凸轮轴链轮之间。曲轴链轮已用夹紧螺栓 T10531/2- 锁定，如图 2-140 所示。

2）拧出螺栓 4，取下凸轮轴正时链的链条张紧器。

3）拧出平衡轴驱动链的链条张紧器 3。

4）拧出导向销 1、5，取下张紧轨 2 和滑轨 6，如图 2-141 所示。

5）取下平衡轴驱动链。

图 2-140 夹紧螺栓

图 2-141 取下张紧轨和滑轨

79

安装：

安装以倒序进行，同时要注意下列事项：曲轴位于"上止点"；曲轴链轮上的 V 形开口在虚拟的垂直线（箭头）内居中，位于凸轮轴链轮之间，曲轴链轮已用夹紧螺栓 T10531/2 锁定，如图 2-140 所示。

1）首先将平衡轴驱动链放在平衡轴上。

2）彩色链节必须对准链轮上的标记（箭头），如图 2-142 所示。

3）装入滑轨 1，拧紧导向销（箭头），如图 2-143 所示。

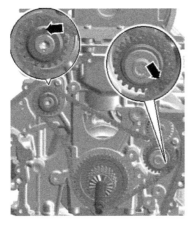 

图 2-142　对准链轮上的标记　　　　　图 2-143　装入滑轨 1

4）如图 2-144a 所示，将平衡轴驱动链的彩色链节（箭头）定位在曲轴链轮的标记上。

5）装入张紧轨 2，拧紧导向销 1，如图 2-144b 所示。

6）拧紧链条张紧器（箭头）如图 2-145 所示。

7）再次检查调整情况：彩色链节必须对准链轮上的标记（箭头）。

a）定位彩色链节　　　　　　　　b）装入张紧轨 2

图 2-144　张紧轨 2 的安装

8）安装凸轮轴正时链，如图2-145所示。

八 双质量飞轮

1. 双质量飞轮结构

实践表明，汽车传动系通常会有一、二个固有频率落在发动机常用转速范围之内，这是引起变速器噪声和车内噪声的主要原因。研究表明，要降低这两个容易造成传动系统共振的固有频率，只有在变速器和离合器之间（在扭转减振器之后）增加转动惯量才能解决。要做到在变速器和离合器之间增加转动惯量，唯一的办法是在结构设计上把原先装在离合器从动盘上的扭转减振器移至飞轮处，把飞轮分成两部分：

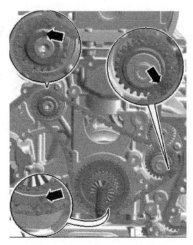

图2-145 安装凸轮轴正时链

主动飞轮和从动飞轮。主动飞轮直接装在曲轴上，只起飞轮的作用；从动飞轮位于主动飞轮之后，这两者之间装有能传递大容量发动机转矩的弧形减振弹簧，通过该扭转减振器将主动飞轮和从动飞轮相连接。从动飞轮除起到前面所说的附加质量的作用外，同时作为主动摩擦面，离合器总成也装在从动飞轮上。当离合器在接合状态，从动飞轮和变速器第一轴呈刚性连接。因此，从动飞轮实际上还包括离合器总成（含有离合器盖、压盘及从动盘等），显然，这就增加了所希望的变速器第一轴前端所连接的转动惯量。双质量飞轮结构，如图2-146所示。

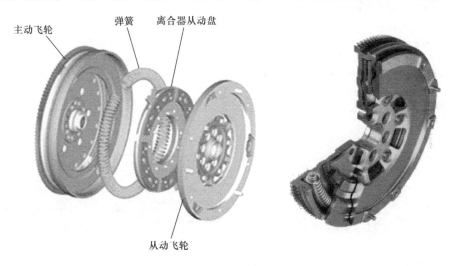

图2-146 双质量飞轮

2. 双质量飞轮检修

1）检查棱边（箭头A）和摩擦面（箭头B）是否有撕裂，如图2-147所示。

注意：使对中销在双质量飞轮内安装牢固。表面初级质量不得存在隆起（箭头D）。传递板不得弯折。

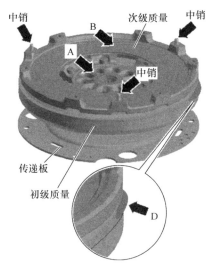

图 2-147 检查双质量飞轮

2）双质量飞轮的外壳壁损坏。损坏的弧形减振弹簧或损坏的弧形减振弹簧支座可能会导致外壳壁受损，如图 2-148 所示。

3）针对双质量飞轮内的滚子轴承和驱动轴的提示：检查双质量飞轮内的滚子轴承，必要时更换滚子轴承，如图 2-149 所示。

如果在双质量飞轮滚子轴承部位（箭头）的驱动轴表面可明显看到损坏，那么应更换驱动轴和双质量飞轮内的滚子轴承，如图 2-149 所示。

图 2-148 双质量飞轮的外壳壁损坏

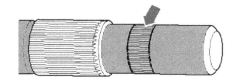

图 2-149 双质量飞轮滚子轴承位置

3. 双质量飞轮拆卸

1）离合器压盘和离合器从动盘已从双质量飞轮上拆下。

2）从双质量飞轮中拆下密封环，如图 2-150 所示。将内顶拔器张紧在密封环的密封唇之后，撬出密封环。

3）将滚针轴承从双质量飞轮中压出。

注意：如果通传递板支撑双质量飞轮，则会造成飞轮变形和损坏。此时必须更换双质量飞轮。每次从双质量飞轮中拆下滚子轴承后都要更换。

4)从双质量飞轮中拆下密封环。
5)将内顶拔器安装在滚子轴承内部的密封环区域内并张紧。
6)接着把压块安装到内顶拔器,压出滚子轴承,如图2-151所示。

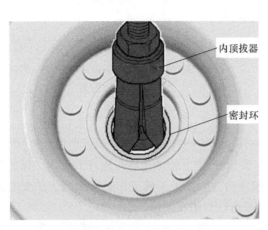

图 2-150　拆下密封环

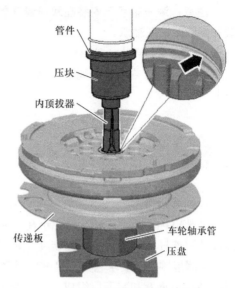

图 2-151　将滚子轴承从双质量飞轮中压出

7)将双质量飞轮的滚子轴承压入到极限位置。

注意:双质量飞轮有损坏危险。压入滚子轴承时可能会损坏双质量飞轮上的对中销。双质量飞轮只能居中支撑在滚子轴承的轴承托架下面。

8)用一块干燥的清洁布清除双质量飞轮内滚子轴承孔中的剩余油脂。
9)将双质量飞轮和压盘直接支撑在轴承托架(箭头)下面,如图2-152所示。
10)将小直径压盘装入滚子轴承中,如图2-153所示。同时,滚子轴承的标记侧(较厚的板材)必须指向压盘。

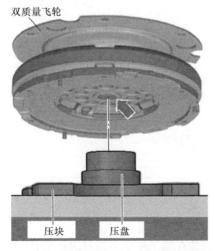

图 2-152　将双质量飞轮和压盘直接支撑在轴承托架下面

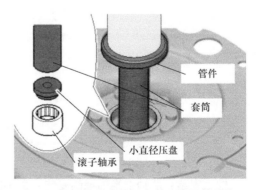

图 2-153　将小直径压盘装入滚子轴承中

11）将滚子轴承小心地压入极限位置。

12）将密封环敲入双质量飞轮内到限位位置，如图2-154所示。

注意：滚子轴承已安装在双质量飞轮内。密封环的敞开侧朝向滚子轴承。

13）将密封环小心地敲到底。

14）将离合器压盘和离合器从动盘安装到双质量飞轮上。

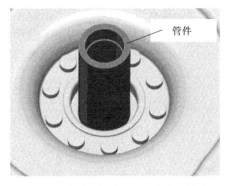

图 2-154 将密封环敲入双质量飞轮内到限位位置

九、轴瓦

1. 轴瓦结构

轴承也称轴瓦（连杆上的称小瓦，曲轴上的称大瓦），连上的轴瓦装在连杆大头内，保护连杆轴颈和连杆大头孔。曲轴安装在主轴承盖和主轴座内，主要由于其工作时承受较大的交变载荷，且润滑困难，要求它具有足够的强度、良好的减摩性和耐腐蚀性。

轴承由钢背和减摩层组成，为两半分开形式。钢背由厚 1~3mm 的低碳钢制成，是轴承的基体，减摩层是由浇铸在钢背内圆上厚为 0.3~0.7mm 的薄层减摩合金制成，减摩合金具有保持油膜，减少摩擦阻力和易于磨合的作用，如图 2-155 所示。

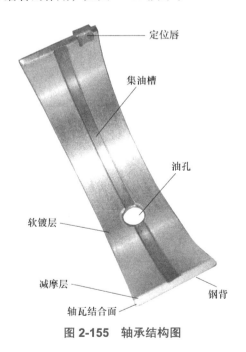

图 2-155 轴承结构图

轴瓦安装：曲轴上半轴承的安装：曲轴轴承应该安装在轴承座中央以对准机油孔。

曲轴下半轴承、连杆上 / 下轴承的安装，轴承应安装在轴承座中央，并经过测量调整 B 和

C 之差：小于 0.7mm。曲轴轴承（上/下）不同位置宽度不同，如图 2-156 所示。

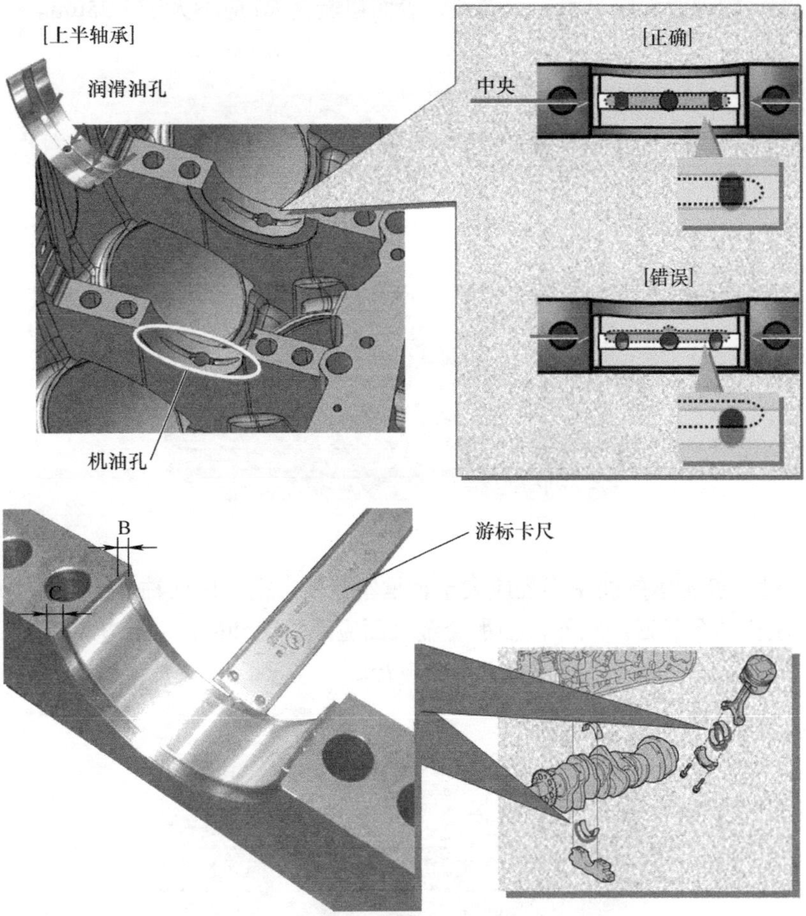

图 2-156 轴瓦正确安装

2. 轴瓦选配

1）根据轴径选配轴承。连杆轴颈和主轴颈的修理尺寸确定，每级以 0.25mm 递减，并在数值前面标以"－"号，表示轴颈缩小，如图 2-157 所示。要求轴承座孔的圆度和圆柱误差不得超过 0.025mm。

2）轴承的圆弧长度符合规定。轴承高出量一般为 0.03～0.05mm。轴承高出量的检验也可把轴承装在轴承孔中，按规定力矩拧紧两个轴承螺栓，然后再完全松开其中一个螺栓，用塞尺检查轴承孔剖分面的间隙，此间隙就是轴承高出量，如图 2-158 所示。连杆轴承高出量为 0.035～0.06mm。柴油机略大于汽油机。

3）经验法检查：将轴承安装好，装上轴承盖，按规定力矩拧紧一端螺栓，在另一端轴承座与盖的平面插入厚度为 0.05mm 的垫片，当把该螺栓拧紧到 10～20N·m 时，垫片抽不出，说明轴承长度合适；如垫片抽得出，说明轴承过长；如果未加力时就抽不出垫片，说明轴承过短，应重新选配。

4）定位凸点要完整，瓦背要光滑。轴承定位凸点是轴承在座孔内圆周方向和轴向的定位结构。凸点损坏失效后，将导致轴承在轴承孔中滑动。如凸点低，可用冲子冲出些许；若无法修复，应重新选配。轴承背面应光滑，无斑点，表面粗糙度 Ra 应不大于 1.25μm。

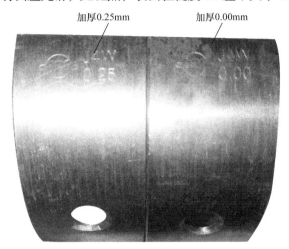

图 2-157　轴承尺寸

5）弹性合适。新轴承的曲率半径应大于轴承座孔的半径。保证轴承压入座孔后，借轴承自身的弹力能与座孔贴合紧密。此外，轴承合金表面应无裂缝和砂眼。轴承合金与瓦背应有一定的结合强度，轻敲瓦背，应发声清脆而无嘶哑声音。

图 2-158　轴承高出量的检验

3. 轴瓦的刮配方法

　　刮配的目的是使各个轴瓦与轴颈之间具有良好的接触面和正常的配合间隙。新轴瓦和使用过的旧轴瓦的刮配方法基本相同。旧轴瓦表层合金已硬化，表面还可能镶嵌着较多硬粒杂质。所以，在刮配时要将表层的旧合金层刮去。通常只刮削巴氏合金轴瓦，具体刮配方法如下。

　　1）将曲轴放在专用的支架上。

　　2）在连杆轴颈表面涂上薄薄一层红丹油或其他有色涂料。将连杆按正确的位置和方向装配到轴颈上，均匀拧紧连杆螺栓，紧度以能转动连杆稍有阻力为好。

　　3）转动连杆几圈后，松开螺栓，拆下连杆，观察轴瓦表面与轴颈的接触情况。若轴瓦染色不均匀且不均匀部位在两端部时，应将染有色迹的凸出部分刮去。

4）在刮削的时候，通常以左手握住连杆盖或连杆，右手握住活塞环并持平，运用手腕的力量使活塞环由外向里刮配。刮削的要求是：刮削的方向应经常变换，第一次的方向应与轴瓦轴线成 30° 角，第二次的方向也与轴瓦轴线成 30° 角，但朝向另一边。在刮削过程中，活塞环一定要锋利，刮削的力量要适当，用力过大会产生波纹；要刮大留小、刮重留轻、重迹重刮、轻迹轻刮，起刀和落刀要准、轻、稳，如图 2-159 所示。

5）刮配好的轴瓦要用细砂纸蘸机油擦拭一遍，使表面光滑。

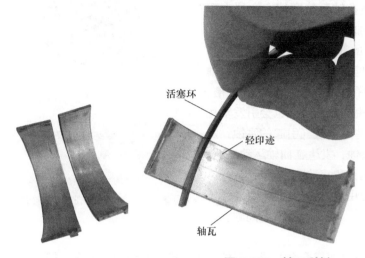

图 2-159 轴瓦刮削

6）刮配好的轴瓦与轴颈的接触面积应在 75% 以上，且接触点要分布均匀，轴瓦的圆度和圆柱度应为 0.02～0.03mm，配合间隙应符合技术说明书规定的要求。

7）经验法检查如图 2-160 所示，当单道主轴承的配合间隙符合标准时，曲轴的转动力矩 <10N·m。连杆轴承的配合间隙符合标值时，将连杆按规定装在轴颈上，然后用手甩动连杆小头，连杆应能转动 1.25～1.75 圈。

4. 轴瓦常见故障

（1）轴瓦润滑不足

现象：当轴瓦由于缺少机油或机油被稀释失效时，轴瓦表面由于摩擦变得光亮。如果完全没有机油，轴瓦与曲轴轴颈接触的光滑表面区域沿轴向的材料将剥落，如图 2-161 所示。

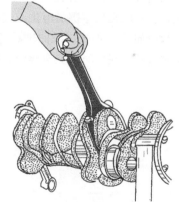

图 2-160 检查连杆轴承配合间隙

原因：轴瓦与曲轴之间机油不足或润滑油膜被稀释，轴瓦电镀层将会磨损。轴瓦电镀层磨损一般有以下原因：垂直间隙不足；机油稀释；发动机长时间低速运转。机油缺乏将导致轴瓦与曲轴轴颈相互撞击，由于抗摩擦材料的剥落使磨损加剧。机油缺少一般有以下原因：部分润滑油通道阻塞；选择的轴瓦尺寸过小；主轴瓦装反（下轴瓦反装为上轴瓦）；油泵或油压减压阀工作不良。

在选择新轴瓦时应测量曲轴轴颈尺寸，如果有必要应研磨曲轴颈部；检查机油泵和减压阀的工作状况，如果有必要应修复或更换；检查轴瓦润滑油孔是否与缸体以及连杆的润滑油孔在一条线上；避免发动机长时间低速运转；定期检查机油内是否含燃油或冷却液等杂质。

（2）气蚀

现象：轴瓦表面部分区域被腐蚀，一些腐蚀穿透轴瓦合金层而达到钢背如图2-162所示。

原因：气蚀是低压油蒸气泡在轴瓦抗摩擦合金层上瞬间爆炸形成的。发动机工作中，加载在轴瓦上的载荷在强度和方向上迅速变化，导致轴瓦上的润滑油膜压力迅速改变。这种压力变化随转动次数的增加越来越高，使得轴瓦和曲轴颈部的变形也变大。曲轴润滑油孔内机油流速过快，凹槽、窄沟和尖角等不连续的面引起的机油流速改变也会引发轴瓦气蚀。轴瓦气蚀主要有以下4种情况：吸气引起的腐蚀，发生在曲轴运动之后；换气引起的腐蚀，发生在曲轴运动之前；气穴流动引起的腐蚀；气穴撞击引起的腐蚀。

根据发动机制造商的推荐使用黏度合适的机油；保持正确的机油油压；避免机油被污染；检查轴瓦装配间隙。

图2-161 轴瓦沿轴向的材料剥落

（3）装配间隙过大

现象：轴瓦侧面边界部分的抗摩擦层合金变形或移位，引起微粒刮伤轴瓦表面，如图2-163所示。

原因：如果曲轴或曲轴颈部尺寸比推荐的最小值还小，而轴瓦内腔尺寸比推荐的最大值还大，则会导致机油间隙比允许的值大。间隙过大使得曲轴没有液态动力支撑，曲轴与轴瓦表面接触，引起轴瓦抗摩擦层熔化或表面变形。

检查轴瓦、连杆以及曲轴颈部的直径尺寸是否符合规定；按照规定的力矩拧紧连杆螺栓，根据制造商的建议时间更换螺栓；保持发动机机油充足。

图2-162 气蚀

图2-163 间隙过大造成轴瓦抗摩擦层熔化

（4）固体杂质侵入轴瓦表面

现象：外界杂质侵入轴瓦的抗摩擦合金层，导致合金层移位，轴瓦表面也会出现刮伤，如图 2-164 所示。

原因：机油中的灰尘、污垢、磨屑以及金属颗粒吸附在轴瓦表面上，使抗摩合金材料移位。这些合金材料或微粒到达曲轴上，引起局部摩擦，从而破坏了润滑油膜。在解体发动机的维修工作中，装机前或装机后，发动机各部件清洗不彻底，将会遗留杂质在发动机内部。金属元件磨损后也会使发动机各部件的工作环境恶化。

安装新轴瓦或进行其他的发动机维修工作时，应仔细清洗各部件；如果有必要，研磨曲轴；按照规定的里程或时间间隔更换发动机机油和机油滤清器，保持机油滤清器和曲轴箱的清洁。

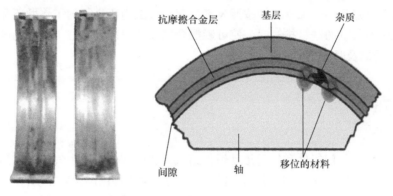

图 2-164　合金层移位且轴瓦刮伤

第三章 配气机构

第一节 配气机构组成

在发动机工作过程中,配气机构按照发动机每一气缸内所进行的工作循环和点火次序的要求,开启和关闭各气缸的进、排气门,使可燃混合气能及时进入气缸(柴油机进入气缸的是纯净空气),废气得以及时排出气缸外。

一、部件

配气机构主要由气门组件和气门传动组件组成。其中气门组件由气门、气门座圈、气门导管、气门弹簧、气门弹簧座、气门锁片等组成;气门传动组件由凸轮轴驱动件(包括正时齿轮、正时链条、正时带)、凸轮轴、气门挺杆、摇臂及摇臂轴总成等组成,如图3-1、图3-2所示。

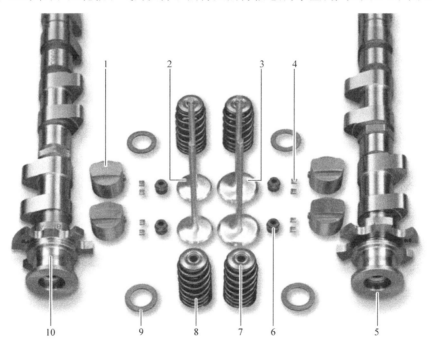

图 3-1 气门组件

1—带有HVA的液压挺杆 2—排气门 3—进气门 4—气门锁片 5—进气凸轮轴 6—气门杆密封件
7—上部气门弹簧座 8—气门弹簧 9—底部气门弹簧座 10—排气凸轮轴

图 3-2 气门传动组件

 凸轮轴

1. 复合式凸轮轴

凸轮轴的作用是驱动和控制发动机各缸气门的开启和关闭，使其符合发动机的工作顺序、配气相位及气门开度的变化规律等要求。

现在采用多种不同的技术制造复合式凸轮轴。其中一种是经典的轴毂连接方式，各个元件以结构连接方式或摩擦连接方式固定在轴上，如图 3-3、图 3-4 所示。

此外，还可以通过热压配合方式固定组件，或加宽轴身以产生附着力。也可以通过焊接或钎焊方式固定各种部件。

这种凸轮轴具有以下优点：

1）重量最多可减轻 40%。这又会带来下列影响：

① 降低耗油量。

② 改善振动特性。

③ 改善噪声情况。

④ 可以减轻其他系统组件的重量。

2）可以组合使用不同材料。
3）可以采用新型凸轮材料和结构。
4）加工成本低。

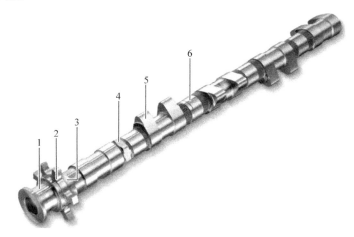

图 3-3　凸轮轴结构

1—轴颈和用于轴向导向的止推面　2—凸轮轴传感器的参考基准　3—用于安装专用工具的双平面　4—扳手宽度面　5—凸轮　6—轴颈

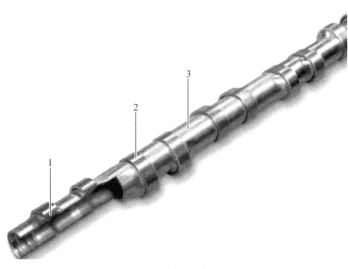

图 3-4　凸轮轴部分剖视图

1—轴管的加宽部分　2—凸轮　3—轴管

　　凸轮形状即凸轮横截面轮廓，决定了气门行程曲线。气门行程曲线通常按确保整个转速范围内获得最佳气缸进气效果的折中方案设计。

　　凸轮随动件随凸轮轮廓一起运动，并将运动传至气门。

　　在基圆区域内时气门处于关闭状态。气门机构带有机械调节装置时，基圆和凸轮随动件之间存在间隙。接触到凸轮工作面时，气门开启或关闭。工作面倾斜度越大，气门开启或关闭的速度就越快。工作面也可呈曲线形状。具有直线工作面的凸轮也称为切线凸轮。尤其是与滚子式气门压杆一起使用时，凸轮工作面呈中空形式（凹形），因此，使用了带有粉末冶金材料凸轮的复合式凸轮轴。

只有使用无需修整的粉末冶金材料凸轮，才能获得滚子式气门压杆所需要的凹形工作面。而使用平顶桶状挺杆时，凸轮工作面呈凸曲线形状。这种凸轮也称为谐运动凸轮。

凸轮顶部是气门完全开启点。凸轮顶部越宽，气门开启时间就越长。但可能会产生一定弧度，凸轮随动件会因加速度而从凸轮上有弧度处抬起。从基圆至凸轮顶部的距离为凸轮行程，如图 3-5 所示。

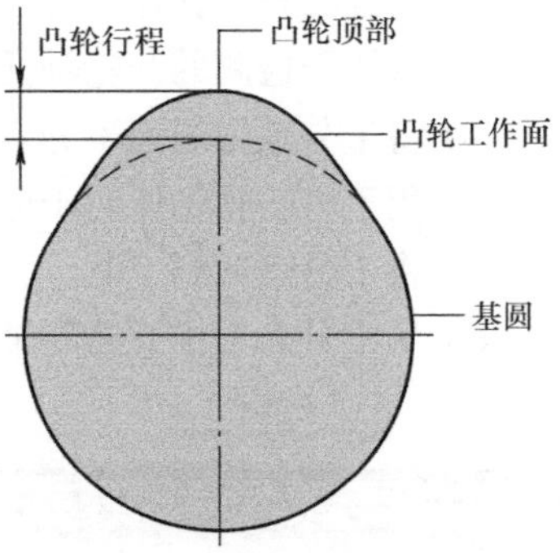

例如：在热车时出现"唧咕""唧咕"响声，急踩加速踏板之后响声尤为明显。

故障诊断过程：

1）发动机热车后正时带部位发出"唧咕""唧咕"声，分析认为故障可能在如下部位：

① 发电机产生的异响。
② 正时带产生的异响。
③ 张紧轮产生的异响。
④ 水泵产生的异响。
⑤ 发动机机械异响。

图 3-5 凸轮横截面

2）拆掉发电机传动带后起动发动机检查，异响依旧，排除发电机异响。

3）按照一汽-大众 HST 文件对正时带机构进行了组装，再次起动发动机，异响仍然存在；用水浇到正时带上声音没有改变。

4）用胶带缠到张紧轮上装上试车，如图 3-6 所示，声音依旧存在；更换张紧轮和正时带做试验，响声依然没有排除。

5）用听诊器仔细听水泵部位声音，响声不明显。

6）检查机油油位、压力均正常，机油压力在怠速时为 3.4bar⊖（标准为在怠速时不低于 2.0bar），2000r/min 为 3.9bar（标准为 2000r/min 时不能高于 7.0bar）；拆检发动机缸盖，发现凸轮轴有异常磨损，第二、第三、第四道轴瓦磨损较严重。经仔细检查发现，瓦盖表面比较粗糙，从而导致凸轮轴异常磨损，如图 3-7 所示。

图 3-6 张紧轮

图 3-7 凸轮轴磨损

故障原因分析：凸轮轴磨损导致发动机异响

⊖ 1bar=100kPa。

故障处理方法：更换新的气缸盖，故障排除。

建议：对于发动机异响部位的确定，应该依靠旋具或者听诊器进行诊断，对于怀疑产生异响的零件，可以采用停止工作排除法、浇水改变摩擦系数法等方法进行相关试验，然后进行确定；根据先易后难的原则逐步进行故障排除。

2. 凸轮轴的轴向间隙测量

1）拆卸凸轮轴瓦盖。

2）将用于检测的凸轮轴插入凸轮轴外壳中。

3）将千分表用通用千分表支架固定在凸轮轴外壳上，如图3-8所示。

4）用手将凸轮轴压向千分表。

5）将千分表调到"0"。

6）从千分表上推开凸轮轴，读取测量值，轴向间隙：0.100～0.191mm。

三、滚子式气门压杆或摇臂结构

气门压杆也是采用间接传动方式的气门机构部件，如图3-9所示。但是它不支撑在轴上，而是一端直接支撑在气缸盖上，或一个HVA元件上，另一侧靠在气门上。凸轮轴的凸轮从上面压向压杆中部。压杆的惯性矩和刚度在很大程度上取决于压杆的结构形式。

短压杆的惯性矩较小，气门侧的质量也比桶状挺杆小。使用滚子式气门压杆时，凸轮运动通过一个滚子轴承的滚子而非滑动面传递。与滑动面压杆或桶状挺杆气门机构相比，这种结构可减小摩擦功率，尤其是在对降低耗油量有较大影响的低转速范围内。但是，减小摩擦功率会明显降低针对凸轮轴扭转振动的减振作用，这对链条传动机构有影响。

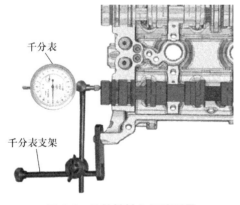

图3-8 凸轮轴轴向间隙测量

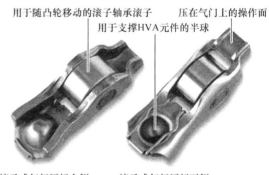

图3-9 滚子式气门压杆或摇臂

四、液压气门间隙补偿器（HVA）

凸轮通过压杆开启气门时，还会通过球头对HVA元件内的活塞施加作用力。活塞通过压力室内的机油支撑在固定式压力缸内。

由于在气门开启行程中从压力室向外挤出机油,因此气门关闭后凸轮和压杆之间就会存在间隙。弹簧可防止发生这种情况,它将活塞和球头向上推,从而使压杆始终靠在凸轮上。在此过程中压力室内由于体积增大而产生抽吸作用。阀球克服阀球弹簧的作用力离开球座,机油从储油室充入压力室内。压力室充满机油后,阀球就会封住压力室。

气门下次开启时重复上述过程。从技术角度来看,在元件内会进行机油小循环。HVA 的结构如图 3-10 所示。

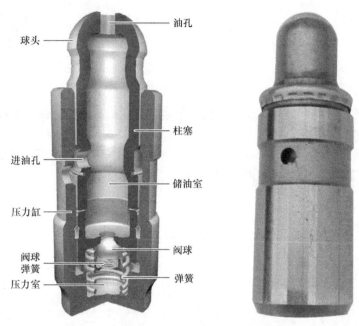

图 3-10 液压气门间隙补偿器(HVA)结构

(1)更换提示

1)将液压挺柱浸入干净的机油中,抽动柱塞若干次,去除氧化膜及杂质,使柱塞运动灵活。通过推杆座排出空气,并用下降测试装置,在柱塞上施加 200N 的压力,在滑下 2mm 左右以后,测量柱塞的 1mm 的下降量所花时间,在温度为 20℃时,应为 50s/mm。

2)安装新的液压挺柱后,大约 30min 内发动机不允许起动,否则气门可能会撞到活塞,必须等到液压元件入位。

3)在气门传动机构工作后,小心谨慎地至少转动发动机 2 圈,以确保在起动时不会顶气门。

4)将液压挺杆浸入干净的机油中,使用专用工具反复按下柱塞 5~6 次。如果在尝试 3 次后柱塞可被压下,请更换新的液压挺杆,如图 3-11 所示。

(2)液压气门间隙调节器(HVA)换发动机机油程序

1)使用 SST 将单向球阀压下,如图 3-12 所示。

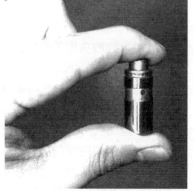

图 3-11 检查液压挺杆

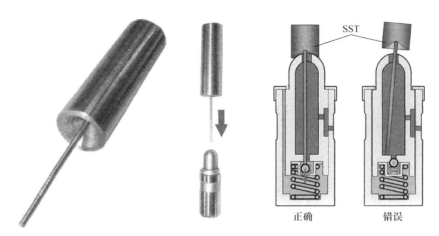

图 3-12 将单向球阀压下

2）将液压气门间隙调节器（HVA）浸入干净的发动机机油中，使用 SST 压缩/放开柱塞 5~6 次，如图 3-13 所示。

3）用手指压下柱塞，检查 HVA 是否密封严密 如果柱塞在 3 次压缩后仍能被压缩，则需要更换新的液压气门间隙调节器，如图 3-14 所示。

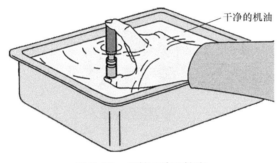

图 3-13 压缩/放开柱塞

图 3-14 检查是否密封严密

五、气门结构

气门导管的功用是对气门的运动进行导向，保证气门做直线往复运动，使气门与气门座或气门座圈能正确贴合。

气门与气门导管和气门弹簧共同构成一个总成，如图 3-15 所示。

气门主要分为单一金属气门、双金属气门和空心气门。气门的结构如图 3-16 所示。

单一金属气门由一种材料制成，通过锻造方式形成所需形状。

双金属气门的气门杆和气门头单独制造，最后通过摩擦焊接方式接合在一起。这种方法的优点是，可以分别为气门杆和气门头选择最合适的材料。双金属气门用于排气门，因为这种气门的优点对其特别有利。因为可使用最适应高温条件的材料制造气门头，而采用很耐磨损的材料制造气门杆。

气门杆用于气门在气门导管内导向,气门杆指气门从固定气门锁片的凹槽处直至内圆角过渡处或刮油边处的部分。为避免气门杆磨损,气门杆表面镀铬。

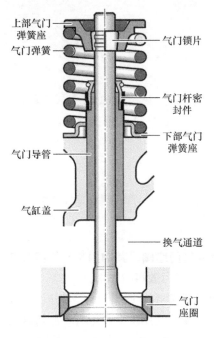

图 3-15 处于安装状态的气门

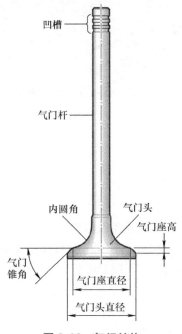

图 3-16 气门结构

如果气门杆端部带有用于气门自由转动的凹槽,则与气门锁片接触的区域必须进行淬火处理,以免磨损。这些凹槽与气门锁片形成结构连接,气门弹簧可支撑在该部位处。

空心气门用于排气门侧,以便降低内圆角和气门面附近的温度。为此气门该区域采用空腔结构,如图 3-17 所示。

为传导热量,气门杆空腔体积大约 60% 的部分填充有可自由移动的金属钠。钠在 97.5℃ 时熔化,并根据发动机转速在气门空腔内产生相应的"振动"作用。内圆角和气门头处产生的部分热量通过液态钠传至气门导管,并传入冷却液循环回路。从而显著降低气门温度。

空心气门可采用单一金属或双金属气门结构。

例如:一辆轿车行驶里程 10000km,出现冷车起动困难、急速抖动的故障,在 4S 店没有找出故障原因。

我们考虑该车只行驶了 10000km,发动机气门不可能损坏,气门积炭的可能性最大。用内窥镜检查,发现燃烧室及进气道积炭较多,如图 3-18 所示。建议车主使用可以溶解积炭的燃油添加剂除积炭,如图 3-19 所示,使用一瓶并行驶烧完一箱汽油后故障排除。

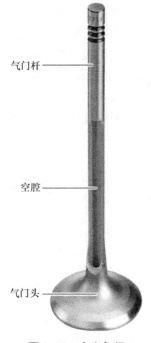

图 3-17 空心气门

图 3-18 气门积炭清洗前

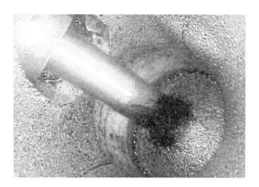
图 3-19 气门积炭清洗后

1. 气门座圈功用及结构

进、排气道口与气门密封锥面直接贴合的部位称为气门座圈,其功用是与气门头部一起对气缸起密封作用,同时吸收气门头部传来的热量,起到对气门散热的作用。

铝气缸盖和大多数铸铁气缸盖均镶嵌由合金铸铁或粉末冶金或奥氏体钢制成的气门座圈,如图 3-20 所示。在气缸盖上镶嵌气门座圈可以延长气缸盖的使用寿命。也有一些铸铁气缸盖不镶气门座圈,而是直接在气缸盖上加工出气门座。

气门座圈是单独制成的零件,以过盈配合压入气缸盖上的气门座孔中,气门座圈的外圆面可以是圆柱面,也可以是锥角不超过 12°的圆锥面。在气门座圈的外圆面上加工有环形槽,当气门座圈压入座孔后,气缸盖材料由于塑性变形而嵌入环形槽内,可以防止气门座圈脱落。

气门座或气门座圈的锥角与气门锥角相适应。一般气门锥角比气门座锥角小 0.5°~1°。它的作用是使二者不以锥面的全宽接触,这样可以增加磨合效果,并能切断和挤出二者之间的任何积垢或积炭,保持锥面良好的密封性。但是,若在气门锥面上镀敷铬钴耐磨合金,气门座或气门座圈经过电感应法硬化处理后,气门与气门座圈则应采用相同大小的锥角。

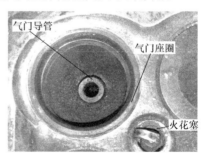

图 3-20 气门座圈及其安装位置

气门座圈的镶换:当气门座圈有裂纹、松动、烧蚀或磨损严重;或经多次加工修理,使新气门装入后,气门头部顶平面仍低于气缸盖燃烧室平面 2mm 以上,应镶换新的气门座圈。

1）拆卸旧气门座圈。**注意：不要损伤气门座圈承孔。**

2）选择新气门座圈。用外径千分尺测量气门座圈外径，用内径量表测量气门座圈承孔内径，并根据气门座圈和缸盖承孔的材质选择合适的过盈量（一般在 0.07～0.17mm）。

3）气门座圈的镶换。将检查合格的新气门座圈进行冷却，时间不少于 10min，同时加热气门座圈承孔，然后在气门座圈外侧涂上一层密封胶，将气门座圈压入承孔中。

2. 气门座圈铰销

（1）铰刀类型

常用的气门铰刀一般为 15°、30°、45°、75° 四种规格。每种规格有直径不同的铰刀数只，以适应不同直径尺寸的气门头部需要，且有粗、精铰刀之分。粗铰刀在刃上有锯齿状缺口，如图 3-21 所示。

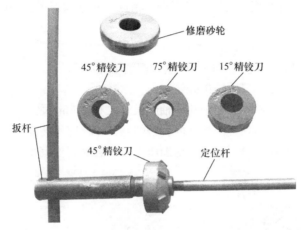

图 3-21 气门铰刀

75° 铰刀用于铰削气门座圈上平面角，以使气门头部下沉量符合要求（0.50～1.0mm），并使气门工作斜面下移，铰后的切削面与平面夹角为 15°。30° 或 45° 铰刀为气门工作面铰刀，根据气门工作角度选用一种。15° 铰刀为扩大气门座孔内径的作用，使气门工作面斜面上移，如图 3-22 所示。

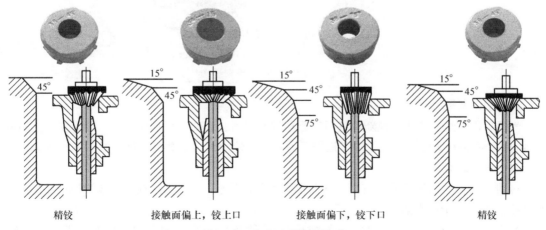

图 3-22 气门座圈铰削顺序

（2）操作过程

① 根据气门导管内径选择铰刀导杆，导杆以轻易插入气门导管内，无旷动量为宜。导杆插入气门导管内部分有的加工成约 0.25mm 的锥形，以保证气门座圈工作锥轴线与导管轴线重合。

② 把砂布垫在铰刀下，磨除座口硬化层，以防止铰刀打滑和延长铰刀使用寿命。

③ 用与气门锥角相应的精铰刀铰削工作锥面，直到凹陷、斑点全部去除并形成宽 2.5mm 以上的完整工作锥面为止。铰削时两手用力要均衡，并保持顺时针方向转动。

④ 气门座圈和气门的选配，一般是新气门座圈用旧气门，旧气门座圈配新气门。用相配的气门进行涂色试配，查看印迹。接触环带应在气门和斜面的中部靠里位置，若过上、过下，可用 15°或 75°铰刀铰削。接触面宽度一般进气门为 1.0～2.0mm，排气门为 1.5～2.0mm，如图 3-23 所示。

⑤ 最后用与工作面角度相同的细刃铰刀进行精铰，并在铰刀下垫细砂布磨修，以降低气门座圈的表面粗糙度。

（3）气门座圈磨削

气门座圈铰削完毕后，一般还要进行磨削，磨削工艺如下：

① 根据气门工作面锥度和尺寸选用砂轮。

② 修磨砂轮工作面达到平整并与轴孔同轴度误差在 0.025mm 之内。

③ 选择合适的导杆，卡紧在气门导管内，磨削时，导杆应不转动。

④ 光磨时应保证光磨机正直，并轻轻施加压力，光磨时间不宜太长，要边磨边检查。

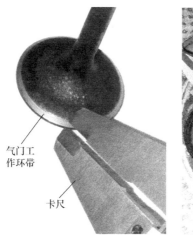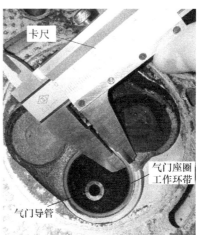

图 3-23　接触环带测量

3. 气门的研磨

气门工作面经光磨或更换新件气门座圈经过磨削后，为使它们达到密合，还需要相互研磨。气门的研磨有两种方法，一种是手工操作，另一种是使用气门研磨机进行，如图 3-24 所示。

（1）机器研磨

1）研磨前应先用汽油清洗气门、气门座圈和气门导管，将气门按顺序排列或在气门头部打上记号，以免气门位置错乱。

2）在已配好的气门工作面涂上一层薄薄的粗研磨砂；在气门杆部涂上机油并装入气门导管

内，调整各转轴，对正气门座孔。

3）连接好研磨装置，调整气门升程，进行研磨。一般研磨 10～15min 即可。研磨好的工作面应成为一条光泽完整的圆环，如图 3-25 所示。

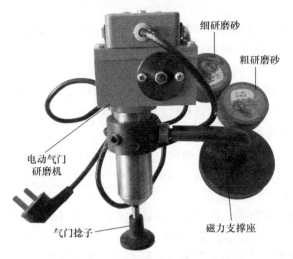

图 3-24 电动研磨机与粗细研磨砂　　　　图 3-25 连接好研磨装置

4）当气门工作面与气门座工作面磨出一条较完整且无斑痕的接触环带时，可以将粗研磨砂洗去，换用细研磨砂，继续研磨。当工作面出现一条整齐的灰色的环带时，再洗去细研磨砂，涂上机油，继续研磨几分钟即可。

（2）气门的密封性检查

气门和气门座圈经过修理后，都要进行密封性检查，具体方法如下。

1）画线法。

① 检查前将气门及气门座圈清洗干净，在气门工作面上用软铅笔沿径向均匀地画上若干条线。

② 然后与相配气门座圈接触，略压紧并转动气门 45°～90°，取出气门，查看铅笔线条；如铅笔线条均被切断，如图 3-26 所示，则表示密封良好，否则，应重新研磨。

2）拍击法。将气门与相配气门座圈轻轻敲击几次，查看接触带，如有明亮的连续光环，即为合格。

3）涂红丹油。在气门工作面上涂抹上一层轴承蓝或红丹油，然后用橡胶捻子吸住气门在气门座上旋转 1/4 圈，再将气门提起，若轴承蓝或红丹布满气门座工作面一周而无间断，又十分整齐，即表示密封良好。

4）渗油法。可用煤油或汽油浇在气门顶面上，5min 内检视气门与座圈接触处是否有渗漏现象，如无渗漏即为合格。

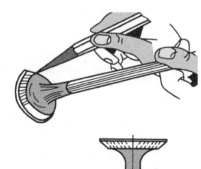

图 3-26 铅笔画线检查

七、气门导管

1. 气门导功用及结构

气门导管的功用是对气门的运动导向，保证气门做直线往复运动，使气门与气门座圈能正确贴合。此外，它还可以将气门杆吸收的热量部分地传给气缸盖。

当气门杆在导管中运动时，温度可高达约 500K。润滑也仅靠配气机构飞溅出来的机油进行润滑。因此气门导管易磨损。为了改善气门导管的润滑性能，气门导管一般用含石墨较多的铸铁或粉末冶金材料制成，以提高自润滑性能。以一定的过盈量将气门导管压入气缸盖上的气门导管座孔内，再精铰气门导管孔，以保证气门导管与气门杆的正确配合间隙。

一般气门导管上端孔口有倒角，以减少进入导管孔内的机油量，如图 3-27 所示。排气门导管下端孔加工有排渣槽，以便刮除排气门杆上的沉积物或积炭。有的气门导管在外圆面上加工有卡环槽，嵌入卡环，防止气门导管工作时松落。

气门杆与气门导管孔需要润滑，但进入气门导管孔内的机油又不能太多，否则将使机油消耗量增加。为了控制和减少机油的消耗量，现在的汽车装有气门油封。

气门导管的拆卸是从燃烧室方向向外用专用工具冲出，安装时从缸盖上端向燃烧室方向用专用工具冲入或压入。

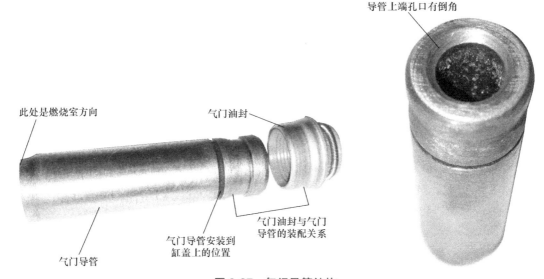

图 3-27　气门导管结构

注：气门导管拆卸时，从燃烧室方向用专用工具向外冲出。

2. 气门与气门导管间隙检测

1）如图 3-28 所示，将千分表和通用千分表支架固定在气缸盖上。

2）把气门插入气门导管内。气门杆末端必须和气门导管齐平。

3）确定摆动间隙。磨损间隙极限：0.8 mm。

4）如果超过磨损间隙极限，用新气门重复测量。

5)如果仍然超过磨损间隙极限,更换气缸盖。

提示:气门导管不能更换。

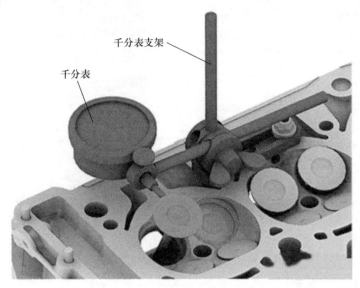

图 3-28 气门与气门导管间隙测量

八 气门弹簧

气门弹簧的功用是保证气门关闭时能紧密与气门座圈贴合,并克服在气门开启时配气机构产生的惯性力,使气门传动件始终受凸轮控制而不会相互脱离。

气门弹簧一般为等螺距圆柱螺旋弹簧。当气门弹簧的工作频率与其固有的振动频率相等或为整数倍时,气门弹簧就会发生共振。共振时将使配气正时受到破坏,使气门发生反跳和冲击,甚至使弹簧折断。为防止共振的发生,可采取下列结构措施:

1)采用双气门弹簧,如图 3-29 所示。在柴油机和高性能汽油机上广泛采用每个气门安装两个直径不同,旋向相反的内、外弹簧。由于两个弹簧的固有频率不同,当一个弹簧发生共振时,另一个弹簧能起到阻尼减振作用。采用双气门弹簧可以减小气门弹簧的高度。而且当一个弹簧折断时,另一个弹簧仍可维持气门工作。弹簧旋向相反,可以防止折断的弹簧卡入另一个弹簧圈内使其不能工作或损坏。

2)采用变螺距气门弹簧,如图 3-29 所示。高性能汽油机采用变螺距气门弹簧。变螺距弹簧的固有频率不是定值,从而可以避开共振。

3)采有锥形气门弹簧,如图 3-29 所示。锥形气门弹簧的刚度和固有振动频率沿弹簧轴线方向是变化的,因此可以消除发生共振的可能性。

安装变螺距气门弹簧和锥形气门弹簧时,应该使螺距小的一端和锥形大端朝向不动的气缸盖顶面,如图 3-29 所示。

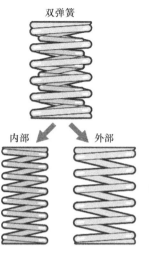

图 3-29　气门弹簧

九、气门油封拆装

拆卸：

1）在装有气缸盖的情况下拆卸气门室盖。

2）取出滚子摇臂并将其按顺序放置在干净的垫板上，同时注意滚子摇臂不要混淆。

3）用火花塞扳手 3122 B 旋下火花塞。

4）拧出固定螺栓 T10340，将相应气缸的活塞置于"下止点"处，如图 3-30 所示。

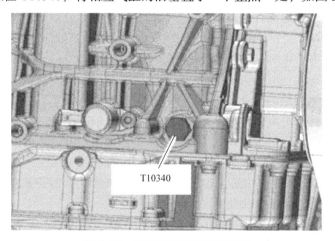

图 3-30　拧出固定螺栓 T10340

5）安装气门弹簧工具 3362、气动工具及压块 3362/1，如图 3-31、图 3-32 所示。

6）将适配器 T40012 旋入火花塞螺纹中。

7）把压力软管与压力至少为6bar的压缩空气装置连接，并拆下气门弹簧。

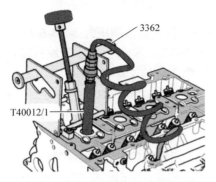

图3-31 气动安装气门弹簧工具

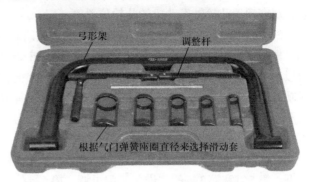

图3-32 手动气门弹簧拆装工具

8）用气门油封钳VAS 6770拔出气门油封，如图3-33所示。

安装：

1）将随带的塑料套筒插到相应的气门杆上。这样可以避免损坏新的气门油封。

2）将新的气门油封装入气门油封安装工具3365中，如图3-34所示。

注意：也可用气门油封拆装专用工具，如图3-35所示。

3）给气门油封密封唇涂上机油，并小心地按压到气门导管上。

4）装上凸轮轴罩。

5）调整配气相位并安装火花塞。

图3-33 拆下气门油封

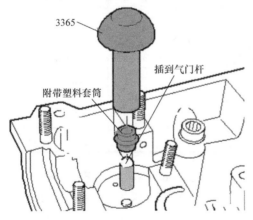

图3-34 将新的气门油封装入气门杆

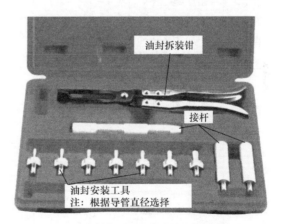

图3-35 气门油封拆装专用工具

气门间隙调整

1）拆下气门室盖，旋转曲轴带轮，确定第1缸处于压缩上止点位置。转动曲轴带轮对正标

记，即说明第1缸处于上止点位置；是否是压缩上止点，还需用辅助方法判断，如观察气门状态，观察顶置凸轮轴发动机的凸轮位置等。

2）按"双排不进"的规律快速确定可调气门。以直列发动机（点火顺序为1-5-3-6-2-4）为例，根据该发动机的做功循环表可知，当第1缸处于压缩上止点时，第5缸处于压缩行程初始阶段，第3缸处于进气行程，第6缸处于排气上止点位置，第2缸处于排气行程，第4缸处于做功行程后期，再由检查与调整气门间隙的基本原则可确定：第1缸的"双"气门可调，第5缸和第3缸的"排"气门可调，第6缸的两气门均"不"可调，第2缸和第4缸的"进"气门可调。

3）再旋转曲轴一圈360°，按"不进双排"的规律快速确定可调气门。第1缸两气门均"不"可调，第5缸和第3缸的"进"气门可调，第6缸处于压缩上止点时，第6缸的"双"气门可调，第2缸和第4缸的"排"气门可调，多缸发动机可调气门规律见表3-1所示。

表3-1 发动机气门间隙调整规律

发动机类型	活塞处于上止点的气缸	可调气门对应气缸				点火顺序	气缸由前至后排列序号
		双	排	不	进		
直列三缸	1缸压缩上止点	1	2	—	3	1→2→3	1→2→3
	1缸排气上止点	—	3	1	2		
直列四缸	1缸压缩上止点	1	3	4	2	1→3→4→2	1→2→3→4
	4缸压缩上止点	4	2	1	3		
直列五缸	1缸压缩上止点	1	2	4、5	3	1→2→4→5→3	1→2→3→4→5
	1缸排气上止点	4、5	3	1	2		
直列六缸	1缸压缩上止点	1	5、3	6	2、4	1→5→3→6→2→4	1→2→3→4→5→6
	6缸压缩上止点	6	2、4	1	5、3		
V型六缸	1缸压缩上止点	1	6、5	4	3、2	1→6→5→4→3→2	左:1→3→5 右:2→4→6
	4缸压缩上止点	4	3、2	1	6、5		
V型八缸	1缸压缩上止点	1	5、4、2	6	3、7、8	1→5→4→2→6→3→7→8	左:1→2→3→4 右:5→6→7→8
	6缸压缩上止点	6	3、7、8	1	5、4、2		

4）对可调气门的气门间隙进行检查与调整。多数发动机的气门间隙都是用装在摇臂上的调整螺钉来调整的，如图3-36所示。将与规定气门间隙相等的塞尺插入可调气门的气门间隙中，

用手前、后移动塞尺，如能感到有适当的阻力，说明气门间隙符合标准。若移动塞尺时，感觉无阻力或阻力过大，应松开锁紧螺母，转动调整螺钉，直到气门间隙符合规定后，再将锁紧螺母拧紧。有些无摇臂总成的发动机，可通过改变挺杆内的垫片厚度来调整气门间隙。

图 3-36　调整气门间隙

十一　大众、奥迪自动调整的滚子摇臂 RSH

RSH 为 Rollen Schlepphebel 的缩写，含义是"滚子摇臂"技术。这项隶属于气门总成，并用于实现凸轮轴间接驱动进排气门的装置，应用于大众、奥迪的发动机上。除大众、奥迪以外，该项技术也被其他汽车厂商广泛运用。

1. 滚子摇臂组成

它由一个具有杠杆作用的钢板型材和一个带有滚子轴承的凸轮滚柱组成，其一端被固定在液压挺柱之上，一端则定位于气门之上，当凸轮轴通过"滚子"对摇臂施加作用力后，由摇臂完成对进、排气门的驱动，如图 3-37 所示。

它采用的液压技术，既可消除凸轮与摇臂之间的间隙，又能通过飞溅油液对凸轮与摇臂接触的部位加以润滑，因此一定程度上减少了配气机构的摩擦损失，并使发动机噪声降低，同时减小了运动惯量，使驱动凸轮轴消耗的发动机功率减少，运行更加平稳、经济。

2. 液压元件组成

它由一个柱塞、一个液压缸、一个柱塞弹簧组成，如图 3-38 所示。液压元件的油道与发动机的润滑油道相连通。一个钢球和下油室中的压缩弹簧构成一个单向球阀。

3. 工作过程

1) 间隙调整。当存在气门间隙时，柱塞由柱塞弹簧从气缸中压出，直到滚轮贴到凸轮之上，在柱塞被压出时，下油室中的油压减小，单向球阀打开，机油进入。当下油室和上油室之间的压力达到平衡时，单向球阀被关闭，如图 3-39 所示。

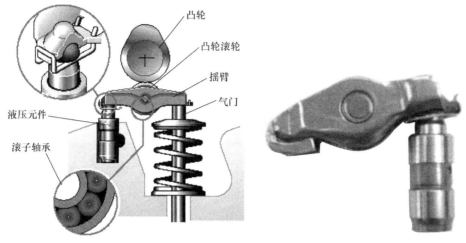

图 3-37 自动调整滚子摇臂结构及安装位置

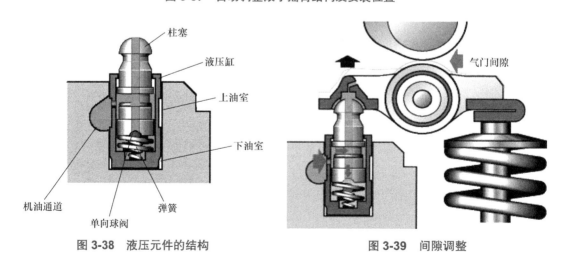

图 3-38 液压元件的结构　　　　　图 3-39 间隙调整

2）气门升程。当凸轮紧贴滚轮时，下油室中的压力上升，由于封闭的机油不可压缩，柱塞无法被继续压入液压缸。此时，间隙调节器的作用如同一个刚性元件，支撑滚轮摇臂，使相应的气门打开，如图 3-40 所示。

3）润滑。润滑由间隙调节器中的润滑油道来完成，机油是通过滚轮摇臂中的一个孔喷到滚轮表面的，如图 3-41 所示。

例如：冷车起动后发动机上部发出"哒哒"异响，行驶大约 15min 后异响消失，热车发动机转速 2500r/min 以上时，加速和减速均有异响。

使用专用工具 VAG1342 检测机油压力，在标准范围之内，拆检气门室盖，发现凸轮轴、摇臂、气门挺杆腐蚀，且表面变成红褐色，有的气门挺杆在缸盖内腐蚀，已经很难取出。更换液压挺杆后试车，急速"哒哒"异响消失。

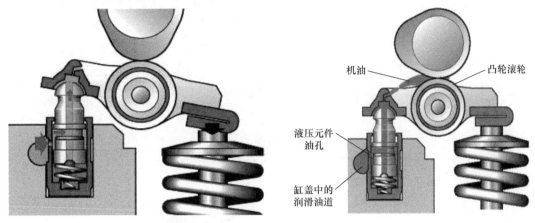

图 3-40　气门升程　　　　　　　　图 3-41　润滑

故障原因分析：由于车辆加注了劣质燃油，导致机油变质，造成气门挺杆腐蚀，同时还造成连杆与活塞销磨损，间隙过大，导致异响。

第二节　电子气门、可变气缸、可变配气相位工作原理

一、奥迪电子可变气门升程系统

德国大众公司对 V 型发动机进行改进，推出了最新的奥迪可变气门升程系统（Audi Valvelift System，AVS）从而大降低了油耗（可降低 7%）。新款大众直喷车型也采用此气门升程系统。AVS 系统与本田可变气门 i-VTEC 系统相似。

此系统通过排气凸轮轴上的电子气门升程切换，以及进气和排气凸轮轴上的可变气门正时，可以实现对每个气缸内气体交换的优化控制。较小的凸轮轮廓仅用于低转速。何时使用凸轮轮廓以及使用哪个凸轮轮廓，均存储在 ECM 的图谱中。其气门升程的变化如图 3-42 所示。

此功能有以下好处：

① 优化缸内气体交换。

② 防止废气回流到之前的气缸。

③ 进气门打开时间更早，充气效果更佳。
④ 通过燃烧室内的正压差减少缸内余气。
⑤ 提升发动机响应性。
⑥ 在较低转速和较高增压压力下达到更高的力矩。

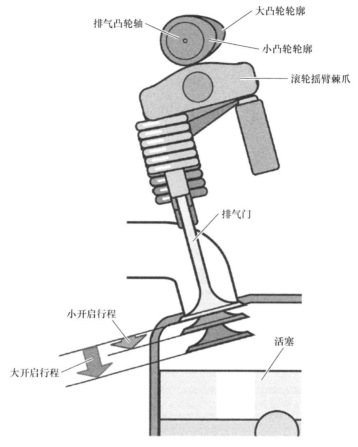

图 3-42　气门升程的变化

（1）AVS 结构

为了在排气凸轮轴上两个不同的气门升程之间相互切换，此凸轮轴有 4 个可移动的凸轮件（带有内花键）。每个凸轮件上都装有两对凸轮，其凸轮升程是不同的。通过电执行器对两种升程进行切换。电执行器接合每个凸轮件上的滑动槽，并移动凸轮轴上的凸轮件，如图 3-43 所示。这表明，每个凸轮件有两个执行器用于在两种升程之间来回切换。凸轮轴中的弹簧加载式球体将凸轮件锁定在其各自的端部位置。凸轮轴的滑动槽和轴向推力轴承会限制凸轮件的移动。因为设计包含了凸轮轴上的一对凸轮，所以滚轮摇臂棘爪的接触面更窄小。

（2）凸轮块

用于气门升程切换的执行器在两个电执行器（气缸 1~4 的排气凸轮执行器 A/B）的辅助下，每个凸轮件在排气凸轮轴上的两个切换位置之间被来回推动，如图 3-44 所示。每个气缸的一个执行器切换到更大的气门升程，另一个执行器切换到更小的气门升程。每个执行器由发动机控制单元 J623 的接地信号操纵，通过主继电器 J271 提供电压。执行器的电流消耗约为 3A。

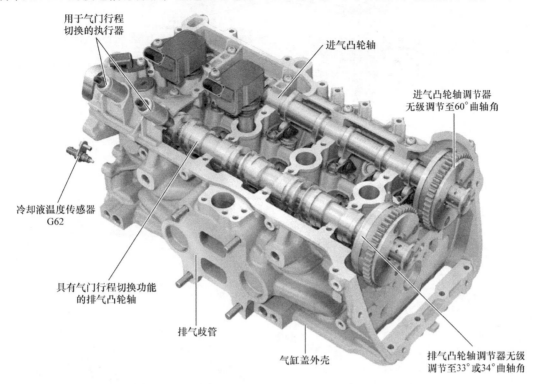

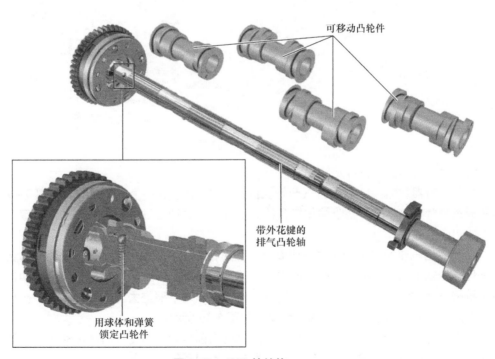

图 3-43　AVS 的结构

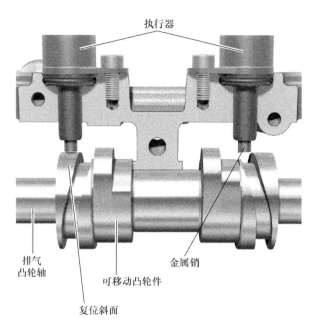

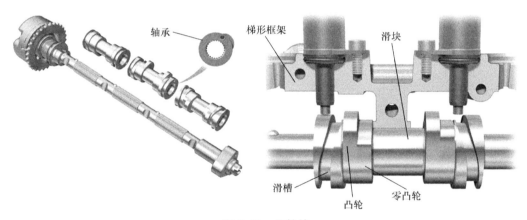

图 3-44 凸轮块

（3）气门升程调节执行元件

每个执行器（气缸 1~4 的排气凸轮执行器 A/B）都包含一个电磁线圈，如图 3-45 所示。金属销通过导管被向下移。在收缩位置和伸展位置，金属销通过一个永久磁铁被固定在执行器壳体中的相应位置上。

功能：当电流通过执行器电磁线圈时，金属销在 18~22ms 中被移动。伸展的金属销接合到排气凸轮轴上凸轮件的相关滑动槽中，并通过凸轮轴旋转推动滑动槽到相应的切换位置。销通过机械方式在滑动槽（相当于一个复位斜面）的作用下缩进去。凸轮件的两个执行器被操纵时，总是只有一个执行器上的金属销移动，如图 3-46 所示。

发动机控制单元根据重置信号得知金属销的当前位置。当复位斜面推动执行器的金属销回到元件的导管中时，生成一个重置信号。发动机管理系统可根据哪个执行器发出重置信号，来确定相关滑动装置的当前位置，如图 3-47 所示。

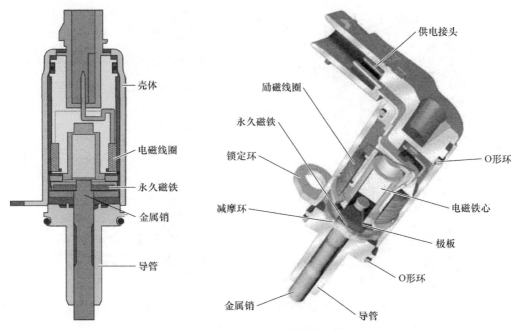

图 3-45 气门升程调节执行器

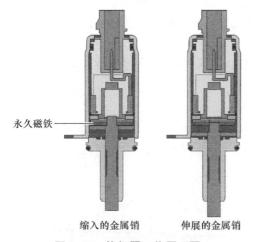

图 3-46 执行器工作原理图

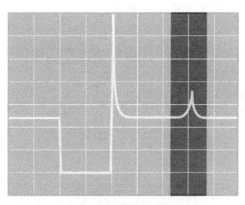

图 3-47 重置信号

（4）气门切换工作原理

1）在较低发动机转速范围下的凸轮轴位置如图 3-48 所示。

为了使这个负载范围内的气体交换性能更佳，发动机管理系统通过凸轮轴调节器将进气凸轮轴提前、将排气凸轮轴延迟。气门升程切换至更小的排气凸轮轮廓，而且右侧执行器移动金属销。它接合滑动槽，并将凸轮件移至小凸轮轮廓，如图 3-49 所示。

气门现在沿着较小的气门轮廓上下移动。两个小凸轮的位置在某种程度上是交错的，确保气缸两个排气门的开启时间是错开的。这两项措施会导致在废气被从活塞中排到涡轮增压器中时，废气气流的脉动减小，从而可在低转速范围达到较高的增压压力。

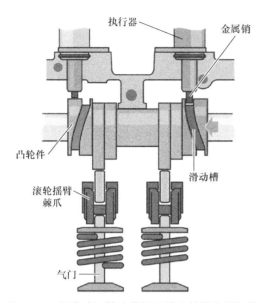

图 3-48 低发动机转速范围下的凸轮轴位置切换

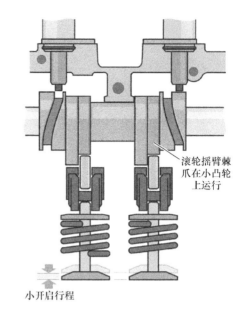

图 3-49 气门现在沿着较小的气门轮廓上工作

2）部分负载和全负载下的凸轮轴位置如图 3-50 所示。

驾驶员加速，并从部分负载改变为全负载。气缸内的气体交换必须适应更高的性能需求。发动机管理系统通过凸轮轴调节器将进气凸轮轴提前、将排气凸轮轴延迟。为达到最佳的气缸充气性能，进气门需要最大的气门升程。为了实现此目的，左执行器被操纵，由左执行器移动其金属销，如图 3-51 所示。

金属销通过滑动槽将凸轮件移向大凸轮。排气门现在以最小的升程打开和关闭。凸轮件也通过凸轮轴中的弹簧加载式球体被固定在此位置。

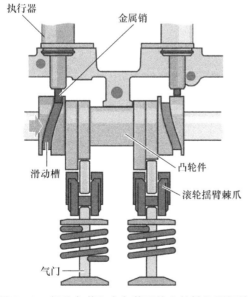

图 3-50 部分负载和全负载下的凸轮轴位置切换

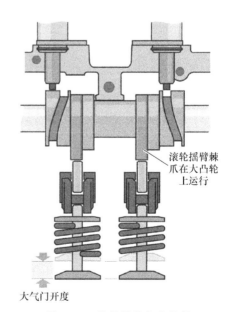

图 3-51 凸轮件移向大凸轮

（5）出现故障时系统的表现

如果一个或多个执行元件失效了，那么发动机控制单元首先会多次试图去切换到另一个凸轮轮廓形状。如果无法实现这个调整，那么这个无法调节的凸轮件就保持原位。所有其他的凸轮件都会切换到较大的凸轮轮廓上，在发动机的整个工作过程中，这些凸轮件都保持在这个位置上。针对出故障的执行元件，会有一个相应的故障码被记录下来。在下次起动发动机时，仍会试图调整所有的凸轮件。

需要检查和评估两个切换状态。可以听到系统的这个检查过程。每次发动机起动后都会执行这个检查过程。如果该系统失效了，会有一个相应的故障码被记录下来。根据故障的性质情况，驾驶员可能会觉察出发动机怠速有轻微抖动，或者在加速时发动机的响应特性发生了变化。

由于该系统出故障时废气排放情况并未变差，且也未出现真正影响行驶性能方面的缺陷，所以电子加速踏板故障指示灯 K132 和废气警告指示灯 K83 都不会亮起。但是会有相应的故障码记录。

（6）AVS 系统两级气门升程系统的实现

在发动机高负载的情况下，AVS 系统动作将凸轮向右推动 7mm，使角度较大的凸轮得以推动气门顶杆；在此情况下，气门升程可达到 11mm，以提供燃烧室最佳的进气流量和进气流速，实现更加强劲的动力输出，如图 3-52 所示。而在发动机低负载的情况，为了追求发动机节油性能，此时 AVS 系统则将凸轮推至左侧，以较小的凸轮推动气门顶杆。此时，气门升程可在 2～5.7mm 之间进行调整，由于采用不对称的进气升程设计，因此空气以螺旋方式进入燃烧室。再配合特殊外廓的燃烧室和活塞头设计，可让气缸内的油气混合状态进一步优化。奥迪 AVS 可变气门升程系统可以在 700～4000r/min 转速之间工作，AVS 系统的最大优点在于可降低 7% 的油耗。特别是以中等转速进行定速巡航时，AVS 系统的节油效果最为明显。在 AVS 系统的辅助下，气缸的进气流量控制程度较以往更为精准。一般发动机仅由节气门来控制进气流量，在低负载的情况下，节气门不完全开启所形成的空气阻力，往往会造成不必要的损失。而应用 AVS 系统后，即便在低负载的情况下，节气门也能维持全开，由 AVS 系统精确控制进气流量。

二 本田可变气缸工作原理

本田汽车的 3.5L V6 发动机具有 VCM 可变气缸发动机技术，在不同行驶状态下可实现 3、4、6 缸切换工作（3.0L 只能在 3、6 缸切换）。车辆起步、加速或爬坡等任何需要大功率输出的情况下，该发动机将会把全部 6 个气缸投入工作。在中速巡航和低发动机负荷工况下，系统仅将运转一个气缸组，即三个气缸。在中等加速、高速巡航和缓坡行驶时，发动机将会用 4 个气缸来运转。

借助三种工作模式，VCM 系统能够细致地确定发动机的工作排量，使其随时与行车要求保持一致。由于系统会自动关闭非工作缸的进气门和排气门，所以可避免与进、排气相关的吸排损失，由此进一步提高了燃油经济性。VCM 系统综合实现了最高的动力性能和最高的燃油经济性，这两种特性在常规发动机上通常无法共存。VCM 通过 VTEC 系统关闭进、排气门，以停止特定气缸的工作，与此同时，动力传动系统控制模块切断这些气缸的燃油供给。在 3 缸工作模式下，后排气缸组被停止工作。在四缸工作模式下，前排气缸组的左侧和中间气缸正常工作，

后排气缸组的右侧和中间气缸正常工作。非工作缸的火花塞会继续点火,以尽量降低火花塞的温度损失,防止气缸重新投入工作时,因不完全燃烧造成火花塞油污。该系统采用电子控制,并采用专用的一体式滑阀,这些滑阀与缸盖内的摇臂轴支架一样起着双重作用。根据系统电子控制装置发出的指令,滑阀会有选择地将油压导向特定气缸的摇臂。然后,该油压会推动同步活塞,实现对应缸摇臂的结合和分离。

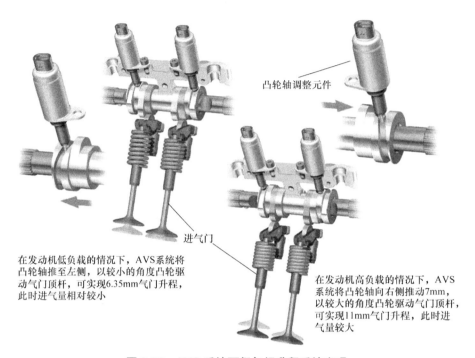

图 3-52　AVS 系统两级气门升程系统实现

为了使气缸启用或停用时的过渡能够平稳进行,系统会调整点火正时、电控节气门的开度,并相应地启用或解除变矩器锁止。最终,3 缸、4 缸和 6 缸工作模式间的过渡,会在驾驶员觉察不到的状态下完成,如图 3-53、图 3-54、图 3-55、图 3-56、图 3-57 所示。当车辆进入城市慢驶、怠速运转,或者低负荷行驶时,VCM 则关闭一侧 3 个气缸,这样发动机仅以另一侧的 3 个气缸运转,实际排量仅相当于 1.75L。

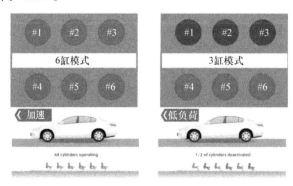

图 3-53　3 缸和 6 缸之间改变工作状态

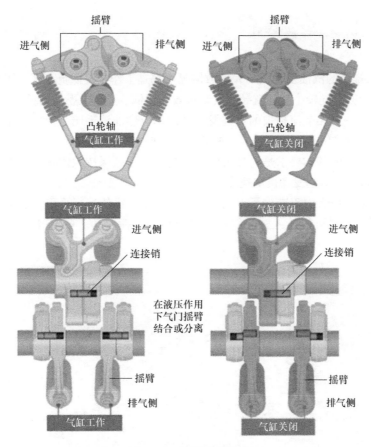

图 3-54 摇臂工作状态

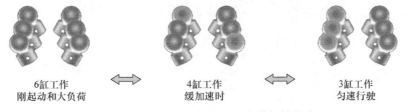

图 3-55 3 缸、4 缸、6 缸之间的切换状态

图 3-56 3 缸工作状态

图 3-57 4 缸工作状态

三 奥迪可变气缸工作原理

奥迪 4.0L 大排量的汽油发动机，大多数情况下都是工作在较低负荷区。因此节流损失就很大了，因为节气门的开度较小。这就导致发动机效率很低，且单位燃油消耗很不理想。

在高负荷时，一台无节流损失的 4 缸发动机的单位燃油消耗比一台有节流损失的的 8 缸发动机要低。这就是要采用气缸关闭（也叫按需停缸）技术的根本原因。

因此，气缸关闭的基本要求是：被关闭气缸的气门必须保持关闭状态。否则，过多的空气就会进入排气装置内，引起发动机快速冷却。

关闭 4 个气缸，那么由于减少了点火频率，八缸发动机的运行平稳性就下降了。此外，气缸的关闭和接通，应尽可能让人感觉舒适，避免出现负荷波动。奥迪气门关闭技术的结构如图 3-58 所示。

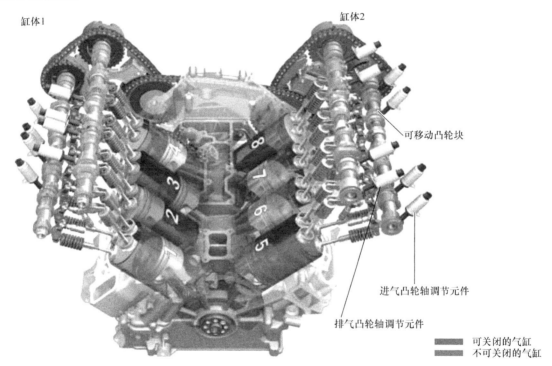

图 3-58　奥迪气门关闭技术的结构

1. 工作原理

气缸关闭技术是使用奥迪公司开发的可变气门升程系统（AVS）来实现的。根据点火顺序，总是将 2 缸、3 缸、5 缸和 8 缸关闭。在气缸关闭时，气门保持关闭状态。同时仪表会显示关闭气缸提示，如图 3-59 所示。

在此期间，喷射系统和点火系统也一直是关闭着的。在气缸关闭期间，点火和燃烧后，排气门是关闭着的，废气就被"包围在里面了"。

被关闭的气缸起着空气弹簧作用，让已被关闭的气缸内的温度保持在一个较高水平。此工况下发动机可能出现振动，但是这个振动会被新开发的"主动式发动机悬置"基本给吸收了。

为了能在激活气缸关闭功能时不让乘员感觉到有不适的噪声,就采用了新开发的主动噪声控制(ANC)系统。

组合仪表上气缸关闭功能已激活的提示

图 3-59　气缸关闭提示

4 缸模式的使用条件:
1) 发动机转速不能处于怠速水平(运行平稳的要求)。
2) 发动机转速约在 960~3500r/min 之间。
3) 机油温度不低于 50℃。
4) 冷却液温度不低于 30℃。
5) 变速器最低在 3 档位置。
6) 对于自动变速器来说,在 S- 模式也可以使用 4 缸模式;在奥迪驾驶模式选择系统的 "dynamic" 状态时,也可以使用 4 缸模式。

驾驶风格的识别:
气缸关闭系统有自己的控制逻辑,控制逻辑会监控节气门位置、制动踏板位置和驾驶员的转向动作。如果从这些数据中判断出是一个不规则模式,那么在某些情形时就会阻止气缸关闭,因为如果只关闭几秒钟的话,那么燃油消耗是会增大而不是降低的。

功能:借助于可变气门升程系统 AVS(比如 2.8l-V6-FSI- 发动机上就使用了该系统),就可以实现气缸关闭了。但是 2.8l-V6-FSI- 发动机上的可变气门升程系统 AVS 只是用于完全展开或者关闭气门升程,而 4.0l-V8-TFSI 发动机上的变气门升程系统 AVS 不是用来调节气门升程的。

如果已经激活了气缸关闭功能,那么 2 缸、3 缸、5 缸和 8 缸就会被关闭了,但所有其他气缸是无法关闭的。只要激活了气缸关闭功能,就会有四个气缸被关闭,绝不会只关闭一个或两个或三个气缸。

8 缸模式:
在这种工作模式时,气缸关闭功能是不工作的(没有激活的)。可变气门升程系统 AVS 的可移动凸轮块就位于气门工作着的位置上,如图 3-60 所示。

8 缸模式时的点火顺序是:1-5-4-8-6-3-7-2。

4 缸模式:
通过相应的凸轮调节元件的切换,金属销就进入到可移动凸轮块的槽内了。于是凸轮块就被移动了,这就使得滚子摇臂在一个"平凸轮"上运动了。

这个所谓的平凸轮是没有凸起部位的,那么相应的气门也就不会有升起和下降的那种往复运动了。于是被关闭了的气缸上的所有气门就都静止不动了。

点火系统和燃油喷射系统也都被关闭了。废气就被"包围在里面了"。被关闭的气缸起着空气弹簧作用。4缸模式时的点火顺序是：1-4-6-7，如图3-61所示。

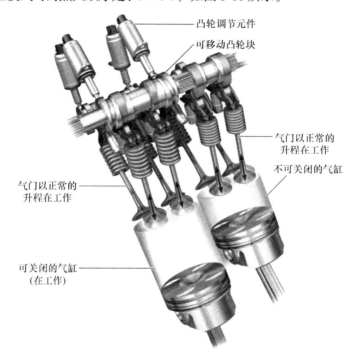

图3-60 8缸工作模式

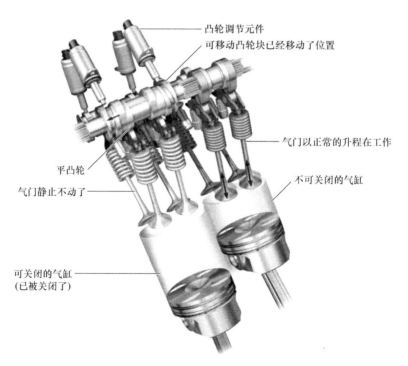

图3-61 4缸工作模式

2. 奥迪主动式发动机悬置

奥迪 4.0 除了气缸关闭功能外，还开发了一个重要部件：主动式发动机悬置。该系统与 4 缸模式时的主动噪声控制（ANC）系统一样，也是用于提高行驶舒适性的，具体就是在一个较宽的频率范围内都能消除振动。它的安装位置、结构如图 3-62、图 3-63 所示。

主动式悬置的作用：

1）将总成固定在车上。
2）支承驱动力矩。
3）隔离发动机振动。
4）减小发动机振动。

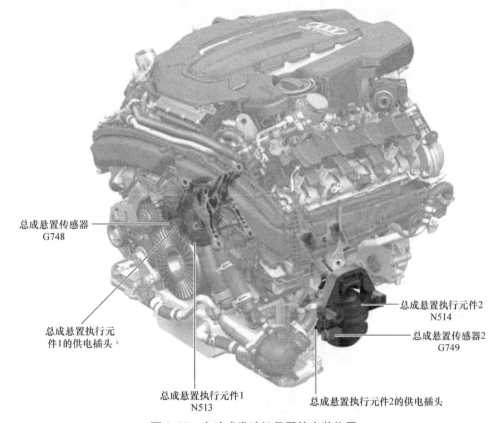

图 3-62 主动式发动机悬置的安装位置

主动式悬置的工作原理：

在接通了点火开关后，该系统就处于可用状态了。发动机起动后，该系统就被激活了。即使发动机在以 8 缸模式工作，也会向扬声器发送信号。这是必须的，这样做是为了在切换到 4 缸工作模式时，让乘员感觉不出有什么过渡过程。

因此，该系统在工作时就必须反应非常快，尤其是在某些特殊情况下更是要求反应要快，比如起停系统关闭了发动机时，或者音响系统内输出的噪声突然降低时。

主动噪声控制 (ANC) 系统一直都是处于激活状态的，不论此时音响系统是处于接通状态、关闭状态、声大、声小还是没声。

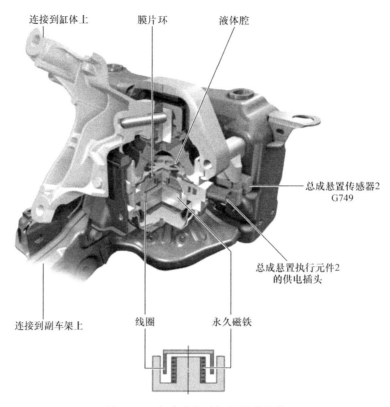

图 3-63 主动式发动机悬置的结构

如果发动机工作在 4 缸模式,那么由于点火脉冲减半了,所以会使得车身振动更加剧烈。这个剧烈振动是通过产生反向振动来抵消的。反向振动就是由主动式液压发动机悬置来产生的,其频率范围在 20~250Hz,如图 3-64 所示。

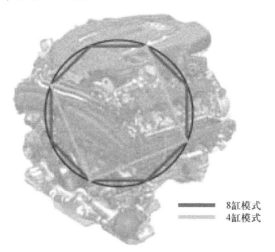

图 3-64 8 缸模式、4 缸模式工作状态

功能:
从发动机传来的振动由总成悬置传感器 G748 和 G749 来测量,这两个传感器安装在车身处

的发动机悬置旁。传感器将测量值做一下换算，换算值就作为模拟电压信号（0.2～0.8V）发送给总成悬置控制单元J931，这些电压值会被加入到特性曲线中来考虑。另外，还有一个重要的输入量就是曲轴转速，发动机控制单元是通过一根单独的导线获知曲轴转速的。

曲轴的转速信号是直接传给发动机控制单元的。J931将计算出的控制信号（PWM-信号）发送给总成悬置执行元件（N513，N514）。这样的话，就可以根据需要来由主动式发动机悬置产生一个反振动了。

如果这两种振动在合适的时间点彼此相遇的话，那么就消除了干扰振动了。发动机悬置内的反振动是这样产生的：膜片环在上下做一定的运动，这个运动会被传递到液体腔内的液体（乙二醇）上；所产生的振动从这里被传递到发动机悬置，如图3-65所示。

膜片环与电磁线圈是刚性相连的。电磁线圈由总成悬置控制单元J931用正弦信号来操控。如果信号的频率或者振幅发生变化了，那么线圈上、下运动的快慢也会发生变化，这样就能在发动机悬置内产生我们所期望的振动了。控制单元内对控制信号的计算是实时的。

系统诊断：该系统具备完全自诊断功能。诊断仪通过地址码47——音响系统来调用控制单元。

靠下的位置　　　　　　　　　　　　靠上的位置

图3-65　发动机悬置工作原理

四、大众、奥迪EA888可变配气相位工作原理

1. 工作原理

迈腾EA888发动机的配气正时调节单元是液压叶片式调节器，它利用机油泵提供的机油压力进行工作，配气系统结构如图3-66所示。调节器叶片驱动的转子与进气凸轮轴固定。"外转子"与正时链轮制成一体，由曲轴通过正时链条驱动。进气凸轮轴与"定子"正时链轮之间，最大可产生60°曲轴转角的相位差。进气凸轮的旋转相位由发动机控制单元根据转速及负荷等参数进行控制，进气凸轮轴正时调节系统结构如图3-67所示。内转子：与凸轮轴刚性连在一起；外转子：与链轮刚性连在一起。锁销：用于机械锁止。

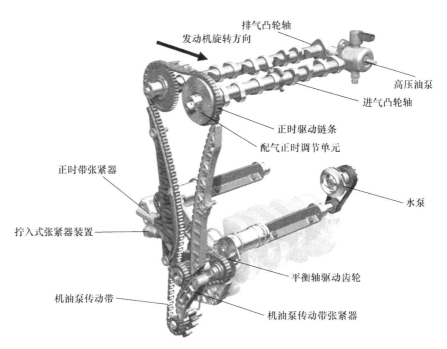

图 3-66　EA888 系列发动机链条驱动的配气系统结构

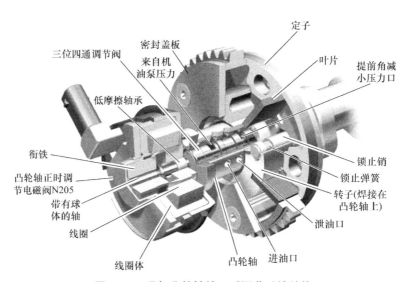

图 3-67　进气凸轮轴的正时调节系统结构

三位四通阀通过阀芯移动，将来自机油泵的机油压力以及泄油通道分配给凸轮轴正时调节单元的"提前腔"及"滞后腔"，使调节器"叶片"在机油压差的作用下，相对凸轮轴旋转方向"提前"或"滞后"转动。图 3-68 为三位四通阀的实际油路连通情况。

三位四通阀及 N205 电磁阀安装在进气凸轮轴的轴端，发动机控制单元 J623 通过控制 N05 电磁阀的占空比，从而改变电磁阀的通电电流大小。发动机控制单元 J623 根据"凸轮轴位置传感器 G40"信号，闭环控制 N205 电磁阀的通电占空比。发动机熄火时，由"锁止销"将调节器转子锁止在最大"延迟"位置。发动机起动后,当"提前"腔压力达到50kPa以上时"锁止销"解锁,开始进行配气相位调节,相位角度由发动机控制曲线决定。

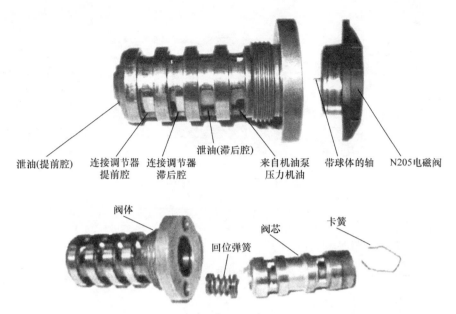

图 3-68 三位四通阀

三位四通阀的阀芯在电磁力及弹簧力的作用下,可分别处于图3-69～图3-70所示的三个位置:

图3-69所示"滞后"调节状态,电磁阀通电电流较小,阀芯顶出通道B与主油道接通,建立压力,凸轮轴向延迟关闭方向调整,进气门晚关,以增加进气量。

图3-70所示"控制"调节状态,电磁阀通电电流中等。

图3-71所示"提前"调节状态,电磁阀断电,阀芯回缩,通道A与主油道接通,建立压力,凸轮轴向提前关闭方向调整,进气门早关,避免进气回流。

图 3-69 "滞后"调节

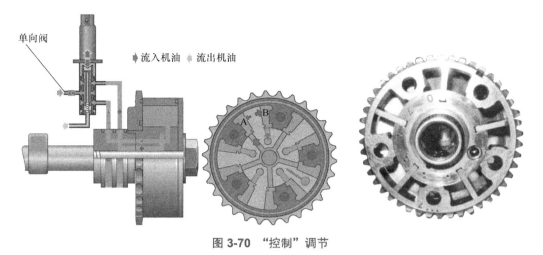

图 3-70 "控制"调节

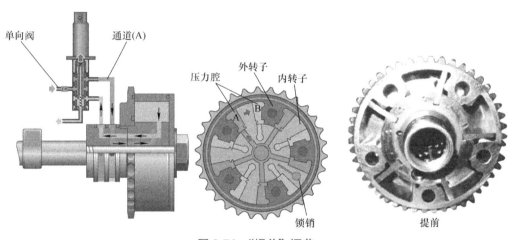

图 3-71 "提前"调节

发动机控制单元 J623 通过各种传感器（如转速、凸轮轴位置、冷却液温度等）信号与发动机运转模型，计算得到相位要求，继而通过执行器 N205 控制三位四通中央阀左右移动，从而控制凸轮叶片两端压力来实现凸轮轴移动，达到改变相位的要求。该三位四通中央阀初始位置为左侧凸轮轴滞后位置，如图 3-72 所示。电磁阀 N205 占空比小时，三位四通中央阀芯处于左侧滞后位置，占空比大时处于右侧提前位置。

起动时，凸轮轴要求滞后到最迟以满足易起动的要求；怠速时要求凸轮轴在 28°左右，保证怠速稳定运转无抖动；部分负荷和急加速工况时，要求凸轮轴调整提前以满足转矩要求；全负荷时需要大功率凸轮轴调整滞后以满足功率要求。

<u>注意：电磁阀 N205 电阻值约为 7.3Ω，关闭点火开关测量插头 1 号脚应有约为 12V 的电压</u>

凸轮轴调整机构是利用机油压力控制叶片位置。发动机 ECU 根据各种传感器信号及工况控制电磁阀的开闭，从而控制前后腔压力来改变叶片位置，实现改变凸轮轴配气相位的目的。

发动机怠速时压力为 0.12～0.16MPa，发动机在 2000r/min 时压力为 0.27～0.45MPa，测量值应该都在标准范围内。

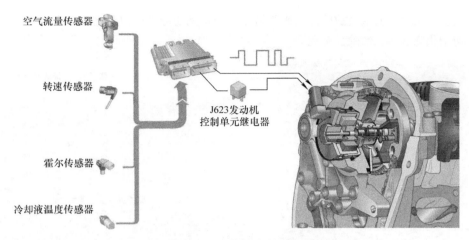

图 3-72　N205 电磁阀控制原理图

2. 可变配气系统常见故障

配气正时链条张紧器损坏,可以造成正时链条"跳齿",配气正时错乱。由于正时链条是利用机油压力来张紧正时链条的。机油泵故障会使机油压力不正常,进而造成张紧器的损坏,如图 3-73 所示。这些故障会造成发动机起动困难和怠速不稳等故障。

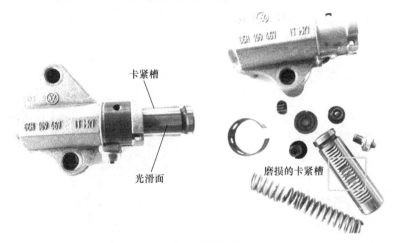

图 3-73　张紧器损坏

在出现了 P150D 这个故障码后,一定要弄清楚链条是否真的被拉长了。为此:

1)打开正时机构壳体盖上的保养开口,如图 3-74、图 3-75 所示。

2)用手转动发动机,直至链条张紧器的柱塞伸出至最大位置处。

3)查一查链条张紧器柱塞上可以见到的齿的个数。所谓的可以见到的齿,是指位于链条张紧器壳体右外侧的所有齿。

4)要注意的是:有时候,被正时机构壳体盖盖住的齿也是要计算在内。

5)把齿的数目输入到诊断仪内。

6)如果有 P150D 这个故障码,且在链条张紧器的柱塞伸出至最大位置处时,位于链条张紧器壳体右外侧的齿有 7 个或者更多的话,那么就必须得更换正时链条了。

7)更换链条后,要通过故障导航来为链条拉长识别功能进行初始化。

8)初始化完成后,清除故障码。

图 3-74 保养开口

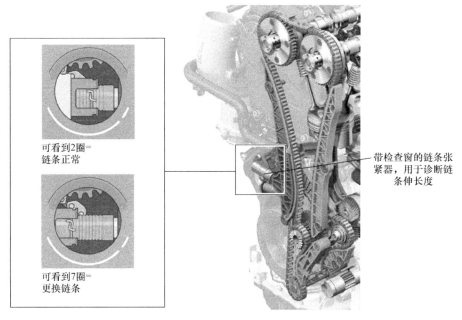

图 3-75 检测张紧器

五、宝马电子气门

1. 宝马电子气门结构

此系统的伺服电动机布置在凸轮轴上方,如图 3-76 所示。伺服电动机用于调节偏心轴。伺服电动机的蜗杆嵌入安装在偏心轴上的蜗轮内。进行调节后无需特别锁止偏心轴,因为蜗杆传动机构具有足够的自锁能力。

偏心轴扭转可使固定架上的中间推杆朝进气凸轮轴方向移动。但由于中间推杆也靠在进气凸轮轴上，因此滚子式气门压杆相对中间推杆的位置会发生变化。中间推杆的斜台朝排气凸轮轴方向移动。

凸轮轴旋转和凸轮向中间推杆移动，使中间推杆上的斜台发挥作用。斜台推动滚子式气门压杆，从而使进气门继续向下移动。进气门因此继续开启。

中间推杆改变凸轮轴与滚子式气门压杆之间的传动比。在满负荷位置时，气门行程和持续开启时间达到最大值。在怠速位置时，气门行程和持续开启时间达到最小值。

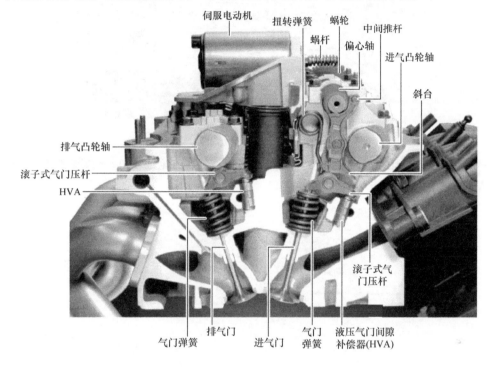

图 3-76　伺服电动机安装位置

由于怠速时的最小气门行程非常小，因此必须确保气缸充气均匀分布。所有气门的开启程度必须相同。因此，滚子式气门压杆和相关中间推杆分为不同等级。通过标记出的参数可区分不同等级的部件。在同一个气缸上必须始终安装相同等级的部件。通过在出厂前分配滚子式气门压杆和中间推杆，可确保在最小气门行程时气门也能均匀进气。

为了对部件进行分级，必须精确测量部件。根据测量结果为部件分级，并将等级参数标记在部件上。这样可使一个发动机所有中间推杆的运行曲线误差都保持在 7μm 以内。就是说，处于安装状态时气门机构部件的所有误差之和保持在 0.02mm 以内。

对于滚子式气门压杆来说，要测量 HVA 元件支点与滚子中心之间的距离。对于中间推杆来说，要测量斜台长度。

发动机的进气侧和排气侧各设有一个紧凑型无级叶片式 VANOS 单元，如图 3-77 所示，VANOS 单元易于拆卸和安装，该单元作为链条传动机构的集成式组件，用一个中央螺栓固定在相应的凸轮轴上。

图 3-77　发动机上的 VANOS 装置

两个 VANOS 单元的调节范围均为 70° 曲轴转角或 35° 凸轮轴转角。凸轮轴转角调节范围标注在 VANOS 单元上，结构如图 3-78 所示。

图 3-78　发动机的 VANOS 单元（摆动电动机）

摆动电动机的主要优点是正时时间调节方式非常简单。调节正时时间的方式与不带 VANOS 的发动机相似。

可通过 VANOS 单元中的一个锁止销进行正时调节，如图 3-79 所示。当 VANOS 处于无压力状态并通过扭转弹簧压入锁止位置内时，锁止销就会锁止。需使 VANOS 移出静止位置时，可以通过机油通道将机油输送至提前调节压力室。在机油压力的作用下，锁止销克服锁止弹簧作用力向下压。这样可从带齿圈的壳体上释放摆动转子，从而使其能够在机油压力的作用下扭转。来自提前调节压力室的机油通过机油通道，经凸轮轴和电磁阀进入气缸盖的气门室内。

机油输送至气门室内是因为机油通道位于 VANOS 机油通道的最高点，因此 VANOS 机油通道不会排空机油。

2. 宝马可变气门升程调节系统组成元件

可变气门升程控制系统如图 3-80 所示，它通过 1 个伺服电动机、1 个偏心轴、1 个中间推杆、回位弹簧、进气凸轮轴和滚子式气门摇臂实现控制。伺服电动机安装在凸轮轴上方的气缸盖内，用于调节偏心轴，偏心轴调节进气侧的气门行程。在满负荷位置处时气门行程9.9mm且开启时间达到最大值，如图3-81所示。在怠速位置处时，气门行程0.18mm且开启时间达到最小值，如图3-82所示。滚子式气门摇臂和相关中间推杆分为4个等级。部件上冲压有相关参数，每对的等级都相同。通常生产厂家会对滚子式气门摇臂和中间推杆进行分类，可确保即使在最小行程为0.18mm时气缸也能均匀进气。

图3-79 摆动电动机或VANOS单元

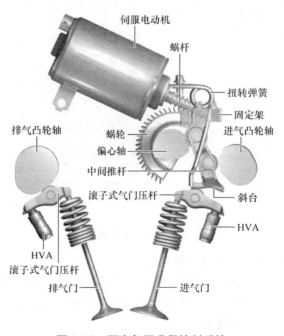

图3-80 可变气门升程控制系统

图 3-81　气门最大升程　　　　　图 3-82　气门最小行程

(1) 气门升程传感器

气门升程传感器（图 3-83）把气门位置发送回发动机控制单元。该传感器按照磁阻效应原理工作，当附近磁场更改位置时，铁磁导体就会改变自己的电阻。为此，在偏心轴上装有一个带有永久磁铁的磁轮。偏心轴旋转时，该永久磁铁的磁力线就会穿过传感器内的导磁材料。由此产生的电阻变化值用作发动机控制单元信号的调节参数。必须用一个非磁性螺栓将磁轮固定在偏心轴上，否则传感器无法正常工作。

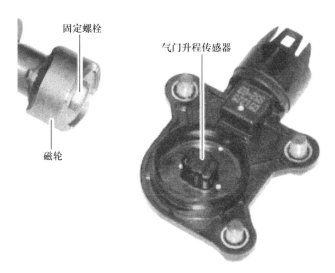

图 3-83　气门升程传感器

(2) 调节位置极限挡块（图 3-84、图 3-85）

为了识别出机械挡块，可在挡块之间执行挡块识别程序。为此，将偏心轴由零行程调节到满行程。只有当发动机控制单元在发动机起动时识别到不可信数值时，才会执行挡块识别程序。挡块识别程序也可以由诊断系统触发。

图 3-84 调节位置极限挡块（偏心轴）

图 3-85 调节位置极限挡块（气缸盖）

（3）VALVETRONIC 电动机

VALVETRONIC 电动机是一个 12V 直流电动机如图 3-86 所示。它以 15.6kHz 频率进行驱动。DME 通过改变控制极改变转动方向。VALVETRONIC 电动机通过两根导线与 DME 相连。它的最大耗电量可达 40A。

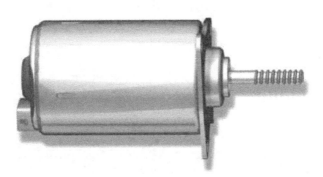
图 3-86 VALVETRONIC 电动机

3. 宝马可变配气机构工作原理

为减小耗油量，宝马车的可调式气门机构导入发动机的空气量，不是通过节气门而是通过进气门的可调式升程来调整的。通过电动可调偏心轴，由中间杠杆改变凸轮轴对滚子式气门压杆的作用，由此产生进气门的可调式升程。节气门只在起动时和应急运行时使用。在所有其他的运行状态下节气门均全开，几乎无节流作用。电子气门技术通过实现对气门行程的无级调节，达到对发动机不同转速状态下，功率转矩输出的最佳均衡。

电子气门利用 VANOS 和全可变气门机构对进气门的行程和关闭时刻一起进行调节，从而使"进气门关闭"时燃烧室内到达理想的混合气质量，如图 3-87 所示。采用电子气门后，换气损失大大减小，进气门关闭始终是在进气行程中实现的，这一点与普通电喷发动机是不同的。普通电喷发动机的进气门都是压缩行程初期才关闭，也就是进气门迟闭，目的是为了充分利用进气流的惯性增加进气。而电子气门由于进气道无节流，与大气直接相通，因此无需迟闭，随着进气门升程的增大，其关闭的时刻也越靠近下止点，关闭时刻相对越来越晚，进气量也越来越多，正好与发动机负荷匹配。进气门关闭后在封闭气缸内的进一步膨胀和接下来的压缩过程几乎都不会产生能量损耗，因此进气损失减少。但是，此换气优势会随着负荷的增大而不断减弱。满负荷时换气优势为零，因为普通电喷发动机此时节气门也全开。

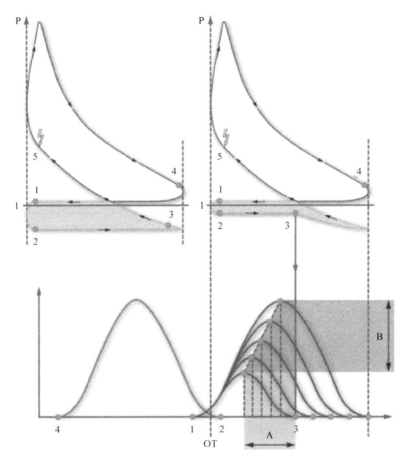

图 3-87 电子气门系统进气门升程与进气相位关系图
1—进气门打开　2—排气门关闭　3—进气门关闭　4—排气门打开　5—点火时刻
OT—上止点　A—VANOS调节范围　B—进气门行程调节范围

当负荷较小时进气门开启时间必须非常短，只有通过大幅度减小气门行程才能实现，这样会使气门开启横截面减小，出现明显的节流作用，但是气门间隙处的进气速度由 50m/s 提高至 300m/s 以上，而且气流围绕整个气门均匀流动，因此使油滴尺寸减小，可实现最佳的混合气形成过程，燃烧充分并可减小功率输出波动，以及 HC 和 NO_x 的排放。根据实验测得，怠速时可减少燃油消耗达 20%。负荷增大时，节油潜力降低，但即便发动机以理想空燃比运行时，仍可节油 10%。气门行程为 1 mm 时的混合气进气情况，如图 3-88 所示。

图 3-88 通过气门间隙进气

第三节　正时带、正时链条拆卸与安装

一、新款高尔夫正时带更换

拆卸和安装正时带：

1）拆卸右前轮罩板、空气滤清器、排出冷却液。

2）拧出螺栓 A～D，接着将冷却液调节器盖板 1 放置一侧，如图 3-89 所示。

3）脱开线束固定卡（箭头），如图 3-90 所示。

4）拧出螺栓 1、3，取下冷却液泵正时带护罩 2，如图 3-90 所示。

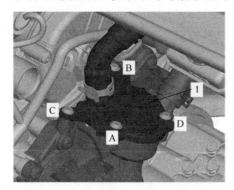

图 3-89　拆下冷却液调节器螺栓和盖板

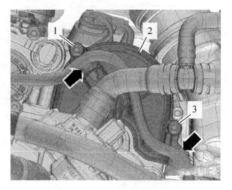

图 3-90　拧出螺栓和护罩

5）拧出螺栓（箭头），并取下密封盖 1，如图 3-91 所示。

6）拧出螺栓 2，脱开固定卡 3，如图 3-92 所示。

7）松开固定卡（箭头），取下上部正时带护罩 1，如图 3-92 所示。

8）将曲轴转到"上止点"位置处。

9）拆卸第 1 缸带功率输出级的点火线圈。

10）用火花塞扳手拆下第 1 缸火花塞。

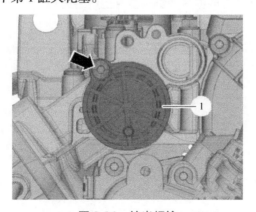

图 3-91　拧出螺栓

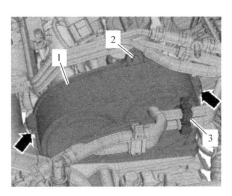
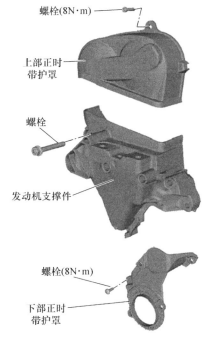

图 3-92 拆下正时带护罩

11）将千分表适配接头 T10170N 旋入火花塞螺纹孔中直至极限位置。

12）将带延长件 T10170N/1 的千分表 VAS 6079 插入千分表适配接头中，并拧紧锁止螺母（箭头），如图 3-93 所示。

13）沿发动机运转方向转动曲轴，直到第 1 缸的上止点，并记下千分表指针位置。

提示：如果曲轴转动超过上止点 0.01mm，则将曲轴沿逆时针方向转动约 45°，再沿发动机运转方向转动到第 1 缸的上止点。气缸 1 上止点的允许偏差：±0.01mm。

14）拧出气缸体上的上止点孔的螺塞，如图 3-94 所示。

15）将固定螺栓 T10340 拧入气缸体中，直至限位位置，接着用 30N·m 的力矩拧紧。

16）沿发动机运行方向转动曲轴，直至限位位置。固定螺栓 T10340 现在紧贴曲轴侧面。

提示：固定螺栓 T10340 只能沿发动机运转方向固定曲轴。

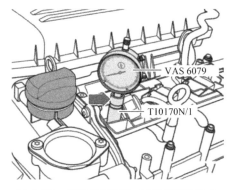
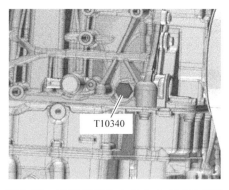

图 3-93 将千分表旋入火花塞螺纹孔中　　　图 3-94 拧出气缸体上的上止点孔的螺塞

17）如图 3-95 所示，飞轮侧上方的两个凸轮轴上，每个凸轮轴上各有两个不对称的凹槽（箭头）。

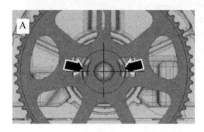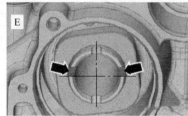

图 3-95　不对称的凹槽

18）对于排气凸轮轴，可以通过冷却液泵带轮上的孔进入凸轮轴上两个不对称的凹槽（箭头）。对于进气凸轮轴，凹槽（箭头）在凸轮轴十字虚线上方。图 3-95 中的 A——排气凸轮轴，图 3-95 中的 E——进气凸轮轴。

提示：凸轮轴有一对对称分布的凹槽和一对不对称分布的凹槽。在"上止点"位置处，不对称分布的凹槽必须在水平中线上方。

19）如果凸轮轴的位置与上述提示中的不符，则拧出固定螺栓 T10340，继续转动曲轴一圈，再次转到"上止点"处。

提示：必须可以轻易放入凸轮轴固定装置 T10477。不允许用敲击工具敲入凸轮轴固定装置。

20）将凸轮轴固定装置 T10477 插入凸轮轴内，并插到底，接着用力拧紧螺栓（箭头），如图 3-96 所示。

21）拆卸减振器 / 曲轴正时带轮。

22）拧出螺栓（箭头），并取下下部正时带护罩，如图 3-97 所示。

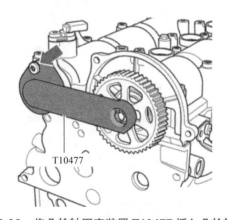 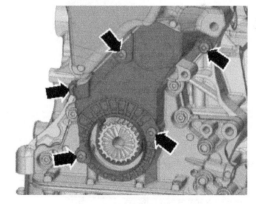

图 3-96　将凸轮轴固定装置 T10477 插入凸轮轴内　　图 3-97　拆卸正时带轮

23）用固定支架 T10172 固定进气凸轮轴正时带轮，拧出螺塞 1，如图 3-98 所示。

注意：仅用于发动机型号代码——CPDA 的车型。

24）用固定支架 T10172 固定凸轮轴正时带轮，拧松螺栓 1 和 2（约 1 圈），如图 3-99 所示。

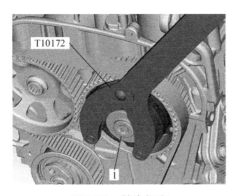

图 3-98 拧出螺塞

图 3-99 拧松螺栓

25）用扳手接头 T10500 松开螺栓 1，如图 3-100 所示。

提示：在拆卸正时带前，用粉笔或记号笔标记运转方向，便于重新安装。

26）用梅花扳手 SW30-T10499 松开偏心轮 2，使张紧轮松开，如图 3-100 所示。

27）拆卸正时带。

28）沿箭头方向取下正时带轮 1，如图 3-101 所示。

图 3-100 用扳手松开螺栓 1

图 3-101 取下正时带轮

安装（调整配气相位）：

1）检查凸轮轴和曲轴的"上止点"位置：

① 第 1 缸活塞必须位于上止点，上止点允许偏差：±0.01mm，如图 3-102 所示。

② 在凸轮轴箱上安装凸轮轴固定装置 T10477，如图 3-103 所示。

③ 将固定螺栓 T10340 拧入气缸体中，直至限位位置，接着用 30N·m 的力矩拧紧。用固定螺栓 T10340 将曲轴卡止在气缸 1 的活塞"上止点"处，使曲轴不能转动，如图 3-104 所示。

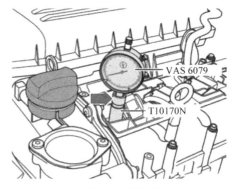

图 3-102 第 1 缸活塞位于上止点

注意：凸轮轴固定装置 T10477 不得当成支撑架用。

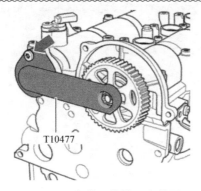

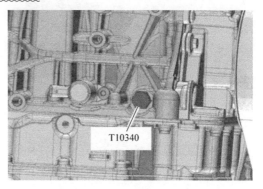

图 3-103　安装凸轮轴固定装置

图 3-104　将曲轴卡止在"上止点"处

2）拧入新的凸轮轴正时带轮螺栓 1 和 2，但不拧紧，如图 3-105 所示。

① 凸轮轴上的正时带轮必须能转动，但不得翻落。

② 张紧轮的凸缘（箭头）必须嵌入到气缸体的铸造凹坑中，如图 3-106 所示。

图 3-105　拧入新的凸轮轴正时带轮螺栓

图 3-106　张紧轮的凸缘嵌入凹坑中

3）将曲轴正时带轮装到曲轴上。

① 多楔带轮和曲轴正时带轮之间的表面必须无机油、无油脂。

② 曲轴正时带轮上的铣削平面（箭头）必须与曲轴轴颈的铣削平面对应。

4）将曲轴正时带轮装到曲轴上，如图 3-107 所示。

① 多楔带轮和曲轴正时带轮之间的表面必须无机油、无油脂。

② 曲轴正时带轮上的铣削平面（箭头）必须与曲轴轴颈的铣削平面对应。

5）向上拉正时带，将其置于导向轮 1、张紧轮 2、排气凸轮轴正时带轮 3 和进气凸轮轴正时带 4 上，如图 3-108 所示。

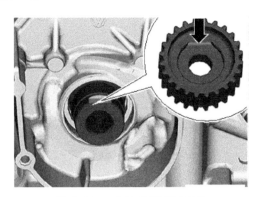

图 3-107 安装曲轴正时带轮

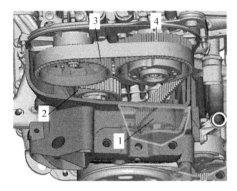

图 3-108 安装正时带

6）用梅花扳手 SW30 T10499 沿箭头方向转动张紧轮的偏心轮 2，直至设定指针 3 向右侧偏离设定窗口约 10mm，如图 3-109 所示。

7）沿箭头相反的方向转动偏心轮 2，直到设置指针 3 正好位于设置窗口如图 3-109 所示。

8）将偏心轮固定在这个位置，用扳手接头 T10500 和扭力扳手 V.A.G 1331 拧紧螺栓 1，如图 3-109 所示。

提示：一旦继续转动发动机或运行发动机，可能会导致设定指针 3 的位置与设定窗口有稍许偏差。这不会影响正时带的张紧度，如图 3-109 所示。

9）用固定支架 T10172 固定凸轮轴正时带轮，以 50N·m 的力矩拧紧螺栓 1 和 2，如图 3-110 所示。

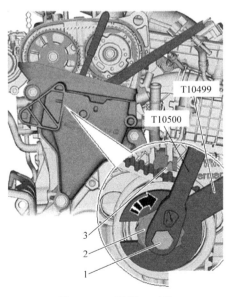

图 3-109 张紧正时带

图 3-110 拧紧正时带轮螺栓

10）拧出固定螺栓 T10340，如图 3-111 所示。

11）拧出螺栓（箭头），取下凸轮轴固定装置 T10477，如图 3-112 所示。

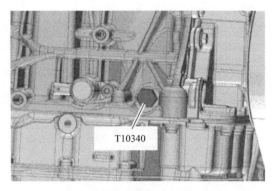 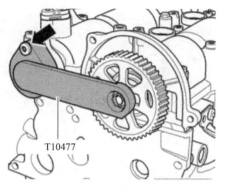

图 3-111　拧出固定螺栓 T10340　　　　图 3-112　取下凸轮轴固定装置

12）安装下部正时带护罩并拧紧螺栓（箭头），如图 3-113 所示。

13）安装减振器/曲轴带轮。

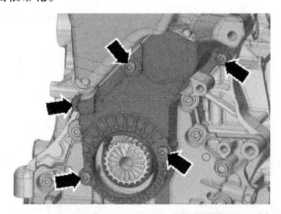

图 3-113　安装下部正时带护罩

二　大众、奥迪配气相位检查

1）拆卸正时链上盖板。

2）用套筒扳手从上部将曲轴沿发动机旋转方向转动，直至标记（箭头）处于上部，如图 3-114 所示。

3）将火花塞从气缸上拆下。

4）将千分表适配接头 T10170/A 拧入火花塞螺纹，直至限位位置，如图 3-115 所示。

5）将千分表 VAS 6079 用延长件 T10170A/1 装入限位位置，并用夹紧螺母（箭头）夹紧，如图 3-115 所示。

6）沿发动机旋转方向缓慢地旋转曲轴，直到最大的指针摆动。如果达到最大指针摆幅（指针换向点），则说明活塞位于上止点。

提示：如果曲轴转动超过上止点多于 0.01mm，则将曲轴沿发动机运转方向的反方向再转动 2 圈。不要沿发动机旋转方向的反方向旋转发动机！

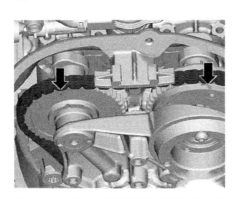

图 3-114 凸轮轴正时链轮标记处于上部

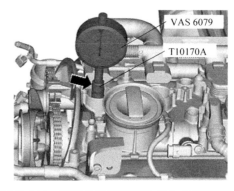

图 3-115 将千分表适配接头拧入火花塞螺纹

7）测量从棱边左外缘 A 至进气凸轮轴 B 标记的间距，如图 3-116 所示。额定值：61～64mm。

8）如果达到额定值，则测量进气凸轮轴上的 B 标记和排气凸轮轴上的 C 标记之间的距离，如图 3-117 所示。额定值：124～126mm。

提示：错开 **1 个齿**意味着与额定值偏离约 **6 mm**。如果确定有错位，则必须重新挂上正时链。

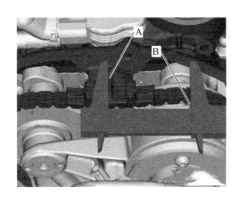

图 3-116 测量左外缘 A 至进气凸轮轴 B 标记的间距

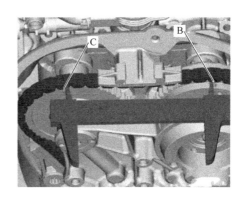

图 3-117 测量凸轮轴 B 标记和 C 标记之间的距离

第四章 燃油供给系统

第一节 缸内直喷发动机燃油供给系统组成与检修

燃油供给系统的作用是供给发动机燃烧过程所需的燃油。目前,汽油机采用电子控制式燃油喷射系统(一般称为"电控燃油喷射系统"),它是根据发动机各工况的不同要求,配制一定数量和浓度的可燃混合气并将其供入气缸,使之在压缩终了时点火、燃烧、膨胀做功,最后将燃烧后的废气排入大气中。

一、缸内直喷发动机燃油供给系统组成

1. 大众缸内直喷发动机燃油供给系统组成

大众奥迪第三代缸内直喷发动机的燃油系统主要由燃油箱、电动燃油泵、燃油滤清器、燃油低压传感器、高压燃油泵、燃油压力调节器、油轨、限压阀、高压喷油器、燃油高压传感器等组成,如图4-1所示。

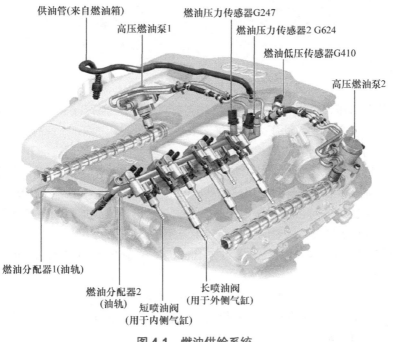

图 4-1 燃油供给系统

缸内直喷燃油系统可分为低压燃油系统和高压燃油系统。低压燃油系统是指电动燃油泵至低压喷油器之间的油路系统。高压燃油系统是指高压燃油泵至高压喷油器之间的油路系统。

2. 燃油系统的检修注意事项

警告：高压时流出的燃油可严重灼伤皮肤和眼睛。

1）出于安全原因，当未断开蓄电池连接时，必须在打开燃油系统之前，将燃油泵控制单元（大众是J538）的熔丝拆下，因为燃油泵是通过驾驶员侧门控开关激活的。

注意：可通过拔掉油泵控制单元熔丝后，起动发动机来卸压。

2）拆下燃油系统的部件前，务必对燃油系统卸压。

低压燃油系统卸压：与传统进气道喷射相同，操作时请使用抹布盖住维修接口。

高压燃油系统卸压：用故障诊断仪循环操作喷油器卸压，或在发动机运行后2h，再对系统部件操作，在操作时同样要用抹布盖住维修接口。

大众车、奥迪车，在发动机运转状态下用故障诊断仪在"读取测量值块"的功能下，选择通道号01-10-140，在显示区3中显示燃油压力。燃油压力从约5MPa降低到约0.4~0.7MPa，如图4-2所示，这样卸压比较慢。

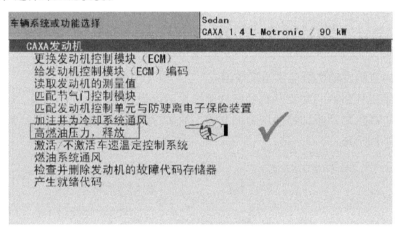

图4-2 高压系统压力的释放

高压燃油油路卸压，对第二代高压油泵系统来说，可通过断开燃油压力调节阀的插头来完成。调节阀断电，就会释放燃油压力。但是，对目前大量采用的第三代高压油泵来说，当燃油压力调节阀断电的时候，调节阀的阀门是关闭的。这就意味着不能通过断开插头来降低燃油压力，应当用故障诊断仪来卸压。此外，热车卸压后应迅速操作，否则即使发动机熄火，燃油压力也会因发动机舱内燃油系统受热而可能使高压油泵内油压迅速上升到14MPa。

注意：高压油路卸压可以通过拔掉燃油泵控制单元熔丝或拔掉燃油泵控制单元插头，然后起动发动机直到发动机熄火，这说明高压油管中无残压。

3）燃油泵压力为0.4~0.7MPa，压力在10min后不得低于0.375MPa。燃油泵的电流消耗标准值最高为9A。

4）更换发动机控制单元或燃油泵控制单元后必须进行自适应设定。

5）对于大众车来说，连接好故障诊断仪、地址01→功能03，可对缸内直喷发动机进行8项最终诊断测试，如表4-1所示。

表 4-1 缸内直喷发动机进行 8 项最终诊断测试

1	燃油泵转 15s
2	活性炭罐电磁阀 N80 开/关 60s
3	凸轮轴电磁阀 N205 开/关 60s
4	增压压力调节电磁阀 N75 开/关 60s
5	增压空气循环电磁阀 N249 开/关 60s
6	散热风扇高速运转 15s
7	燃油压力调节阀 N276 开/关几秒
8	V50 循环水泵转 60s

6)上海通用对其缸内直喷汽油机要求:喷油器一经拆卸,其密封垫必须更换,高压油管一经拆卸也必须更换,且在安装之前一定要使用不含硅树脂的润滑油润滑管路接头。

例如:很多缸内直喷汽油车行驶 1 万 km 左右就出现怠速不稳。最常见的原因是汽油品质不好引起喷油器喷孔结胶堵塞和气门积炭卡死。按原厂规定至少应当用 97# 优质汽油,如果用 93# 汽油,发动机内很容易积炭。如用内窥镜从火花塞孔装入,可清楚看到是否有积炭。如果是积炭引起的怠速不稳,一般用不解体清洗发动机的清洗剂就有很好的效果。

二、大众、奥迪直喷发动机高压油泵结构及工作原理

这款发动机采用第三代高压油泵,高压油泵由日立公司提供如图 4-3 所示。它的特点如下:
1)更小的泵油行程(3mm)。
2)泵内集成的限压阀取代了油轨上的回油管。

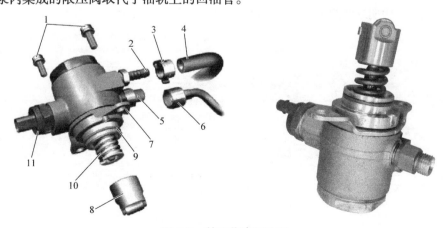

图 4-3 第三代高压油泵
1—螺栓 2—低压端接头 3—卡箍 4—回油管 5—高压端接头 6—高压管
7—固定支架 8—圆柱挺杆 9—隔声环 10—弹簧 11—燃油压力调节阀 N276

3）单柱塞的高压油泵用螺栓倾斜安装在凸轮轴盖上，如图4-4所示，靠进气凸轮轴上的四方凸轮来驱动，每个凸轮轮廓的行程是3mm。

4）另一个特点是当它不工作的时候，不会将燃油泵入高压系统。

高压油泵调整原理：

燃油压力调整是按需调整的。N276不通电的时候，燃油泵入高压系统。高压油泵靠进气凸轮轴上的四方凸轮来驱动。为了减小凸轮轴和泵推杆之间的摩擦，凸轮通过一个圆柱挺杆驱动泵推杆，高压油泵以一定角度安装在缸盖罩盖上。高压油泵内部结构如图4-5所示。

图4-4 高压油泵用螺栓倾斜安装在凸轮轴盖上

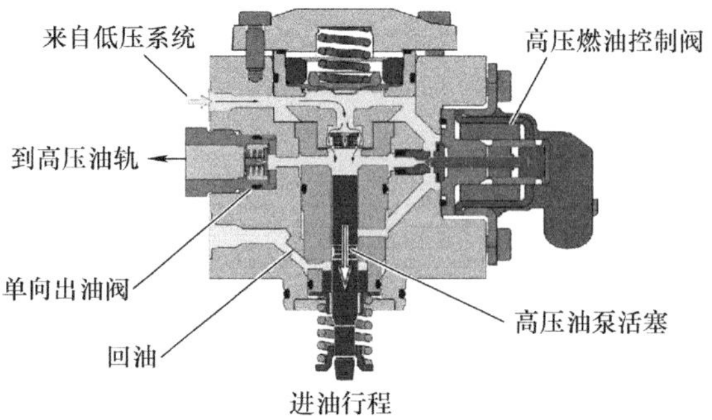

图4-5 第三代高压油泵内部结构

（1）燃油压力限制阀

压力限制阀集成在高压油泵内，它的作用是在发生燃油热膨胀和故障的时候，为系统提供过压保护。它是一个机械阀，在压力超过14MPa的时候打开，打开的是在泵内从高压端到低压端的回流油道，然后燃油再被压回高压端，如图4-6所示。

（2）吸油行程

吸油行程中N276通电。在磁力的作用下，进油阀克服弹簧力而打开。随着泵活塞下行，在泵腔内会产生的一个压降，燃油从低压端流进泵腔。靠泵活塞的下行提供吸油的动力，同时打开进油阀，燃油被吸入了泵腔。在泵活塞行程的最后1/3段，燃油压力调节阀通电，使得在泵活塞向上运动的初期进油阀仍然打开来进行回油，如图4-7所示。

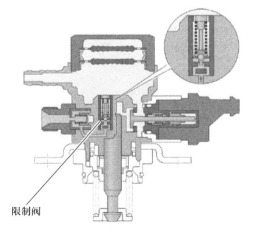

图4-6 燃油压力限制阀

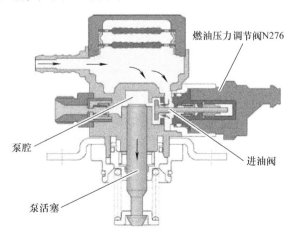

图4-7 吸油行程

(3)回油行程

为了控制实际的供油量,进油阀在泵活塞向上运动的初期还是打开的,多余的燃油被泵活塞挤回低压端。缓压器的作用就是吸收这个过程中产生的压力波动,如图4-8所示。

(4)泵油行程

在泵油行程的初期,燃油压力调节阀断电,使得进油阀在泵腔内升高的压力和阀内的关闭弹簧共同作用下关闭。泵活塞上行在泵腔内产生压力,当压力超过油轨内压力时,出油阀就被打开,燃油被泵入油轨,如图4-9所示。

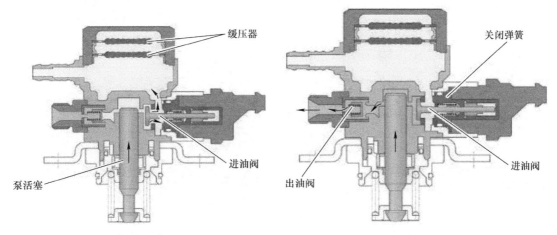

图4-8　回油行程　　　　　　图4-9　泵油行程

失效影响:如果N276断电的时候关闭,这也就是说当这个阀失效的时候,燃油压力会一直上升,直到达到14MPa时限压阀打开。发动机控制单元根据高压的情况匹配喷油器打开时间,同时发动机转速限定在3000r/min(视车型不同)。

三　大众新款直喷发动机高压油泵拆装

处于高压状态下的燃油可能导致人员受伤。喷射装置可分为高压部分(最高约20MPa)和低压部分(约0.7MPa)。在打开高压系统前,如拆卸高压油泵、燃油分配器、喷油器、燃油管或燃油压力传感器G247时,必须先将高压系统内的燃油压力降至规定的燃油压力。操作方法如下所述。

1)连接车辆诊断仪,并执行功能"卸除燃油高压"。

2)燃油压力降至规定值。

3)关闭点火开关。燃油分配器上仍有燃油,但这些燃油已不再处于高压下。

4)卸除燃油高压之后,必须立即打开高压系统。在连接部位周围放一块干净的抹布。流出的燃油必须收集起来。

提示:如果没有立即打开高压系统,压力会由于余热作用再次升高。此时不得再次打开点火开关,否则压力会再次升高。

注意:也可以拔掉后排座椅下面控制单元插头或拔掉燃油控制单元熔丝,起动发动机燃烧

掉管路中残余燃油直至发动机熄火。

高压油泵装配如图4-10所示。

1. 拆卸

注意：发动机必须处于冷态。

1）拆卸高压油管（拧紧力矩25N·m）。**提示：将一块抹布置于下面，以便收集溢出的燃油。**

2）松开软管卡箍，取出燃油供给软管，如图4-11所示。

3）拧出螺栓，取下带有滚子挺杆的高压油泵。

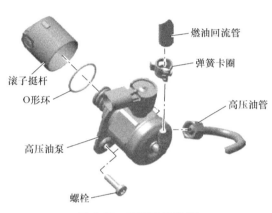

图4-10　高压油泵装配

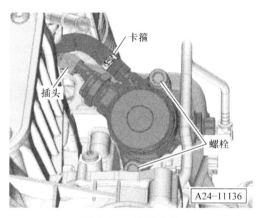

图4-11　松开卡箍

2. 安装：

提示：拆卸后更换O形环和弹簧卡箍。

1）检查滚子挺杆是否损坏，必要时更新。

2）用洁净的发动机机油涂抹滚子挺杆。

3）将抹过油的滚子挺杆插入凸轮轴外壳，如图4-12所示。

4）沿发动机转动方向转动曲轴，直到滚子挺杆处于最低点，如图4-13所示。

5）将新的已抹过机油的O形环插入高压油泵的凹槽中。

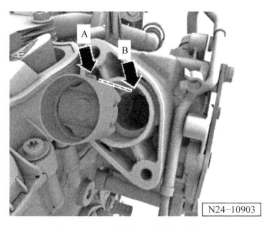

图4-12　将滚子挺杆装入泵腔中

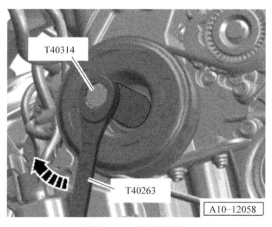

图4-13　旋转曲轴

四 直喷发动机喷油器

1. 大众车、奥迪车直喷发动机喷油器

（1）结构

大众车、奥迪车目前都采用6孔喷油器，其内部结构与传统喷油器相似，如图4-14所示，安装位置如图4-15所示。喷油器上开有六个精细的喷油孔，可以喷射出圆锥形的雾状燃油。这种结构可在节气门全开，或在预热催化转化器阶段的二次喷射过程中，避免油束覆盖整个活塞顶部，可大大降低碳氢化合物的排放。当发动机冷机时还可保证更少的燃油混入发动机机油中。

高尔夫A6、奥迪1.4发动机控制单元控制喷油器的电压为65V，控制单元内部有DC/DC变换器将12V转换成65V。喷油器阀针开启时要12A的电流，但保持开启仅要2.6A的电流。喷油器的驱动电压约为65V，但这只是在喷油器阀针开启时刻施加65V电压，之后阀针继续保持张开时，只加载较小的12V电压。喷油器末端细长，以提高冷却效果。喷油器有一个安装卡夹，只要拆卸就要更换。

检测：新款奥迪Q3、大众迈腾2.0、大众速腾喷油器电阻值约为2Ω。急速实测电压约为0.168V，转速2000r/min下喷油器电压约为1.7V，3000r/min下喷油器电压约为1.8V。

注意：在检测各缸喷油器是否工作时，可以将各缸点火模块拆下，前提是喷油电阻值及电压正常情况下进行，然后短时间起动发动机，拆下火花塞看各缸火花塞是否湿，不湿的那个缸，喷油器不工作。

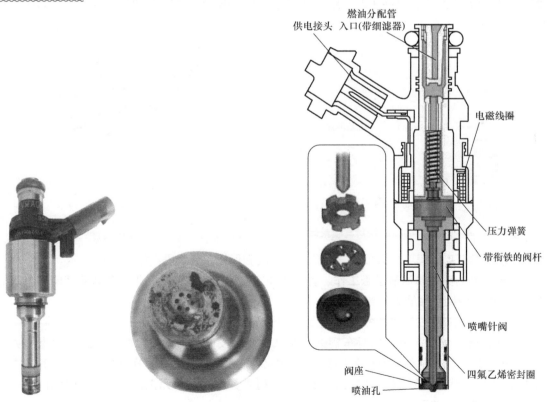

图4-14 喷油器结构

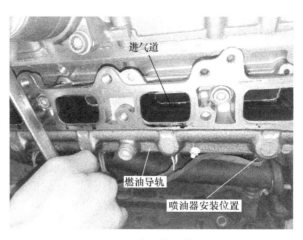

图 4-15 喷油器安装位置

（2）大众直喷喷油器的工作过程

电磁线圈通电时，产生的电磁力使铁心克服弹簧力而移动，与铁心一起的针阀被打开，压力燃油便从喷孔喷出。电磁线圈断电，电磁力消失，铁心在弹簧力作用下迅速回位，针阀关闭，喷油器立即停止喷油。喷油器是将汽油直接喷入燃烧室，对于单孔喷油器，其燃油喷束角为70°，喷束倾角为20°，如图4-16所示。多孔喷射器带有六个喷口，这比针阀式喷射器能提供更好的混合气。喷射角度可与燃烧室匹配。吸气和喷射同步，可避免燃烧室表面和进气门表面湿。喷射锥角为50°，这些更改导致燃油雾化更好，HC排放减少，机油稀释减弱，如图4-17所示。

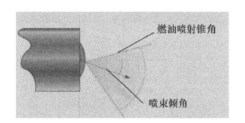

图 4-16 单孔喷油器的喷射锥角与喷束倾角

图 4-17 多孔喷油器

喷油器的开启过程可分为预励磁、升压、拾波和保持四个阶段，如图4-18所示。

注意：判断某缸喷油器是否工作，首先拔掉某缸的点火模块，如果火花塞湿证明该缸喷油器工作。否则说明喷油器或线路故障。

例如：大众直喷发动机故障灯点亮及怠速抖动故障。

检查分析：维修人员首先对车辆进行路试，故障没有重现。连接故障诊断仪检查网关列表，检查到发动机控制单元内有2个故障码：7690-1缸检测到偶然/多次气缸不发火（间歇式）；7680-检测到偶然/多次气缸不发火（间歇式）。检查其他控制单元正常。根据故障码内容，分析可能的故障原因如下。

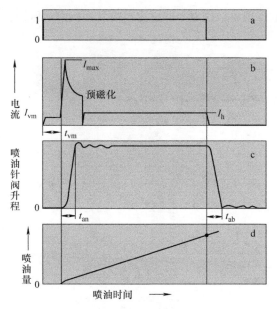

图 4-18 喷油器的开启过程

① 1 缸点火线圈火花塞故障。
② 发动机气门 / 燃烧室积炭。
③ 发动机气门 / 喷油器密封不良。
④ 喷油器堵塞。
⑤ 进气歧管漏气 / 三元催化转化器堵塞。
⑥ 燃油压力不足。

首先，检查 4 个火花塞，发现均有不同程度的积炭，于是清理火花塞积炭，对换 1、2 缸点火线圈和火花塞，最后清除故障码，继续使用观察情况。当天晚上停车时，相同故障再次出现。车辆再次进店检查，维修人员用故障诊断仪检查发动机控制单元有 2 个故障码：7680- 检测到偶然 / 多次气缸不发火（间歇式）；7710-3 缸检测到偶然 / 多次气缸不发火（静态）。检查其他控制单元正常。接下来检查机械部分，检查进气歧管无漏气现象，排气系统通畅，读取发动机燃油系统高压数据正常，测量发动机各气缸压力均正常。检查 4 个火花塞均有轻微积炭，于是拆下喷油器进行清洗，当拆下喷油器时，发现 1、3 缸喷油器密封环已变形，而 2、4 缸正常，如图 4-19 所示。

为了验证故障现象，把故障车上 1 缸和 3 缸的喷油器与试驾车进行对换（密封环变形的喷油器安装在试驾车第 2、4 缸），更换后进行路试，故障车辆恢复正常，而试驾车路试 20km 后，出现怠速不稳及排放灯点亮故障。用诊断仪检查发动机控制单元，第 2 缸有 20 次失火记录，第 4 缸检测到偶然 / 多次气缸不发火 (静态) 故障码，分别对换 1 缸与 2 缸、3 缸与 4 缸的火花塞和点火线圈，第 2、4 缸依然有失火故障。说明故障确实出在故障车的 1、3 缸喷油器上。

故障排除：更换第 1、3 缸喷油器密封环，故障排除。

总结：该车的故障原因是第 1、3 缸喷油器密封环变形，与气缸盖密封不良 (类似于发动机气门关闭不严)，导致热车后发动机低速 / 怠速时气缸压力不足，出现第 1、3 缸失火故障现象。通过此案例，说明缸内直喷发动机的喷油器密封环密封不良，会产生低速气缸压力不足的故障，类似于气门关闭不严的故障现象,这点与非缸内直喷发动机有所区别,分析过程中应特别注意。

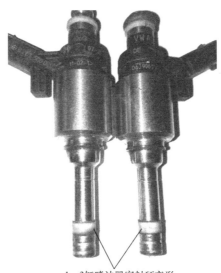

1、3缸喷油器密封环变形

图4-19　1、3缸喷油器密封环已变形

(3) 大众直喷发动机喷油器清洗后的基本设定方法

大众采用TSI缸内直喷技术发动机,清洗过喷油器后必须要做基本设定。方法为:起动发动机,运转至正常工作温度,用故障诊断仪进入01发动机控制单元01-04(基本设定)→200(通道号)→确定,根据提示同时把加速踏板和制动踏板踩到底并保持,等到数据块1区由数字变到0,基本设定完成。全过程大约10min。

2. 新款东风雷诺科雷嘉M5R直喷发动机喷油器

为了实现缸内直喷,M5R发动机使用了带有7个喷射孔的高压喷油器,如图4-20所示。此喷油器可在高电压下快速实现高压燃油喷射。ECM内的喷油器驱动装置可以产生最大65V高电压,以便在起动阶段打开喷油器内部针阀。在开始喷射后,ECM以蓄电池电压向喷油器提供脉宽调制(PWM)信号,如图4-21所示。

图4-20　7孔高压喷油器

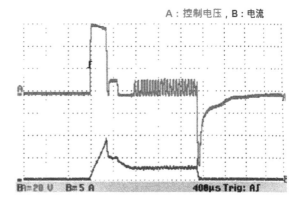

图4-21　喷油器的控制电压和电流

在更换高压喷油器时,必须同时更换O形密封圈、支承环、特氟龙(Teflon)密封件和喷油器托架，如图 4-22a 所示。否则可能发生燃油泄漏。更换特氟龙密封件时，需要使用偏口钳切断旧的特氟龙密封件，注意不要损坏金属表面，如图 4-22b 所示。安装新的特氟龙密封件时，要用到专用工具 MOt1533。具体方法如下：首先，将锥体安装在喷油器喷油嘴上，用手轻轻地将新的特氟龙密封件插入到锥体上，并推进凹槽内；然后拆下锥体并将改进工具推至喷油器喷油嘴附近；最后还要旋转至少 30s，以正确设置特氟龙密封件。

注意：不要在特氟龙密封件上涂抹机油，而在将喷油器安装到燃烧室上时，可以在燃油密封件和 O 形密封圈上涂抹发动机机油，以便将喷油器顺利插入高压油轨中。

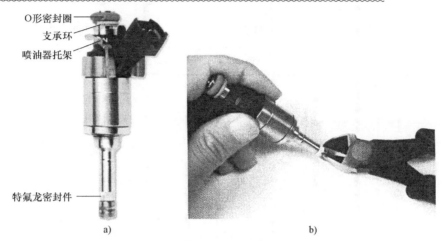

图 4-22　更换高压喷油器
a) 喷油器上需要更换的部件　b) 拆下旧的密封件

五　直喷发动机燃油泵控制单元

低压燃油泵控制单元 J538 安装在电动燃油泵上面，如图 4-23 所示。它的功能是：控制单元通过脉宽调制（pulse-width modulated，PWM）信号来控制电动燃油泵，使低压燃油系统的油压达到 50～500kPa。在冷热起动时使低压燃油系统的压力达到 650kPa。如果燃油泵控制单元失效，无法起动发动机，油位显示将不正常，燃油泵电路图如图 4-24 所示。

为了调整燃油泵的供油量，燃油泵控制单元通过一个 PWM 信号来控制燃油泵的供电电压，燃油泵电压在 6V 到蓄电池电压之间变换。修正燃油泵电压的信号由发动机控制单元提供。发动机控制单元通过下面的方法检测供油量：在燃油泵的工作循环内，燃油泵的供油量持续减少，直到高压系统的压力受到影响。发动机控制单元会对燃油泵的调制信号与存储在发动机控制单元内的调制信号进行比较，如图 4-25 所示。如果发现两个信号有偏差，以发动机控制单元内存储的参数为准。

图 4-23　燃油泵控制单元 J538 安装位置

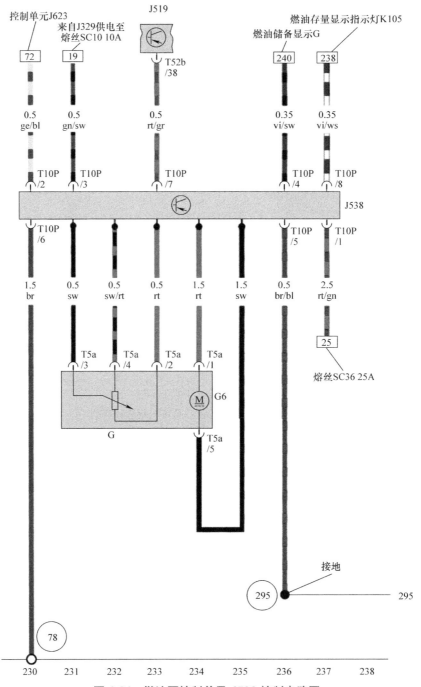

图 4-24 燃油泵控制单元 J538 控制电路图

G—燃油存量传感器 G6—预供给燃油泵 J519—车载电网控制单元 J538—燃油泵控制单元

如果燃油系统燃油耗尽，或在装配工作期间打开油管，则管路中进入空气，难以起动，需要对燃油供给系统进行排气。在屏幕上按"是"键继续进行，如图 4-26 所示。打开点火开关，屏幕显燃油泵起动（起动数值必须缓慢增加），最后按屏幕提示启用起动机，最后按"完成"

键，如图4-27所示。

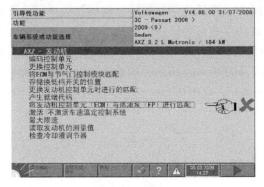

图4-25 信号比较

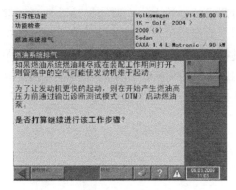

图4-26 进行燃油供给系统排气操作

电路检测：打开点火开关，T10P/7、T10P/3、T10P/3与搭铁信号电压12V。怠速T10P/4与搭铁信号电压0.283V，T10P/8与搭铁信号电压0.215V。

发动机怠速T10P/1与搭铁信号电压12V，T5a/1与搭铁信号电压打开点火开关约为7V，怠速时7～12V之间。T5a/3与搭铁信号电压约为0.285V，T5a/4与搭铁信号电压约为0.215V，T5a/2为搭铁信号，T5a/3与T5a/2端电压信号约为0.245V，T5a/3与车身搭铁信号电压约0.277V，T5a/4与T5a/2端电压信号约为0.248V。

六、燃油压力传感器

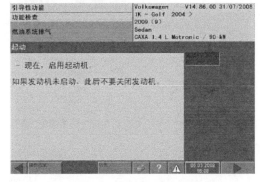

图4-27 按屏幕提示启用起动机

1. 大众燃油压力传感器

大众燃油压力传感器G247安装位置如图4-28所示。

燃油压力传感器G247

图4-28 G247安装位置

燃油压力传感器用于检测发动机实际燃油压力。此传感器由印制电路板、传感器元件、隔离块（间隔块）和壳体等组成。这个传感器安装在进气歧管下方靠近飞轮一侧，用螺栓紧固在塑料制成的油轨上。它监控燃油系统高压部分的压力，并且把信号传给发动机控制单元。油轨内的压力保持恒定，对减少排放、降低噪声和提高功率有重要影响。燃油压力在一个调节回路中进行调节，传感器的测量误差小于2%，传感器的核心是一个钢膜，在钢膜上有应变电阻，要测的压力经压力接口作用到钢膜的一侧，钢膜弯曲，如图4-29所示，引起应变电阻的电阻值发生变化。分析电路将电信号处理放大后传递给控制单元。燃油压力传感器电路图如图4-30所示。

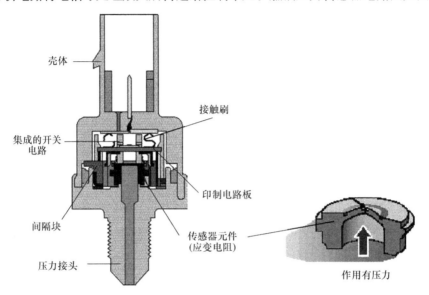

图4-29 燃油压力传感器及安装位置

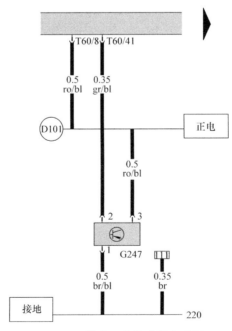

图4-30 燃油压力传感器电路图

发动机控制单元给传感器供电，供电电压 5V。压力升高时电阻降低，于是信号电压升高。燃油压力传感器的特性曲线如图 4-31 所示。

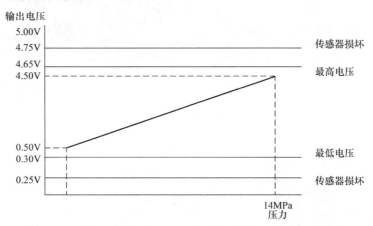

图 4-31　燃油压力传感器的特性曲线

1）信号作用：发动机控制单元根据这个信号，调节燃油压力调节阀来控制油轨内的燃油压力。如果这个信号反映出燃油压力无法调整了，燃油压力调节阀会在泵油行程也通电，处于常开状态，这时整个系统压力降低至低压端的 500kPa。

2）失效影响：如果燃油压力传感器 G247 故障，则燃油压力调节阀 N276 将关闭，电子燃油泵将完全开启，发动机将以当前的燃油压力运转。发动机转矩将因此而急剧下降。

3）检测方法：

① 打开点火开关，检查燃油压力传感器插头 1 和 3 端子的电压为 5V，端子 3～2 约为 2.631V。

② 传感器线束与发动机线束和 ECU 连接器端子有无损坏之处，若有损坏之处应修复或更换传感器线束。

③ 当燃油压力随着工况变化时 ECU 认为是故障，并以故障码 268 的形式存储。由于故障的存在，将直接导致发动机功率或转速降低，并且发动机工作粗暴。起动发动机，怠速运转，连接诊断仪确认是此故障后清除故障码。

2. 宝马共轨压力传感器

共轨压力传感器（高压传感器）固定在不锈钢共轨上，如图 4-32 所示。燃油加压后暂时存储在共轨装置内，并分配给相应的高压喷油器。

燃油压力通过高压接口传输至带有传感器元件的隔膜处。传感器元件将隔膜变形程度转化为相应的电信号。分析电路对该信号进行处理并将一个模拟电压信号发送至 DME。电压信号随燃油压力的增加，以线性方式增加。

共轨压力传感器信号是一个重要的 DME 输入信号，用于控制油量调节阀（高压油泵部件）。DME 为该传感器提供 5V 供电和接地连接。通过信号导线将信息发送至 DME。

共轨压力传感器的信号随压力变化而变化。与电压测量范围（大约 0.5～4.5 V）相对应的共轨压力为 0～16kPa。

共轨压力传感器失灵时，DME 就会启用油量调节阀的应急运行模式。

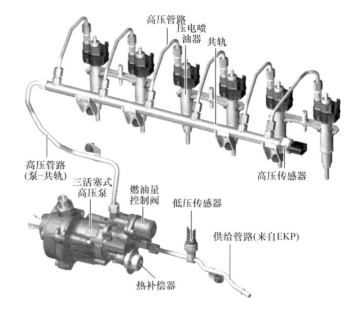

图 4-32 共轨压力传感器

七、燃油压力调节电磁阀

大众的燃油压力调节电磁阀装在高压油泵的侧面，如图 4-33 所示。

作用：按需求控制进入油轨的油量。

失效影响：燃油压力调节电磁阀不通电就关闭，这也就是说当这个阀失效的时候，燃油压力会一直上升，直到达到 14MPa 时限压阀打开。发动机控制单元根据高压的情况匹配喷油器打开时间，同时发动机转速限定在 3000r/min。

在打开高压系统之前，必须要释放高压。以前的调节电磁阀的插头可以拔掉，电磁阀不通电，电磁阀常开，压力下降。

图 4-33 燃油压力调节电磁阀 N276

由于新型燃油压力调节电磁阀在不通电的情况下就关闭，所以拔掉插头后，燃油压力不会下降。因此在功能导航中的释放高压系统压力的选项，也包括在故障导航选项里面，可以在发动机运转的时候用来打开调节电磁阀来释放压力。需要注意的是当系统升温时，系统压力会再次上升。

检测：电路图如图4-34所示。阻值测量1～2约为12.3Ω。关闭点火开关端子1、2是常电为12.18V，端子1～2怠速约为5.6V，2000r/min端子1～2约为5.01V。

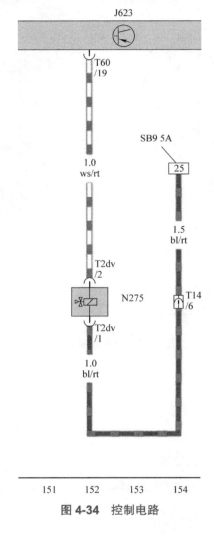

图4-34 控制电路

八、燃油泵

由于汽油极易汽化而形成气泡，引起泵油量明显减少，并导致输送压力的波动，为此在现代汽车上广泛采用双级电动燃油泵，即由两个电动燃油泵串联，使供油能力得以提高。

两个燃油泵都有转子、涡轮或平板叶片。第一级（前置级）泵从油箱的底部抽取燃油，并将燃油送入储油器。这样就可保证即使剩的燃油很少了，也可以供油。第二级（主级）泵直接从储油器中抽取燃油。

在现代汽车上，电动燃油泵采用双级泵的结构型式，将其安装在油箱内的趋势日益明显。双级泵是由初级泵和主输油泵两者合成一个组件，由电动机驱动的结构，如图4-35～图4-39所示。初级泵能分离吸油端产生的蒸气，并以较低的压力将燃油送到主输油泵内。

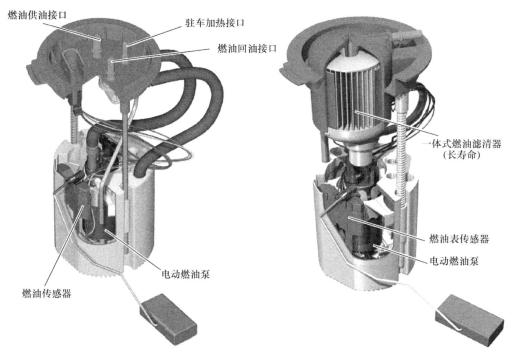

图 4-35　燃油泵整体结构

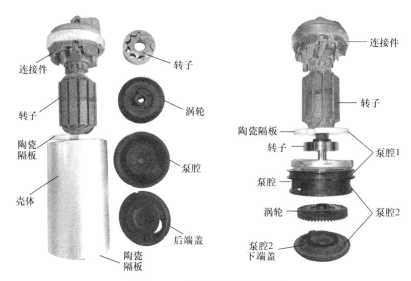

图 4-36　双级燃油泵剖视图

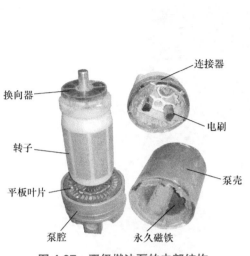

图 4-37 双级燃油泵的内部结构

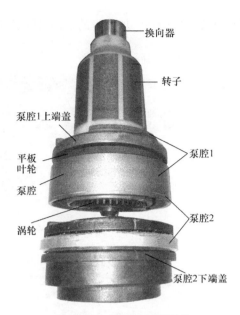

图 4-38 双级叶片泵结构

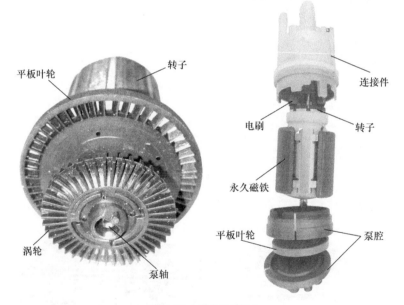

图 4-39 单级涡轮泵

九、燃油箱结构

奥迪 A8 燃油箱容积约为 90L，该油箱采用双层不锈钢板并用等离子焊接制成，如图 4-40 所示。奥迪 Q5 柴油车的油箱如图 4-41 所示。加油管是一个单独部件，它是焊接在油箱上的。

为了保证撞车安全性,加油管的中部采用了波纹管形式。

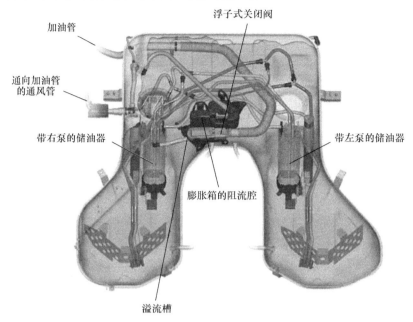

图 4-40 奥迪 A8 燃油箱结构图

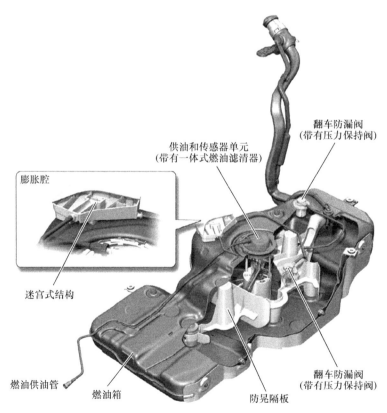

图 4-41 奥迪 Q5 燃油箱

燃油经加油管进入油箱的右腔（从车的行驶方向看；燃油主要是经加油管底部的一个附加溢流槽流入右泵的储油器内的。这个小溢流槽可保证：即使加很少的油（如用小桶加油），油也会直接流入燃油泵的储油器内。两个侧面的油腔是通过接到主油腔上的两个通风管来进行通风的。由于加油管是铺设在纵梁的下方的，所以该管的最低点没有与燃油箱相接，于是就产生了虹吸效应。加油管内留有一些剩余燃油，因此为了给主油腔通风，以及为了完成OBD II泄漏诊断检测，需要一根单独的通往加油口的管子。当油箱加满油时，加油管尾部的浮子式关闭阀就会关闭加油管。

在发生撞车时，这段波纹管区域就可以有一定的变形，从而可防止出现裂纹以及燃油泄漏。加油管内的附加膨胀箱被取消，现在装在油箱内了。燃油油面的测量是通过两个插入管式传感器与两个角度传感器来完成的。

膨胀箱或膨胀腔（容积约为2L）的壳体是塑料的，如图4-42所示。它是用夹子固定在油箱的上部壳体。

油箱内的膨胀箱里包含一个浮子式防翻阀和一个小抽油泵，该泵在车辆行驶过程中总是将膨胀箱内的燃油排空。浮子式防翻阀的主要功能如下：

1）在翻车时关闭通向加油口的管路。

2）在动态行车模式时关闭。

3）如果由于油液晃动而造成膨胀箱内短时进油过多，那么阀内的浮子会浮起而关闭通向活性炭过滤器的管路。阀被关闭后，就可防止溢出的燃油进入活性炭过滤器。

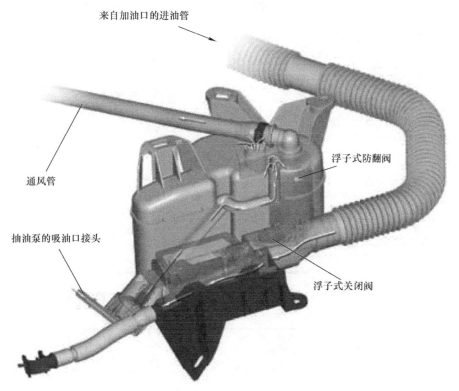

图 4-42　浮子膨胀箱结构图

拆卸和安装燃油分配器、喷油器

（1）燃油分配器拆卸、安装

大众直喷发动机燃油分配器装配如图4-43所示。

拆卸：

1）拆卸进气管。

2）拆卸高压管。

3）脱开电插头1。

提示：将一块抹布置于下面，以便收集溢出的燃油。

4）拧出螺栓（箭头），并从喷油器上拔下燃油分配器，如图4-44所示。

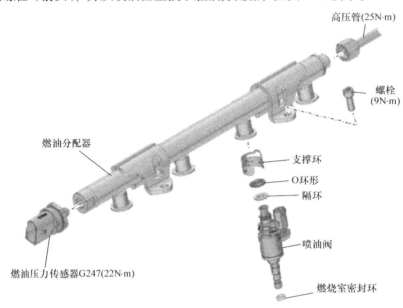

图4-43 燃油分配器装配

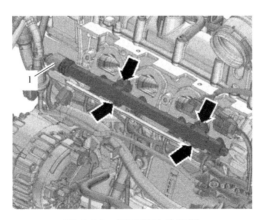

图4-44 拆下燃油分配器

安装：
安装以拆卸的倒序进行。
提示：
① 拆卸后更换 O 形环。
② 将燃油分配器上的定位件安放到喷油器上。
③ 将燃油分配器先在右侧，然后在左侧压到喷油器上至限位位置。
④ 在支架区域用力向下按燃油分配器，然后拧入螺栓。
（2）拆卸和安装喷油器
FSI 发动机的工具组件有 T10133C、T10133/16A 和 T10133/19，如图 4-45 所示。

提示：喷油器必须在发动机冷却时拆卸，直喷发动机喷油器如图 4-46 所示。

1）拆卸燃油分配器。
2）将 O 形环从喷油器上取下。
3）脱开相关喷油器上的电插头。
4）将支撑环用旋具从喷油器上撬下，如图 4-47 所示。

图 4-45 专用工具

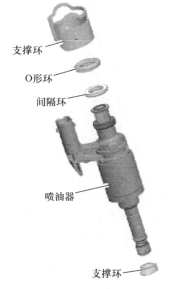

图 4-46 喷油器

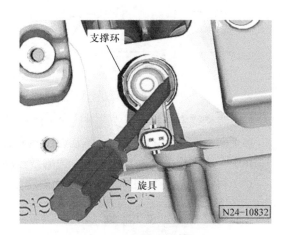

图 4-47 撬下支撑环

5）将冲击套筒 T10133/18 推到喷油器上方，如图 4-48 所示。
6）用塑料锤小心地在冲击套筒上敲几下，以便松开喷油器，如图 4-48 所示。
7）将顶拔器 T10133/19 装入喷油器的槽中，如图 4-49 所示。
8）将拆卸工具 T10133/16A 安装到顶拔器上。
9）通过拧入螺栓拉出喷油器。
10）如果达到了极限力矩"5N·m"，而喷油器仍未松开，则取下顶拔器，并再次用冲击轴套松开喷油器。

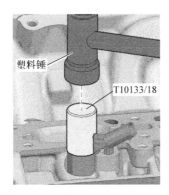

图 4-48 将冲击套筒推到喷油器上方

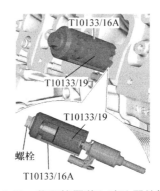

图 4-49 将顶拔器装入喷油器的槽中

11）用尼龙气缸刷 T10133/4 清洁气缸盖内的孔，如图 4-50 所示。

12）当重新安装喷油器时，用干净的抹布清除燃烧室密封环槽和各个喷油器杆上的燃烧残留物。

13）将带新的燃烧室密封件的装配楔 T10133/5 装到喷油器上，如图 4-51 所示。

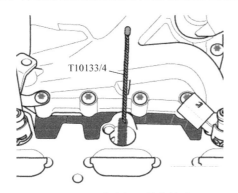

图 4-50 清洁气缸盖内的孔

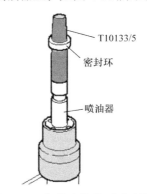

图 4-51 把装配楔装到喷油器上

14）将燃烧室密封圈用安装套筒 T10133/6 尽量推到安装锥 T10133/5 上，如图 4-52 所示。

15）转动装配套 T10133/6，推动燃烧室密封圈，直至其进入密封环槽。

16）一边推校准套筒 T10133/6 一边略微转动（约 180°），直到把它推到喷油器的极限位置。

17）将校准套筒 T10133/6 沿相反的旋转方向重新拧出，如图 4-53 所示。

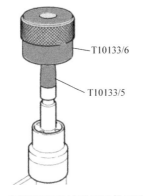

图 4-52 将燃烧室密封圈尽量推到安装锥上

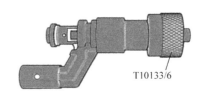

图 4-53 将校准套筒沿相反的方向旋转

18）在安装喷油器之前用干净的发动机机油沾湿新的 O 形环。

19）装上进气管下部的密封件。用手将喷油器在不沾油润机油和油脂的气缸盖的孔中压入到止动位置。请注意喷油器在气缸盖内的正确位置。

提示：喷油器必须轻轻装入。

第二节　缸内高压直接喷射双喷系统

大众、奥迪双喷系统

该机型的汽油缸内高压直接喷射系统根据最高系统压力（从 15MPa 提高到 20MPa）、噪声和单套成本等方面的要求进行了全新的改进。同时，为了达到欧Ⅵ废气排放标准所规定的颗粒质量和颗粒数的排放限值，并具备进一步开辟降低 CO_2 排放的潜力，除了缸内直接喷射系统之外，大众奥迪、迈腾车 2.0T 发动机采用 SRE+TSI 双喷射系统，在缸内直喷基础上增加了一套进气道喷射系统（SRE），如图 4-54 所示。

进气道喷射（SRE）系统由燃油箱内的预供油燃油泵 G6 来提供所需的压力，虽然低压燃油共轨与高压泵相连，但并不利用高压泵进行增压，而是将低压燃油引入冷却高压泵。由于 TSI 系统的燃油压力高，因此通过高压泵将燃油再次升压后送入高压燃油共轨。采用 SRE+TSI 双喷射系统可以实现下述目标：达到 EU6 标准，降低颗粒质量和数量（与 TSI 相比）；降低 CO_2 排放；降低部分负荷时的燃油消耗（与 SRE 相比）。

大众奥迪、迈腾车 2.0T 发动机采用的 SRE+TSI 双喷射系统有 SRE 单喷射、高压单喷射、高压双喷射和高压三重喷射等 4 种运行模式。

1）发动机起动。当发动机处于冷态且冷却液温度低于 45℃ 时，低压喷油器此时不工作。高压喷油器出现 4 次喷射，随发动机转速的增大，喷油周期和喷油时间间隔都减少，由此可知，发动机在压缩行程中通过 TSI 系统进行三重喷射。

2）暖机。当发动机已经起动，但冷却液温度尚未达到 45℃ 时，高压喷油器由三重喷射变为双重喷射，分别喷入进气行程和压缩行程，低压喷油器此时不工作。

3）发动机在部分负荷范围下运行。当发动机冷却液温度超过 45℃ 时，并且发动机在部分负荷范围中被驱动，高压喷油器此时不工作。低压进气道喷油器开启电压，发动机采用 SRE 单喷射模式，目的是降低油耗。

4）发动机在低转速全负荷下运行。当发动机处于低转速全负荷工况时，低压喷油器此时不工作。高压喷油器出现单次喷射，基于高性能需求，系统切换到高压单喷模式。

5）发动机在高转速全负荷下运行。发动机处于高转速全负荷运行工况时，低压喷油器此时不工作。高压喷油器出现双重喷射，分别喷入进气和压缩行程。

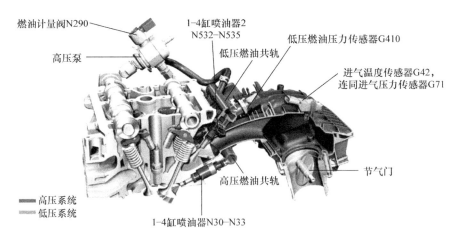

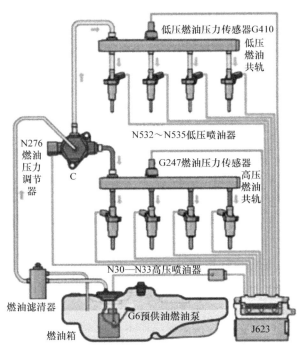

图 4-54　大众奥迪、迈腾双喷系统

二　丰田双喷系统

新系统 D-4S（D—直接喷射，4—四冲程汽油机，S—高档方案）是在 D-4 系统的基础上发展起来的。缸内直喷采用纵向双扇形喷雾，提高了缸内混合气的均质性，进气道采用高流量气道，提高了进气流量，缸内直喷提高全负荷性能的优势得到充分发挥。在此基础上，进气道又配置 1 个喷油器，以组合喷射方式运转，进一步提高了缸内混合气的均质化，形成了理想的混合气，降低了燃烧波动和油耗。组合喷射使发动机起动及催化器暖机过程中的 HC 得以降低。

汽油直喷和进气道喷射两种喷油系统如图 4-55 所示。D-4S 将两者的优点集成于一体，根据功率需求，或采用单纯的缸内直接喷射运行，或采用两种系统组合运行。在低负荷和中等负荷范围内由进气道喷射和缸内直喷共同实现了可能是迄今为止最好的混合气形成。而在全负荷范围内，由单纯的缸内直喷获得尽可能高的功率。同时，缸内直喷燃油汽化的冷却效果又能降低爆燃倾向，这样就能够采用更高的压缩比。原则上，这种新型汽油机采用均质混合气运行，仅仅在冷起动以后，借助于压缩行程期间附加的缸内直喷形成分层充量，以便提高废气温度和缩短催化转化器的预热时间。

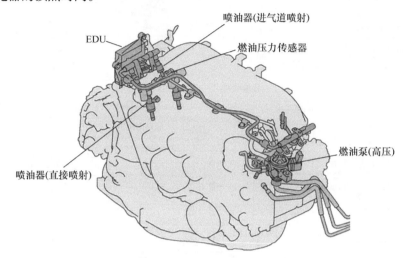

图 4-55　FSE 型发动机进气道喷射和缸内直喷组合

1. D-4S 型缸内直喷发动机结构特点

新的 D-4S 系统缸内喷油器以往采用横向单扇形狭缝喷孔。为提高喷雾的分散性，新系统采用了纵向双扇形狭缝喷孔（下称"双扇形喷孔"）。D-4S 系统的喷油器结构如图 4-56、图 4-57 所示。这种喷雾在燃烧室内呈纵向扇形分布，为提高前、后方向的扩散性，2 束喷雾向前、后两个方向喷出。进气道采用新的高流量气道，充分发挥直喷技术在高速区域的优势，流量系数比高滚流气道高 20%，但滚流比低 1/3。此外，不使用 SCV（涡流控制阀），进气阻力得以降低，在进气道上搭载 1 个喷油器，以改善部分负荷时的不完全燃烧，实现低油耗和低排放。喷油器（缸内喷油器喷油压力：4~13MPa，双孔；进气道喷油器喷油压力：400kPa，12 孔）。

纵向双扇形喷雾以改善缸内混合气的均质性为目的，纵向双扇形喷雾的 2 个扇形雾面垂直于活塞顶面，混合气被活塞顶的凹坑导向排气门附近，横向单喷雾的扇面与活塞顶平行，被活塞导向后向排气侧的分散较弱。纵向双扇形喷雾缸内混合气的均质性更好。所以，即使采用缸内流动较弱的高流量气道，也能满足混合气均质性的要求。

2. D-4S 系统组成

FSE 型发动机 D-4S 系统是缸内直喷加进气道喷射，系统的组成如图 4-58 所示。

3. 高压油泵

燃油通过低压燃油泵被输送到高压油泵。高压油泵内的柱塞由安装在凸轮轴上的油泵驱动用凸轮进行驱动，负责把燃油输送到高压油管中去。燃油压力通过安装在高压油管中心的燃油

压力传感器加以读取，以修正输油压力。按照发动机运转条件控制最佳燃油压力的可变燃油压力控制方法已获得有效应用。此外，通过只输送必要的燃油量，以使泵吸损失减到最小。高压油泵控制如图 4-59 所示。

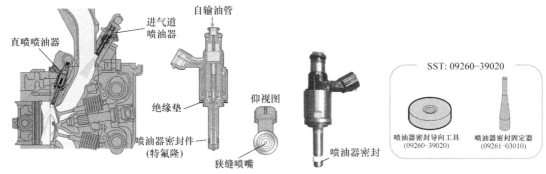

图 4-56 双扇形喷油器　　　　图 4-57 喷油器结构及拆装工具

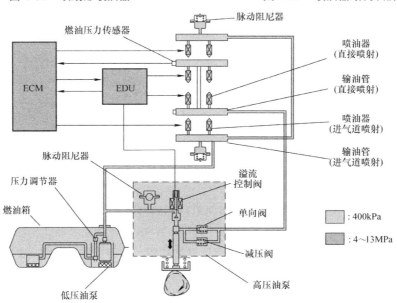

图 4-58 FSE 型发动机 D-4S 系统组成

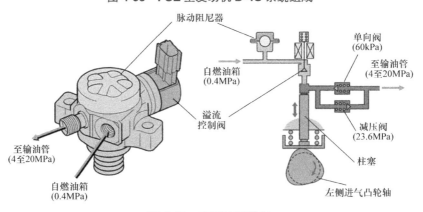

图 4-59 高压油泵控制

1) 溢流控制阀关闭延迟时的工作情况如图 4-60 所示。
2) 溢流控制阀关闭提前时的工作情况如图 4-61 所示。
3) ECM 通过控制溢流控制阀的关闭正时调节燃油压力，如图 4-62 所示。

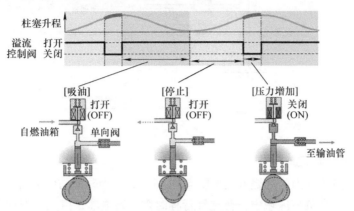

图 4-60　溢流控制阀关闭延迟

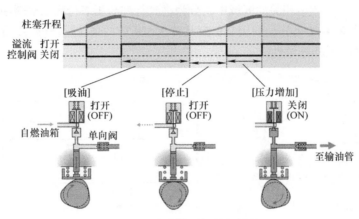

图 4-61　溢流控制阀关闭提前

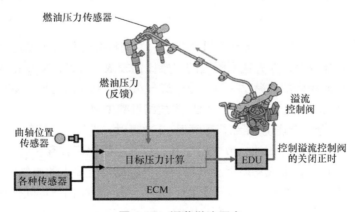

图 4-62　调节燃油压力

4) 如果输油管中的燃油压力异常高，则减压阀回流一些燃油以限制压力，如图 4-63 所示。

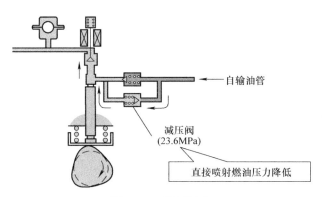

图 4-63 限制压力

4. D-4S 发动机燃烧原理

在各个不同转速范围内的燃烧方式如图 4-64 所示。在中转速与中负荷区域之前就进行分层燃烧。而在高转速、高负荷区域中，在进气行程时则进行喷油，由此实现均质燃烧。此外，这种均质燃烧区域，可以分为稀薄燃烧区域与原来发动机相同的理论空燃比区域及更浓空燃比区域。在分层燃烧与均质燃烧相关的区域中，分为进气行程与压缩行程二次喷油。图 4-65 给出了喷油控制特性。由图 4-65 可知，利用与负荷及转速相适应的最佳燃烧形态，最大限度提高燃油经济性，并同时确保转矩连续性。

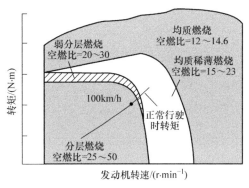

图 4-64 不同转速的燃烧方式

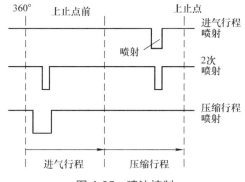

图 4-65 喷油控制

1）小负荷时（强分层燃烧）当节气门全开时，发动机燃烧仍处于稳定状态。在分层燃烧时，即使在稀薄空燃比场合，在火花塞附近的空燃比仍较浓。所以，NO_x 排放的峰值比通常的均质燃烧发动机更偏向较稀薄空燃比一侧。由于废气再循环率逐渐增加，NO_x 得以降低。在这种条件下，当废气再循环率达到 35% 时，NO_x 排放约可减少 90%。

2）中负荷时（弱分层燃烧）。压缩行程喷射、2 次喷射。进气行程喷射的燃烧特性如图 4-66 所示。在分层燃烧中，当增加燃油、节气门全开、过浓空燃比区域存在时，容易出现颗粒物。另一方面，在进气行程中，形成均质混合气时，在分层燃烧所要求的节气门开度不变情况下，空气量过多，则容易熄火。这种节气门开度差，成为压缩行程喷油与进气行程喷油之间转矩不连续的原因。为此，把燃油分为进气行程与压缩行程进行二次喷射，形成弱分层混合气，可以防止黑烟产生，处于均质燃烧区域中。

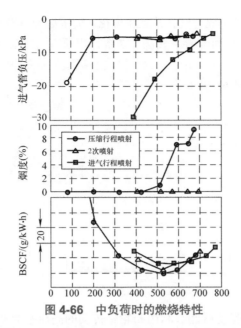

图 4-66 中负荷时的燃烧特性

3）高负荷时（均质燃烧）。在高负荷时，在进气行程时进行喷油，由此实现均质燃烧。如前所述，根据不同负荷，可以分为稀薄燃烧／理论空燃比燃烧／浓空燃比燃烧。

5. D-4S 发动机的喷射控制

（1）喷射方式

D-4S 系统每缸搭载 2 个喷油器，一个用于进气道喷射，另一个用于直喷（下称组合喷射）。

控制单元依据实际工况计算出每个循环所需的喷油量，充分利用 2 个喷油器的特点，优化喷射比率，进行喷射控制。

（2）缸内直喷和进气道喷射的比例

1）全负荷工况。缸内直喷被用于全负荷工况区，因为它能够充分利用喷入气缸汽油的汽化潜热来改善充气效率。同时，由于降低了缸内充量的压力和温度，能够达到最大限度控制爆燃的效果，如图 4-67 所示。

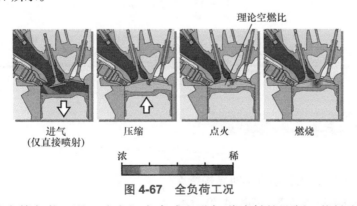

图 4-67 全负荷工况

2）低负载或中等负载工况。改变缸内直喷和进气道喷射的比例，能够在某一个比例下获得比单独应用任何一种喷射方式更好的转矩波动和燃油经济性。此外，随着负荷的变动，喷射比例应该优化以适应负荷的变化。对空燃比分析的试验研究结果表明，30% 缸内直喷能获得比

100%进气道喷射更均匀的可燃混合气,并且在火花塞周围区域具有稍浓的混合气,因此着火滞后期缩短,燃烧速度加快,从而改善了燃烧。在统计出所有行驶工况的最佳喷射比例后,就能够转化成喷射比例脉谱图。同时,由于减少了缸内直喷喷油器的积炭,因此能够确保其头部温度只有150℃或更低,如图4-68所示。

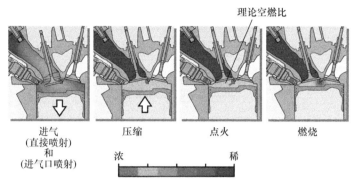

图4-68 低负载或中等负载工况

3）冷起动工况。虽然起动后能够利用凸轮轴传动的高压油泵来建立起缸内直喷供油系统中的燃油压力,但是因为起动时不大可能建立起所必需的燃油流量,难以达到足够的燃油压力,因此直到缸内直喷供油系统中的燃油压力达到预先规定值之前,只实行进气道喷射,如图4-69所示。这样就能够改善起动时油束油滴直径,降低起动时的HC排放量。

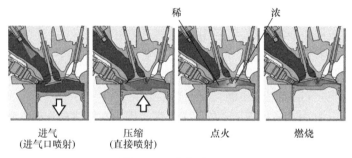

图4-69 冷起动工况

第三节 其他车型直喷发动机

奔驰缸内直喷发动机

1. 新型奔驰M272缸内直喷发动机结构特点

1）压电式喷油器中央布置,如图4-70所示。

2）火花塞向排气门方向偏移。

3）压缩比=12.2。

4）外部双路废气再循环。

5）20MPa 高压燃油喷射系统，采用油量可调节的高压油泵。

2. 燃油系统的组成

（1）燃油系统

奔驰 M272DE V6 直喷式汽油机的燃油系统如图 4-71 所示。燃油由发动机附近的汽车燃油装置供应，并在那里直接与从燃油冷却器回流的已被冷却的燃油混合。

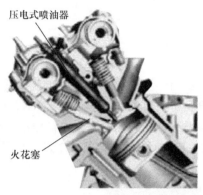

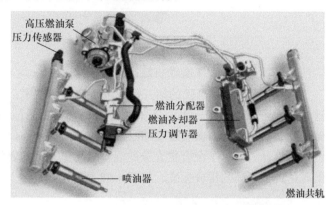

图 4-70 奔驰缸内直喷系统结构

图 4-71 奔驰缸内直喷燃油系统

高压油泵由右排气缸的进气凸轮轴驱动，可将燃油压力缓缓提高到 20MPa，并输送到高压系统中的燃油分配器，其平均供油量差不多是平均喷油量的 2 倍。因而，即使在喷油时共轨压力仍然能保持稳定。即使下一次喷油时没有供应燃油，共轨压力也不会降低，这样就能达到一个平均的共轨压力，在向所有气缸喷油时几乎是相同的。

在燃油分配器旁边装有一个燃油压力调节器，用于在高压油泵泵油量恒定不变的情况下调节共轨中的燃油压力。一旦高压油泵转换到泵油调节方式供油时，燃油压力调节器就关闭，仅仅起到一个安全阀的作用。高压油泵的油量调节阀将过剩的燃油旁通到低压侧，并从那里输往燃油冷却器。喷油器中的压电执行器要求限制这种无回油系统中允许的最高燃油温度。为了在所有运转条件下使燃油温度都不超过允许的温度范围，必须要有一个燃油冷却器，将多余的燃油引入其中进行冷却。根据可预料到的市场上的燃油品质兼容性，所有与燃油接触的零件都用不锈钢或黄铜制成。燃油共轨是机加工的模锻件。高压油泵的壳体采用同样的材料、方法制造。

（2）压电式喷油器

压电式喷油器基本上由 3 个主要部件组成：喷油嘴部件、压电模块和补偿元件，如图 4-72 所示。喷油嘴喷出的锥形油束的锥角为 85°，针阀行程约为 35μm。由于在 20MPa 燃油压力下，向外开启的喷油嘴喷出的油束具有高的动量，在所有运转条件下都能够形成稳定的油束锥角，因此可以确保不会碰到油束核心，不会被液体燃油润湿。由于油束与周边环境有很大的速度差，因此在压缩行程喷射的情况下能够形成局部稳定的边缘涡流区。同时，这种由喷射产生的油束感应流动非常有利于空气掺入，因此在边缘涡流区内形成了易于着火的混合气。在空心锥形油束内部，也以相似的方式产生了空气掺入效应。

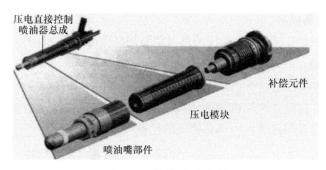

图 4-72 压电式喷油器

3. 新款奔驰 M274 发动机缸内直喷技术

M274 发动机是奔驰的第三代汽油缸内直喷技术，它远不止是增加一个高压油泵那么简单。这种技术可以在一个行程内最多实现五次燃油喷射（一般发动机最多只会进行两次喷射，有些柴油发动机会进行三次喷射），并且火花塞可以在 1ms 内实现四次电火花释放。再加上优化的缸内涡流设计，带来了混合更充分的混合气和更充分的燃烧效果，使燃料的燃烧效率进一步提高，同时达到了更高的排放标准，如图 4-73 所示。

图 4-73 M274 发动机缸内直喷技术

四缸 BlueDIRECT 发动机配备了第三代汽油缸内直接喷射装置，并采用了喷雾引导稀薄燃烧技术。系统最高压力可以达到 20MPa，根据发动机的性能图谱和工作状况能够自主调节到最优参数。最新研发的压电式喷油器使得每个动力循环可以完成最高五次的喷油操作，有助于形成最佳的可燃混合气比例和云雾形状，从而最优化燃烧过程，提高燃油效率。

第三代燃油直接喷射系统应用了快速多重放电点火技术（MSI）：第一次火花放电后紧跟着一个迅速的燃烧过程，点火线圈立刻充电后完成第二次火花放电，以此类推下去。多重放电点火系统在 1ms 内可以连续完成四次火花放电，生成比普通引燃空间扩展更大的等离子区。快速多重放电点火系统能够用于调整电火花点火时间以及整个燃烧过程，从而满足相应的动力输出需要。它有助于明确最佳燃烧区域的范围，还提高了残留稀薄可燃混合气的利用率，反过来减少了燃油的消耗量。

4. 喷油控制策略

（1）充气分层运行

压电式喷油器的开闭十分迅速，能够在发动机一个工作循环内以非常小的间隔时间实现多次喷射,因此为各种喷射策略的转换提供了全新的可能性,如图4-74所示。

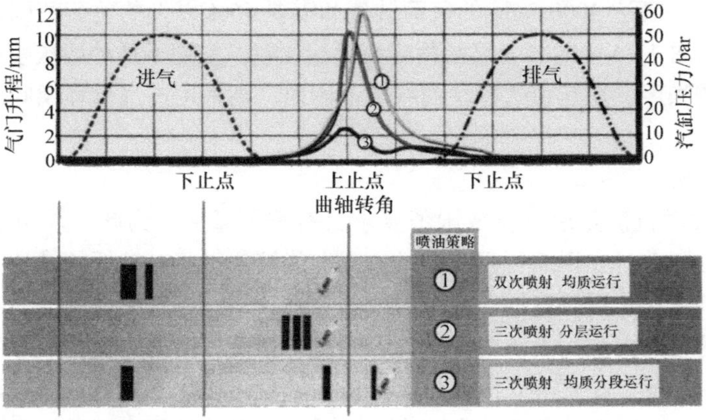

图 4-74 均质、分层和催化器加热时的喷油方式

在缸内直喷式汽油机燃烧过程开发中,应用了三维流动模拟计算。图4-75中的纵剖面显示出了在火花塞范围内的油束油滴、用过量空气系数表示出的混合气和用温度描述的点火后形成的燃烧火焰。由于在点火部位的混合气成分最易着火,因此在多次喷射情况下火焰传播得比单次喷射时快。对多次喷射进行的着火和燃烧模拟计算所表明的这种有利的效应,已在试验中得到了证实。图4-75中也给出了喷油结束和点火时刻之间时间间隔对不着火频率的影响。在无断火范围内,保持喷油结束时刻不变的情况下,可以改变点火时刻。采用三次喷射的无断火范围要比采用两次喷射时明显更大。喷油终了时的喷油量越多,三次喷射对混合气形成的有利作用就越大。在大负荷工况分层运行时,与两次喷射相比,借助于三次喷射能够明显地改善发动机运转的粗暴度,而且采用三次喷射还能改善混合气油雾的均质化,加快燃烧速度,从而提高燃烧效率。由于在三次喷射情况下主燃烧结束得较快,因此在燃烧重心位置相同的情况下,能够采用较晚的喷油终点和点火时刻。

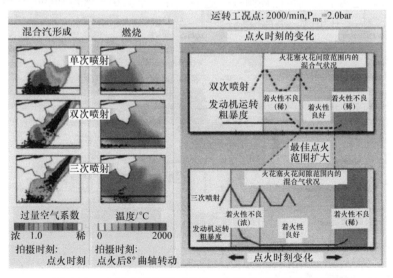

图 4-75 充量分层运行时单次、双次和三次喷射的比较

（2）均质运行

均质运行时，在高达 4000r/min 的负荷转速和需要 65% 以上的负荷范围内采用进气行程期间的两次喷射，与图 4-74 中的第一喷油策略情况相比较。借助于这种两次喷射易于达到较高的充气效率和较低的噪声。在其余的特性曲线场范围内，则采用进气行程期间的单次喷射来实现均质运行。

（3）起动和暖机

起动阶段对发动机满足废气排放限值要求具有重要意义。为此。采用 M271DE 直喷式汽油机上已应用过的起动时在压缩行程喷油的方式，能够获得相对较低的排放。奔驰公司还附带开发出了一种对催化转化器迅速加热特别有效的喷油策略。在这种情况下能够取消补充二次空气，并能在最短的时间内应用上压电式喷油器的优势特性，诸如重复性较好的锥形油束的分层充量能力和多次喷射等。在直喷式汽油机上所应用的催化转化器加热策略被称之为"均质分段运行"，即一部分喷油量在进气行程期间喷射，而另一部分喷油量在压缩行程期间喷射。

第一次喷射在进气行程期间进行，第二次喷射在压缩行程期间进行，而第三次喷射只有非常小的燃油量，直接送到火花塞附近，因而能够采用极其晚的点火时刻，并再次改善了噪声。采用这种喷油策略能够用较少的燃油量，在降低 HC 排放的同时获得较高的排气歧管和催化转化器温度。

这是一种可用于直喷式汽油机催化转化器加热的方法，采用这种方法使直喷式汽油机能够满足目前所有的排放标准，并提供了达到未来废气排放限值的潜力。

5. 废气再循环

（1）废气再循环方面

在充量分层运转时采用废气再循环来减少 NO_x 的生成。废气从车厢前围板以后的左右两侧排气管路中分出，并分别由一个伺服电动机或旋转电磁铁操纵的圆盘阀来计量和调节。伺服电动机上的霍尔传感器采集废气再循环阀的位置信号，该信号用于发动机电控单元对废气再循环阀进行位置调节。这两个废气再循环阀被一起装配在一个共用的水冷却的壳体中。再循环废气经过废气再循环阀后，在节气门后面被引入进气管，如图 4-76 所示。

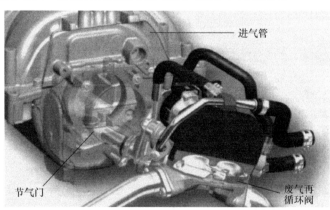

图 4-76 废气循环系统

（2）废气后处理方面

这里所介绍的直喷式汽油机机型，由于具有较高的效率，在无节流充量分层运转和接近怠速运转工况点时的废气温度有可能低于 200℃。另一方面，对全负荷工况时催化转化器涂层的高温稳定性的要求应保持不变。另外，还应顾及到存储式 NO_x 催化转化器起作用的温度窗口大约在 50~250℃ 范围内。

1）催化转化器。根据上述这些边界条件来确定废气后处理装置的方案如图 4-77 所示。废气后处理从靠近发动机的三元催化转化器开始，以便尽可能快地达到催化转化器的起燃温度，并尽可能减少催化转化器前不稳定流动中的热损失。

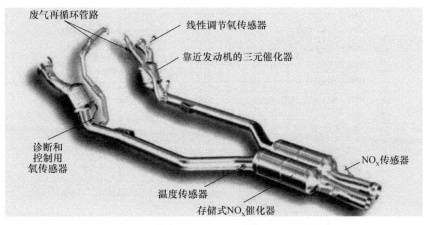

图 4-77　废气处理装置

为了避免存储式 NO_x 催化转化器（NSK）的温度过高，将其安置在地板下面。为了精确地调节存储式 NO_x 催化转化器，在其前面应用了一个温度传感器，同时在其后面应用了一个 NO_x 传感器。NO_x 传感器用于对存储在发动机电控单元中确定 NO_x 存储器加载和卸载的模型进行标定，并确保在汽车整个使用寿命期内 NO_x 排放始终满足排放限值的要求。

2）存储式催化转化器的控制。在充量分层（$\lambda>1$）运行时，NO_x 被存储在存储式 NO_x 催化转化器中，通过短时间的均质（$\lambda<1$）运行，存储在其中的 NO_x 被再生转化成氮。用于存储式 NO_x 催化转化器的运行策略是按照获得最大燃油耗优势的原则来选用的。因此，为了进行存储式 NO_x 催化转化器的再生，首先要利用均质（$\lambda<1$）运行状态，将 NO_x 再生转化成氮。而为了优化发动机运转状态的转换，必须随时了解存储式 NO_x 催化转化器的 NO_x 负载状况。为此，要利用存储在电控单元中的模型，该模型可以从各个运转工况点的 NO_x 原始排放量计算出存储式 NO_x 催化转化器上累积的 NO_x 质量。在进行再生期间，存储式 NO_x 催化转化器上去除的负载量由模型进行计算，达到零点，再生就结束。同时，位于存储式 NO_x 催化转化器后面的 NO_x 传感器对再生过程进行监测。如果识别出废气中的 NO_x 变浓，即使没有存储式 NO_x 催化转化器再生过程应该结束的信号，再生过程同样也会停止。

图 4-78 示出了在 NEFZ 中这些运行策略的转换。图 4-78 中的曲线表示出了存储式 NO_x 催化转化器的温度及其 NO_x 的负载情况。由于具有较高的负载能力，首次再生在 625s 以后才开始进行。在均质怠速运转阶段，由于废气富氧，存储在三元催化转化器中的氧和存储在 NO_x 催化转化器中的 NO_x 有所降低，因此模型中 NO_x 催化转化器的 NO_x 的负载量衰减。在怠速运转阶段先前由于混合气的短时间加浓（$\lambda<1$），仅仅使存储在靠近发动机的三元催化转化器中的氧减少，这样就保证了最佳的 $\lambda=1$ 功能。下一次 NO_x 催化转化器的再生在车速加速到 70km/h 阶

段大约830s时进行。此时,过量空气系数适应性调节强制转换到均质运转。由于处于较高的负荷工况点以及随之提高的NO_x原始排放,在明显较低的NO_x负载量下就已经开始进行再生了。紧接着是等速行驶,存储式NO_x催化转化器获得了最佳的NO_x存储能力。在余下的郊外行驶循环(EUDC)加速行驶阶段,由NO_x传感器来控制NO_x催化转化器的再生。在该加速行驶阶段NO_x的质量流量较大。它们由NO_x传感器来识别,并触发再生。在NEFZ中NO_x催化转化器所有的再生所增加的燃油消耗是很少的,以至于在转鼓试验台上很难测量出来。

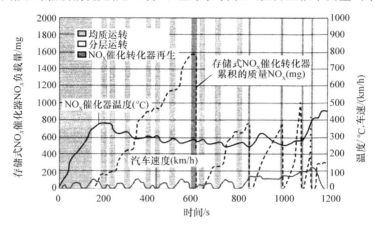

图4-78 在NEFZ中NO_x催化转化器的再生

二、宝马轿车HPI高精度直喷发动机

1. HPI概述

宝马轿车采用HPI高精度喷射装置,采用喷束导向式缸内直接喷射,可以在一定程度上降低发动机的油耗。采用这种喷射系统可以克服汽油发动机涡轮增压的主要不足,如减小压缩比、容易爆燃等。这样可充分挖掘涡轮增压的潜力,以增大功率和转矩。

2. HPI燃油系统

直接喷射装置是NM发动机的一个决定性因素,与采用进气道喷射装置的涡轮增压发动机相比,直接喷射可达到更高的压缩比,同时可降低满负荷情况下的排气温度。这种喷射方式的另一个优势在于可以提高部分负荷运行模式下的效率。

(1)HPI的特点

采用直接喷射装置时,高压燃油(5~20MPa之间)直接喷入燃烧室内,原则上可以按照混合气均匀混合或分层混合将汽油直接喷射分为两个方案,这两个方案在耗油量和排放量方面都具有突出特点,差别在于混合气形成过程不同。均匀模式和分层模式直接喷射时混合气形成的时间过程,以及与进气道喷射的对比如图4-79所示。采用直接喷射模式时,喷油器直接伸入燃烧室内,燃油在燃烧室内雾化。通过气体在燃烧室内移动使空气与喷入的燃油混合,从而在点火时刻形成均匀的混合气。混合气形成过程和燃烧过程与带进气道喷射装置的传统发动机相似。由于燃油首先进入气缸并在气缸内蒸发。因此,通过这种雾化方式可吸收气缸进气的热量。

这样可以降低爆燃程度,继而能够提高压缩比,发动机效率最多可提高10%。降油耗是高精度喷射装置的核心功能,新一代汽油直接喷射装置在无须损害发动机动态性能的前提下,满足了经济性方面的要求。高精度喷射装置可更准确地计量混合气量,且可采用高压缩比,这是提高效率并显著降低油耗的理想前提。通过压电喷油器置于气门中间可实现上述目的。处于该位置时,向外打开的新型喷油器能将燃油以锥束形式非常均匀地喷射到燃烧室内。

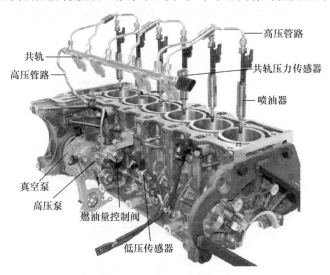

图 4-79 高压油泵安装位置

(2) HPI高精度喷射系统组成

宝马HPI直喷系统高压泵安装位置如图4-80所示。

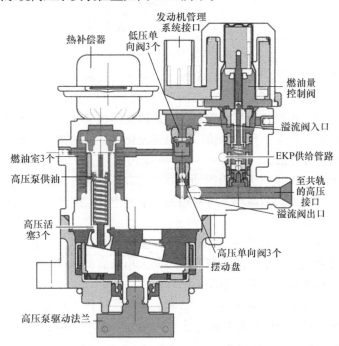

图 4-80 宝马HPI直喷系统高压泵安装位置

EKP（输油泵控制单元）产生的预压使燃油通过入口输送至高压泵内。燃油从此处通过燃油量控制阀和低压单向阀进入泵元件的燃油室内，如图4-81所示。燃油在该泵元件内加压并通过高压单向阀输送至高压接口。高压泵通过驱动法兰与真空泵相连，因此也由链条传动机构来驱动。也就是说，只要发动机运转，三个高压活塞就会在摆动盘的作用下持续进行往复式运动。因此，会随着新燃油通过燃油量控制阀进入高压油泵持续对燃油加压。燃油量控制阀由发动机管理系统接口进行控制，从而提供所需燃油量。燃油量控制阀以打开或关闭燃油供给通道的方式调节压力。

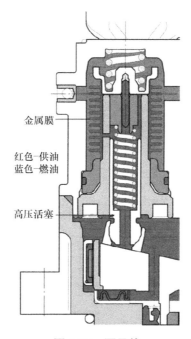

图4-81 泵元件

高压区域内的最大压力不得超过24.5MPa。如果压力过高，就会通过溢流阀经接口（溢流阀出口和溢流阀入口）向低压区域释放高压循环回路的压力。由于燃油无法压缩，因此这种方法完全可行。也就是说，燃油体积不会随着压力的改变而改变。向低压区域释放压力时通过该区域内的油液体积抵消所产生的压力峰值。因温度变化而造成的体积变化通过与高压油泵供油装置相连的热补偿器进行补偿。

在高压泵的泵元件内产生压力：由摆动盘驱动的高压活塞在其上移期间将机油（红色）压入金属膜内。金属膜体积增大后减小了可利用的燃油室空间。燃油（蓝色）在压力作用下压入共轨内，如图4-82所示。

燃油量控制阀控制共轨内的燃油压力。发动机管理系统通过一个脉冲宽度（PWM）信号对其进行控制。根据控制信号使节流阀横截面以不同大小开启，并调节相应负荷点所需的燃油质量流量。此外，控制阀还能降低共轨内的压力。

应急运行模式：如果诊断出系统内存在故障，例如高压传感器失灵，就会切断燃油量控制阀的供电；燃油随即通过一个所谓的旁通通道进入共轨内，如图4-82所示。

HPI处于应急运行模式的原因可能是：

① 高压传感器信号不可信。
② 燃油量控制阀失灵。
③ 高压系统泄漏。
④ 高压泵失灵。
⑤ 高压传感器失灵。

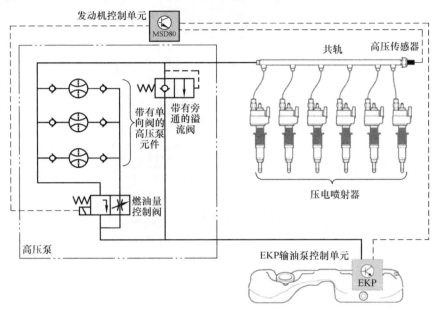

图 4-82 燃油系统

（3）宝马直喷喷油器

宝马直喷喷油器结构安装位置如图 4-83、图 4-84 所示。控制高压喷油器时需要大约 100V 电压。高压喷油器打开时的恒定电压大约为 80V。通过采用带有大功率电容器的节拍式输出级，保证可获得的车载网络电压达到 85～100V。

在输出级内一直有电流通过，直至达到某一关闭值。关闭后会产生一个感应电压，例如 85V。随后这个电压施加在大功率电容器（升压器）上。

电容器电流为高压喷油器提供 2.8～16A 的供电，DME 在接地侧控制高压喷油器。

采用向外打开式压电喷油器实现了喷束导向式直接喷射，因此为 N54 发动机的整体创新提供了可能。因为只有这种喷油器才能确保喷入的燃油锥束保持稳定，即使燃烧室内受压力和温度的影响。这种压电喷油器可产生最高 20MPa 的喷射压力，并使喷油嘴针阀以极快的速度打开。这样可摆脱受气门开启时间限制的工作循环，而向燃烧室内喷射燃油。

压电喷油器与火花塞一起集成在进气门与排气门中间的气缸盖内。安装在此处可避免喷入的燃油沾湿气缸壁或活塞顶。通过气体在燃烧室内的移动，以及稳定的燃油锥束可均匀形成均匀的可燃混合气。气体移动一方面受进气通道几何形状的影响，另一方面也受活塞顶形状的影响。喷入燃烧室内的燃油通过增压空气形成涡旋，直至点火时刻前在整个燃烧室内形成均匀的混合气。

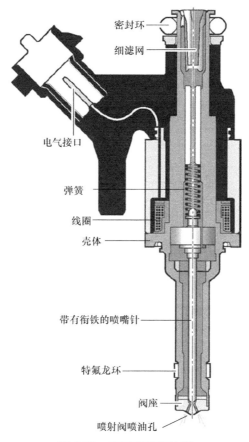

图 4-83 宝马直喷喷油器

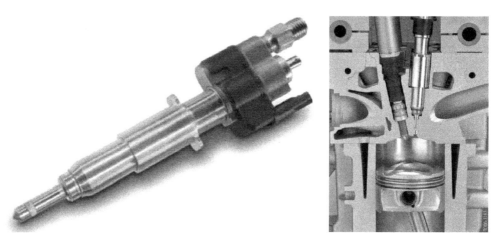

图 4-84 向外打开式压电喷油器的安装位置

向外打开式喷油嘴针阀：喷油嘴针阀从其锥形针阀座内向外压出。因此形成一个环状间隙，如图 4-85 所示。加压后的燃油经过该环状间隙形成空心锥束，其喷射角度与燃烧室内的背压无关。

喷射过程中压电喷射器的理想喷射锥束可能会扩大。由于发动机内部会形成炭烟，因此这种现象在一定程度内是允许出现且很常见的，如图 4-86 所示。

但是，如果喷射角度扩大后喷射到火花塞上，则会导致火花塞损坏。

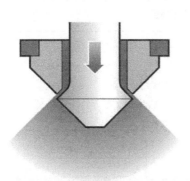

图 4-85　向外打开式喷油嘴针阀

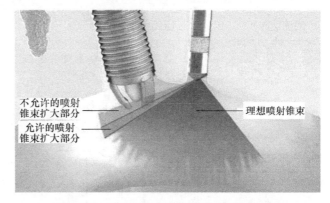

图 4-86　向外打开式压电喷油器的喷射锥束

三、三菱 GDI 缸内直喷发动机

1. 控制策略

三菱 4G93 型 GDI 直喷式汽油机是以批量生产的 4G93 型进气道喷射汽油机为基础开发而成的，如图 4-87 所示。三菱 GDI 直喷式汽油机为了在部分负荷时能获得比柴油机更好的燃油经济性，而在高负荷时又能达到比传统多点进气道喷射汽油机更好的动力性能，在混合气形成和燃烧过程组织方面采用了如下的控制策略，具体见表 4-2 所示。

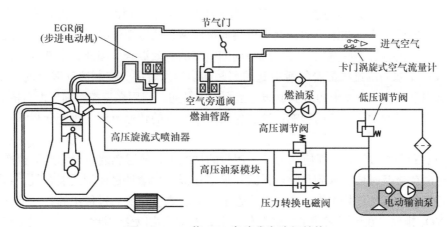

图 4-87　三菱 GDI 直喷式汽油机结构

表 4-2　GDI 直喷发动机的混合气控策略

特点	低燃油耗	高功率
负荷区域	部分负荷	高负荷（>50% 负荷）
喷油定时	压缩行程	进气行程
油束特性及混合气形成	紧凑油束，燃烧室壁面导向火花塞周围分层混合气	扩散油束，不湿壁均匀扩散混合气
性能	以超稀薄分层燃烧（空燃比 30～40），降低燃油耗 35%	利用燃油汽化冷却进气空气的效果，提高充气效率达到高性能化（空燃比 13～25），功率和转矩提高 10%

1) 在部分负荷时采用在压缩行程后期的晚喷油模式，以获得稳定而明显分层的充量，实现超稀薄混合气（空燃比 30～40）分层燃烧，可显著地降低燃油耗。虽然发动机能够在超过 100 的空燃比下完全无节流地稳定运行，但是在这个区域是为了在节气门后形成一定的真空度，从而能引入大量 EGR 有效地降低 NO_x 排放，发动机仍略被节流。空燃比被控制在 30～40 范围内，因为在空燃比超过 30 的情况下，燃油经济性的改善效果与空燃比的关系并不明显，因此选择这样的空燃比完全能够达到足够的节油效果。三菱公司首次采用喷油器与火花塞远距离布置形式，如图 4-88 所示，燃油喷束不是紧靠着而是远离火花塞，向活塞顶面喷射，并让燃油在撞击到活塞顶球形燃烧室凹坑后，在滚流的带动下再转向火花塞，使得喷油终了与火花点火之间的时间间隔较长，足以促进燃油的蒸发，并实现与周围空气的有效混合。因此，早期直喷式汽油机因液体燃油或火花塞周围过浓混合气所引起的那些问题得以解决。控制油气混合的基本要素是，油束或气态混合气在油束撞击的活塞顶凹坑壁面上的转向。与用涡流控制油气混合的方法不同，这种方法几乎不受发动机转速的影响，这就保证了在宽广的转速范围内都能获得满足要求的油气混合。

2) 当负荷超过 50% 时，即使在无节流运行的情况下，分层燃烧也会像柴油机燃烧一样生成炭烟，这时就应及时地转换到早喷油模式，形成预混合化学计量比均质混合气，这样就能获得与进气道喷射一样的燃烧特性，即高动力性能，无炭烟，并能通过传统的三元催化转化器充分地降低 NO_x 排放。在该区域的绝大多数负荷下，发动机均以化学计量比均质混合气运行，但在全负荷时则以略浓的均质混合气运行，以充分发挥汽油机高升功率的优势。而在这个区域的低负荷区段，为了进一步改善燃油经济性，发动机以空燃比为 20～25 的稀均质混合气运行。三菱 GDI 直喷式汽油机为了有效而稳定地实现上述混合气形成和燃烧过程的控制策略应用了以下的新技术，具体如图 4-89、表 4-3 所示。

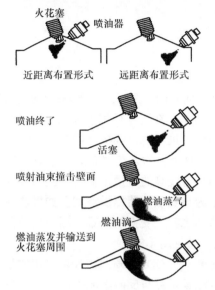

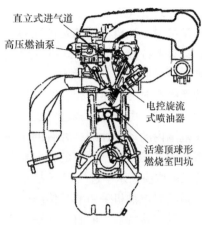

图 4-88　三菱 GDI 喷油器与火花塞的位置　　　图 4-89　三菱 GDI 发动机主要技术

表 4-3　三菱 GDI 直喷式发动机的主要技术特点

主要技术		目标	方法
空气流动	反向滚流	① 将燃油蒸气输送到火花塞 ② 高的气道流量系数	采用直立式进气道产生反向滚流，提高气体动力学效率
喷油		① 较低的喷油压力 ② 发动机直接驱动燃油泵	① 较低的泵损失 ② 较低的驱动耗能	① 旋流式喷油器 ② 起动电动输油泵
负荷	较高负荷	① 均质混合气（早喷油） ② 不润湿缸壁 ③ 充量空气冷却	① 减少化学计量比 ② 抑制爆燃 ③ 较高的充气系数	① 抑制油束贯穿度 ② 油束广泛扩散 ③ 增强反向滚流
	部分负荷	① 充量空气（晚喷射） ② 增强蒸发	① 稳定的稀燃 ② 比高负荷时较低的炭烟排放	
点火		确认可靠性的传统点火系统		
排放		高 EGR 率	降低分层充气量的 NO_x	电控 EGR 阀
进气		快速而精准的空气控制	① 平稳运行 ② 宽广的 EGR 区域	电控空气控制阀

① 直立式进气道产生强烈的反向滚流，即旋转方向与传统的卧式（水平）进气道产生的滚流方向相反的滚流。

② 活塞顶球形燃烧室凹坑。

③ 高压燃油泵和电控旋流式电磁喷油器。

2. 主要技术

三菱 GDI 发动机的主要技术特点见表 4-3。

（1）直立式进气道

进气道喷射汽油机采用的是传统的水平进气道。而 GDI 直喷式汽油机采用的是从气缸盖顶部进气的具有独特形状的直立式进气道，如图 4-90 所示。在进气行程中吸入的空气通过直立式进气道被强制沿同侧的气缸壁面向下流动，形成与传统进气道汽油机反向的旋转气流。这样缸内气流就能将喷射的燃油束和燃油蒸气输送到位于气缸中央的火花塞周围，这是 GDI 直喷式汽油机成功的关键。由于直立式进气道的固有特性是具有较高的流量系数，因此能改善发动机在最高转速范围内的动力性能，并有助于在气缸盖上为布置喷油器提供空间。如果选择传统的水平进气道布置方案，则燃油束的方向要朝向活塞顶凹坑就会变得较困难，因为喷油器与活塞顶面之间的角度取决于水平进气道下方可利用的空间，参见图 4-89。

进气道喷射汽油机采用的是传统的水平式进气道。而 GDI 直喷式汽油机采用的是从气缸盖顶部进气的具有独特形状的直立式进气道。为了在流量系数与反向滚流强度之间寻找到最佳的折中，对直立式进气道进行了优化设计。如图 4-91 所示，在气门座的排气侧壁面上设计了一个凸起，而在气缸套侧的壁面上设计了一个凸台。前者削弱了通过气门座向排气侧的流动，而后者可使得气门座上游的气流层状化并向下引导流动，因此向排气侧的流动减弱，而同时增强了向气缸套侧的流动，从而使得滚流比（滚流旋转速度与发动机转速之比）能增加到 1.8，而流量系数比传统进气道喷射汽油机的水平进气道高 10%。高的流量系数是增加发动机最高转速范围内转矩所必需的，而强烈的反向滚流对分层充量燃烧的稳定性起着重要的作用。

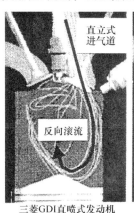

图 4-90　直立式进气道和水平式进气道　　图 4-91　直立式进气道的优化

（2）活塞顶形状及其球形燃烧室凹坑

活塞顶球形燃烧室凹坑如图 4-92 所示。它的形状设计得使油束撞击到活塞壁面后能转向火花塞运动，而球形凹坑排气侧的壁面形状使得沿气缸套壁向下运动的空气流，在撞击到凹坑壁面后折转向上流动，这样的设计有助于增强反向滚流，同时也适合于将反向滚流的旋转动量一直保持到压缩行程终了。同时，活塞顶面排气侧的形状使得在活塞向上运动到上止点附近时，活塞挤流从排气向进气侧流动，促进了凹坑内的燃烧，而燃烧后期活塞向下运动时活塞反向挤流使得火焰向排气侧扩散，有助于整个气缸中充量的完全燃烧。

3. 高压油泵

三菱GDI直喷式汽油机采用具有较高容积效率的摆盘式轴向柱塞高压油泵，如图4-93所示。为了简化燃油系统，选用了无进油计量功能的柱塞泵，喷油压力由高压燃油的溢流来调节，这增加了燃油消耗的压缩功。为了减少压缩功，选用了相对较低的5MPa喷油压力。喷

图4-92 特殊的活塞

油压力的降低也有助于泵油装置的可靠性。这种高压油泵被安装在气缸盖上，并由一根凸轮轴直接传动。发动机直接驱动高压油泵最主要的缺点是在发动机起动时，即发动机转速最低时的燃油供应不足。为了补偿其不足，就像在传统的进气道喷射汽油机上的情况一样，系统中还采用了供起动用的油箱内电动输油泵，并用高压调节器中的一个压力转换电磁阀来实现，如图4-94所示。在进气道喷射汽油机情况下，发动机的起动会受到因在进气道壁面上形成燃油薄膜而导致燃油输送滞后的影响，而在直喷式汽油机上燃油是直接喷入气缸的，因此其起动性能极佳。在诸如发动机长时间运转后的热态再起动和低环境温度等较为严酷的条件下，发动机能够在1.5s内起动。

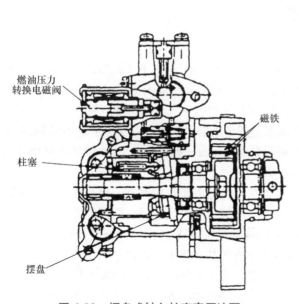

图4-93 摆盘式轴向柱塞高压油泵

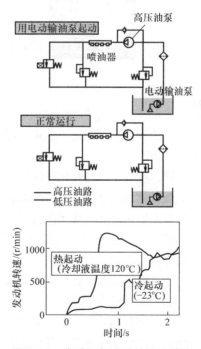

图4-94 发动机起动时的燃油管路

4. 电控高压旋流式喷油器

GDI 直喷式汽油机的控制策略对喷射油束的基本要求可归纳为：

① 可控制的扩散度。

② 抑制贯穿度。

③ 良好的雾化。

为了在所采用的相对较低的喷油压力 5MPa 下能获得满足上述要求的喷射油束，选择了一种旋流式喷油器，如图 4-95 所示。它通过位于喷孔上游的旋流孔板为油束提供旋转动量。图 4-96 所示的 3 种旋流孔板进行的试验证实，当旋流强度（即燃油的动量，与燃油在旋流孔中的流速和旋流半径的乘积成正比）调整到相同时，这 3 种旋流孔板可得到相似的燃油喷束特性。根据生产的可行性，选择了切向旋流孔板。旋流式喷油器产生的喷射油束大体上是空心圆锥体油束，其外表面形成了极佳的雾化效果，油滴直径小于 15μm，被反向滚流携带向火花塞周围。而大于 30μm 的大油滴存在于油束的中心，在油束撞击活塞顶凹坑壁面时聚集在凹坑中，并没有向火花塞扩散，而是在活塞顶高温壁面上在短时间内被蒸发后再随反向滚流向火花塞附近运动。

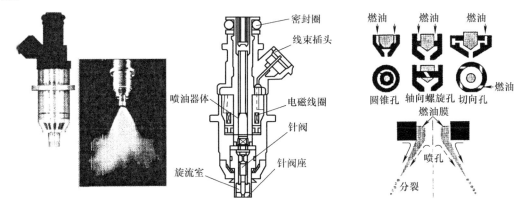

图 4-95　旋流式喷油器　　　图 4-96　旋流式喷油器的 3 种旋流孔板

由于油束与空气之间的相互作用，一方面在空心圆锥体中心产生了强烈的空气扰动，另一方面油束的旋流运动诱发了油束周围空气的旋转运动，它们促使周围空气和 EGR 废气掺入到油束中去，如图 4-97 所示，图中小白点是用示踪微粒显示出的空气运动轨迹。从图 4-98 中可以清晰地看到，在喷油的后期和喷油终了前，在油束上部产生的大幅度漩涡加剧了空气和 EGR 废气掺入到油束中去。燃油与空气的混合有助于抑制炭烟的形成，而燃油与 EGR 废气的混合有助于降低局部火焰的温度，从而获得较低的 NO_x 排放。

此外，由于油束受到周围空气的阻力，其贯穿速度随着距离而衰减，但是周围空气的阻力对于油束的旋转运动的影响并不明显，因为周围空气与油滴一起旋转，因而旋转速度大体上保持不变。在保持油束旋转运动动量的同时贯穿度却被抑制，是旋流式喷油器固有的特性。因此，这种喷油器特别适合于满足直喷式汽油机对燃油喷束的基本要求。在以早喷油模式运行时，燃油在进气行程期间喷入气缸，环境压力近似等于或略低于大气压，而以晚喷油模式运行时，燃油在压缩行程后期喷入已被压缩到 0.3～1MPa 压力的空气中，作用在油滴上的阻力随着周围空气密度的增加而增大。图 4-98 给出了环境压力对油束的影响。在环境压力较低时，油束具有扩散较大的空心锥体结构。而在环境压力较高时，较高的阻力使得油束变成了扩散较小的实心锥体，且贯穿度被抑制，正好满足了为早喷油均质混合气模式获得广泛扩散的油束，而为晚喷油分层混合气模式获得紧凑形状的油束的目标要求。

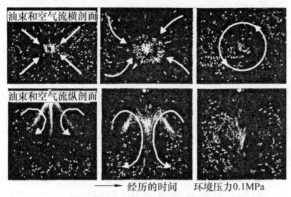

图 4-97　拍摄到的油束照片

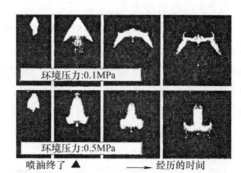

图 4-98　油束在不同环境压力空气中的扩展

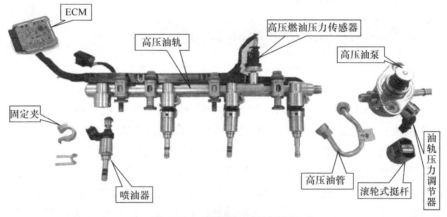

图 4-99　高压燃油系统组成

这种旋流式喷油器具有与传统进气道喷射喷油器近似相同的尺寸。但是，因为后者可以在720°曲轴转角内完成喷油，而在缸内直接喷射的情况下，喷油必须能在发动机最高转速下在大约180°曲轴转角内完成，那么其旋流式喷油器的动态流量范围应是进气道喷射喷油器的4倍。因此，在发动机电控单元中采用高电压驱动电路来驱动喷油器，以扩大其动态流量范围（图4-99）。此外，由于旋流对喷孔有自洁作用不易形成积炭，大幅度地提高了这种旋流式喷油器的可靠性。

5. 喷射技术

（1）二次喷射技术

GDI直喷式汽油机因在分层稀燃运行时的火花塞点火时刻，缸内的分层混合气只占据缸内的一小部分空间，其他空间只有极微量的燃油存在，而且燃油的蒸发使得缸内温度偏低，点火后火焰在传播过程中逐渐减弱，易熄火，使得混合气不能充分燃烧而产生积炭。二次喷射技术是指在晚喷油的分层混合气运行时，在进气行程中先喷入额定油量的1/4，形成极稀的均混合气，在压缩行程后期再次喷入剩余油量，形成分层混合气。这样，在火花塞点火之前，缸内混合气的状况是在超稀的均质混合气背景下，在火花塞周围存在较浓的分层混合气。在火花塞点

火时,首先在较浓的分层混合气区域形成较强的火焰,再迅速向稀混合气空间传播。由于火焰较强,可点燃超稀混合气,而稀混合气的燃烧又反过来促进浓混合气的再次燃烧,使燃油充分燃烧,这就减少了积炭的产生。采用二次喷射的 GDI 直喷式汽油机的压缩比可提高到 11.1,使发动机的输出功率提高 10%。

(2)后喷射技术

新型的 GDI 直喷式汽油机使用三元催化转化器和稀燃 NO_x 催化器组合的净化装置,它们的起燃温度一般为 250℃。通常,发动机从冷车起动到排气温度升高至 250℃约需 100s,在这段期间内排气中的有害成分较高。为了提高该段期间内 HC 和 NO_x 的净化效率,采用后喷射技术可有效地加快排气的升温,大大减少排气中的有害成分。后喷射是指在发动机冷车怠速运转时,除了在压缩行程后期喷射燃油外,在做功行程中再次喷射少量燃油,在缸内高温高压燃气的作用下点燃而二次燃烧,并当排气门打开后可在反应式排气管(相当于小型热反应装置)中补充空气继续燃烧,加快排气温度的升高。二次喷射直至排气温度达到 800℃时才结束,这样催化转化器的起燃时间缩短到了 20s,大大减少了发动机起动和暖机阶段的 HC 排放。

四 凯迪拉克 CTS 缸内直喷 SIDI 发动机

1. 概述

全新凯迪拉克 CTS 搭载了 3.6L SIDI 全铝双模智能直喷发动机。SIDI 直喷发动机使用了高压、无回油系统:由发动机驱动的高压油泵可提供最高达 12MPa 的压力。系统可在怠速状态下将燃油压力调低至 3.5MPa,并在气门完全开放的状态下升高压力。它采用了分层稀薄燃烧和均质燃烧两种燃烧模式交替工作,燃烧效率高,输出功率大,同时降低了冷起动时的废气排放。普通直喷发动机只提供均质燃烧一种模式,凯迪拉克 CTS 的 3.6L SIDI 发动机可以在节气门半开状态下,自动采用分层注油稀薄燃烧的模式。这时仅在火花塞周围才需要富含汽油的浓混合气,而在燃烧室的其他地方只需注入含高比例空气的混合气,可充分发挥燃料的经济性。SIDI 直喷发动机之所以能够实现分层注油,是因为它可控制燃烧室内的喷油过程,并在完成触发之前直接喷入燃料。这样就可以大幅度减少燃烧所需的燃料,这是实现这款发动机经济效益最重要的条件。与此同时,直喷技术容许更高的压缩比,SIDI 发动机的压缩比为 11.3,保证燃烧更充分,对减少油耗也具有积极的意义。

2. 燃油供给系统

SIDI 的含义是 Spark-Ignition-Direc-Injection(点燃式缸内直喷技术),该系统将汽油直接喷入发动机气缸内,与空气混合,然后由火花塞点燃混合气,这种喷射方式可以使用更稀的空燃比和更高的压缩比(11.3),从而提高了燃油经济性,发动机的功率高且排放低(尤其是在冷起动时)。SIDI 系统由低压燃油系统和高压燃油系统组成,低压燃油系统与传统的燃油系统相同,高压燃油系统由下列部件组成:高压油泵、油轨压力调节器、高压油管、油轨和燃油压力传感器、喷油器。

(1)高压燃油系统组成

高压油泵位于缸盖后方,是一个机械式单体泵,由排气凸轮轴上的凸轮驱动。在高压油泵上集成了电子油轨压力（FRP）调节器，它是一个由电子控制模块（ECM）控制的电磁阀。ECM 以脉冲宽度调制（PWM）的方式控制油轨压力调节器，油轨压力调节器控制着高压油泵的进口阀，从而控制燃油压力（0.57~3.41V 对应约 0.5~20MPa，压力调节器故障状态下保持在 0.57V 信号电压）。高压燃油压力在怠速时为 3.5MPa，在高负荷下最高可产生 12MPa 的压力，ECM 通过 PWM 的控制，来获得所需要的油压。当驱动线路失效时，高压油泵进入低压模式。燃油分配管用于向各喷油器分配燃油，燃油压力传感器安装在燃油分配管上，用于向 ECM 反馈燃油压力信息。

喷油器采用高压、直接喷油，无回路式设计，直接将高压燃油喷射进燃烧室。喷油器有 6 个精细的喷孔，可以喷射出圆锥形的雾状燃油，如图 4-100 所示。喷油器末端细长，可以进行充分冷却，发动机 ECM 内部有 DC/DC 变换器，将 12V 转换成 65V，通过 65V 电压来驱动喷油器，电容将通过喷油器放电，来使喷油器开启。之后，喷油器将利用系统的电压 12V 来维持开启的状态，同时电容将再次充电来供下一次喷油器开启使用，其工作电压波形如图 4-101 所示。

注意：常温下喷油器电阻值在 2Ω 左右。

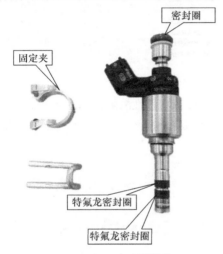

图 4-100　喷油器结构

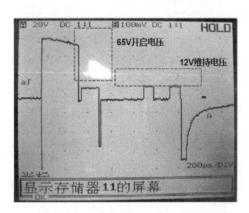

图 4-101　喷油器工作电压波形图

（2）低压燃油系统组成

低压燃油系统部件组成如图 4-102 所示。

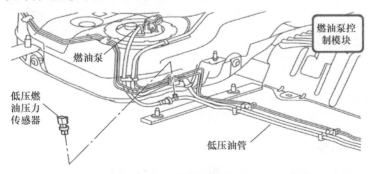

图 4-102　低压燃油系统组成

3. 燃油系统数据

1) 燃油系统压力数据如图 4-103 所示。

图 4-103 燃油系统压力数据

2) 通过模块控制功能，来确认高压燃油系统是否存在功能性故障，如图 4-104 所示。

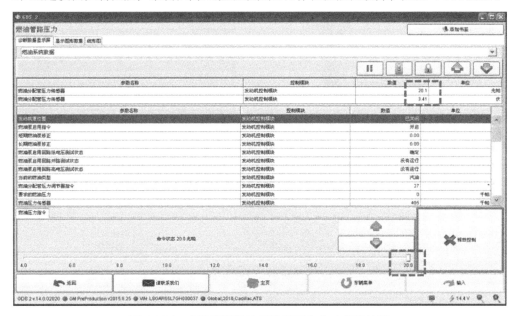

图 4-104 确认高压燃油系统是否存在功能性故障

4. 高压燃油系统减压

注意：在拆卸处于燃油高压压力下的部件之前，务必为燃油系统减压，以免造成人身伤害。

两种减压方法：

1) 发动机停机至少 2h。

2）用 GDS2 的控制功能对燃油系统进行减压。

注意：这两种减压方式都需要在拆卸工作开始前使用 GDS2 查看燃油高压压力，确认压力为零后再进行拆卸工作。

① 将 GDS2 连接至车辆并使发动机怠速运转，如图 4-105 所示。
② 执行燃油系统减压程序，发动机在约 20~30s 后停止工作。
③ 尝试起动发动机数次，以耗尽高压系统内的残余油液。
④ 查看燃油系统高压压力数据，确认燃油压力为零，否则重复步骤③直至燃油压力为零。

图 4-105　执行燃油系统减压程序

5. 燃油系统部件拆装

（1）高压油泵安装

用专用工具 EN-48896 确认高压油泵驱动凸轮处于压缩行程最低位置，如图 4-106 所示。

图 4-106　高压油泵安装

（2）侧置式高压油轨和喷油器拆卸

用专用工具 EN-49248（图 4-107）组件两侧同时旋转，使高压油轨和喷油器总成在均匀受力的情况下拆卸下来，如图 4-108 所示。

图 4-107　专用工具 EN-49248　　　图 4-108　高压油轨和喷油器拆卸

（3）喷油器维修

更换喷油器前端特氟龙密封圈。正确使用各工具，避免损伤喷油器，如图 4-109 所示。

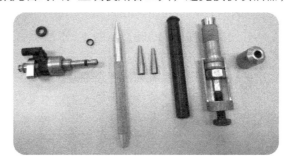

图 4-109　更换喷油器密封圈

6. SIDI 发动机电路图

凯迪拉克 CTS 的 3.6L SIDI 发动机电路图如图 4-110 所示。

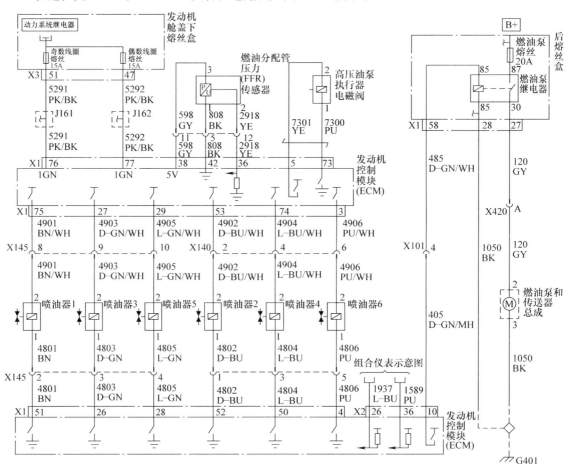

图 4-110　凯迪拉克 CTS 的 3.6L SIDI 发动机电路图

第四节 燃油系统故障案例

一、燃油泵早期损坏导致发动机偶尔熄火

1. 故障现象

一辆大众直喷发动机车辆行驶过程中偶尔熄火,尤其是当急速行驶时故障多发,并且车辆在正常行驶一段时间后,放置 40min 左右二次起动困难。

2. 故障诊断过程

1)用 VAS6150 对发动机控制单元进行检测发现存储有两个故障码:

03851 P2293 000 燃油压力调节阀 N276 机械故障 偶然

03852 P2294 000 燃油压力调节阀 N276 断路

故障为偶发故障,清除故障码后行驶一段时间会重新储存同样的故障码。

2)依据故障现象,怀疑可能是由于油压不足引起的故障,读取相应的测量数据块:01-08-140 急速时第三区数据为 4.023MPa,说明该车的高压油压为 4.023MPa,在正常范围内。检测相关线路正常,经销商更换了燃油压力调节阀 N276、高压油泵总成,燃油泵控制单元 J538,更换过低压燃油泵,故障没有彻底排除,车辆行驶一段时间后仍然会出现同样的故障现象。

3)当拔掉 N276 的插头后,起动车辆,急速时读取相应的测量数据块:01-08-140 第三区数据为 380kPa,而正常车此时实测该区数据为 0.7MPa,该车的低压燃油供给明显有问题。这里有一个小技巧,在高压燃油压力传感器 G247 正常的情况下,可以用拔掉 N276 的插头的方法,通过高压燃油压力传感器 G247 来读取低压燃油压力。

高压范围内的燃油压力解除注意:喷射设备分为高压(最大 12MPa)和低压范围(大约 0.6MPa)。在打开高压范围时,如拆卸高压油泵、燃油分配器、喷射阀门、燃油管或燃油压力传感器 G247 之前,高压范围内的燃油压力必须被降低到剩余压力为大约 0.6MPa。

工作步骤描述如下:

① 将燃油压力调节阀 N276 的电插头断开。

② 起动发动机并急速运转约 10s。

提示:

① 如果在急速情况下燃油压力调节阀 N276 的电插头被断开,高压范围内的压力会降低到 0.6MPa。

② 在高压解除后,高压系统必须被打开,因为燃油压力由于温度升高可能会再次升高。

这一点可以从高压油泵的工作过程中看出,当 N276 断电后,进油阀(IV)不能被正常关闭,燃油高压侧将和低压侧相通,两者的压力相等。图 4-111 所示为高压油泵的工作过程。

a. 泵活塞在进油行程时,燃油流入泵室。N276 断电,进油阀(IV)被打开,因为弹簧作用力小于燃油泵 G6 的流量作用力,泵中出现真空,出油阀(EV)关闭。

b. 泵活塞在输油行程时,燃油流回入口。N276 断电,进油阀打开。由于泵活塞向上运动,

泵室中的燃油被压入进油侧,出油阀关闭。

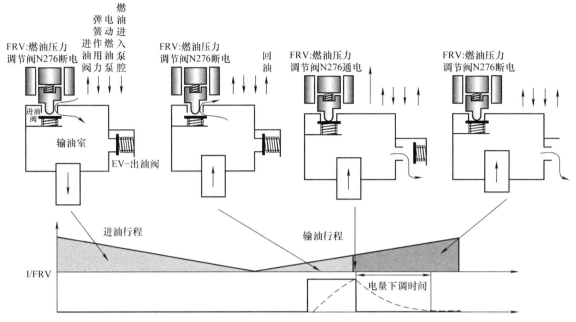

图 4-111　高压油泵工作过程

c. 泵活塞在输油行程时,燃油流回入口。N276 接收来自发动机控制单元的短暂电流脉冲,进油阀关闭。由于泵活塞向上运动,泵室中立即建立起压力,出油阀打开。

d. 泵活塞在输油行程时,燃油流至燃油分配器直至进气行程开始。N276 断电,进油阀关闭,出油阀打开。

4) 低压燃油供油压力偏低有两种可能:

① 燃油管路有泄压或低压燃油压力调节器故障。

② 低压燃油泵工作不正常或损坏。

5) 检查燃油管路正常,低压燃油压力调节器已经更换过;那么问题的症结就是如何确定低压燃油泵的工作状态。可以通过测量燃油泵的工作电压和工作电流来判断是燃油泵损坏,还是电路故障。

6) 实测怠速时候燃油泵的工作电压为 12V,正常,说明 J538 和 J538 之前的电路正常。那么可能是燃油泵插头接触不良,可以通过进一步测量燃油泵工作电流来判定,维修手册上也给出了燃油泵的正常工作电流,测量燃油泵工作电流。额定值:最大 9A。

7) 维修站没有钳形电流表,测量电流比较困难,采取变通的方法来进行判定:用蓄电池直接给低压燃油泵提供 12V 的电压,观察燃油压力值仍然为 380kPa,证明低压燃油泵已经损坏,询问知道维修站每次更换燃油泵时都没有对燃油箱进行清洗,仔细检查在燃油箱中发现有杂质,造成新的燃油泵损坏。

3. 故障原因分析

燃油品质不良造成燃油泵的早期损坏,导致供油压力不足,出现偶尔熄火和不好起动的故障。经销商在更换燃油泵时没有考虑燃油泵损坏的原因,只是简单地更换燃油泵,造成新换的燃油泵很快再次损坏,导致重复维修。

4. 故障处理方法

彻底清洗油箱,更换新的低压燃油泵,故障排除。

5. 案例点评及建议

在故障诊断的过程中必须要有相应的手段确认故障点,而不是盲目更换部件,有时候单纯地更换部件并不能真正解决问题,甚至可能使故障判断陷入困境,此为一例。维修操作一定要规范,必须对部件损坏的原因加以分析,防止新换的配件重新损坏。

燃油压力调节阀 N276 机械故障

1. 故障现象

车主反映车在行驶过程中,发动机突然加速无力,发动机故障灯点亮。

2. 故障诊断过程

1)试车发现发动机故障灯点亮,且发动机最高转速只能达到 3000r/min。

2)连接 VAS5051 检测仪对发动机控制单元进行检测,显示故障码如下:

08851-Fuel Pressure Regulator Valve N276 Mechanical Malfunction

燃油压力调节阀 N276 机械故障

3)综合分析上述故障现象及故障码,用 VAS5051 读取发动机运转时的工作油压(01-08-140-3 区,显示组第三区的数值为 0.7MPa。结果不正常,急速时正常值应为:4MPa 左右)。显然此车的高压供油系统工作不正常,高压供油系统无高压的原因主要有以下几种可能:

① 低压燃油系统压力过低,造成进入高压油泵的油量不足,导致高压系统油压过低。

② 燃油压力调节阀 N276 故障,导致无法建立正常的高压(急速时 4MPa 左右)。

③ 高压油泵机械故障,造成高压油泵堵塞,无法建立高压。

结合该车故障码及故障现象,初步判断该车故障点为燃油压力调节器 N276 故障,导致高压燃油压力过低,出现加速无力的故障。但是为了区分是 N276 压力调节器电路故障还是机械故障,我们使用 VAS5051 对 N276 做元件功能测试,具体如下:

用 VAS5051 进入发动机控制单元 01,选择功能 03 执行元件测试,选择燃油压力调节器 N276 电磁阀,这时可听见 N276 电磁阀"哒哒"的声音,同时用手触摸 N276 电磁阀有振动现象,经检查燃油压力调节器 N276 电磁阀工作正常。至此,把故障点锁定在高压油泵上,更换高压油泵,故障排除。

注意:在检查燃油压力调节器 N276 电磁阀是否工作时,禁止给 N276 电磁阀持续通正电,否则 N276 电磁阀会烧坏,只能利用 VAS5051 的执行元件自诊断功能,对 N276 电磁阀进行检查。

4)更换燃油压力调节器 N276(与高压油泵集成在一起)后,试车一切正常,用 VAS5051 读取高压系统燃油压力为:4MPa 左右,如图 4-112 所示。

3. 故障排除方案

更换发动机燃油系统高压油泵(与燃油压力调节器 N276 集成在一起),故障排除。燃油压力调节器 N276 及高压油泵的工作原理介绍如下。

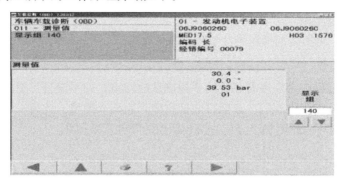

图 4-112 读取高压供油系统燃油压力

1）进油过程如图 4-113 所示，当泵柱塞向下运动时，活塞上腔的容积不断增加，产生真空吸力，此时出油阀在弹簧力的作用下处于关闭状态，进油阀在针阀弹簧力作用下被打开，燃油以最高 60MPa 的压力经进油阀进入泵腔。另外，泵柱塞向下运动产生真空吸力，也会吸入燃油。

2）供油过程如图 4-114 所示，控制单元计算出供油始点，并给燃油压力调节器 N276 发送指令，使其吸合针阀，将克服针阀弹簧的作用力向左运动；同时进油阀在弹簧作用力下被关闭，泵柱塞继续向上运动，泵腔内建立起油压。当泵腔内的油压高于油轨内的油压时，出油阀被开启，燃油被泵入油轨内。

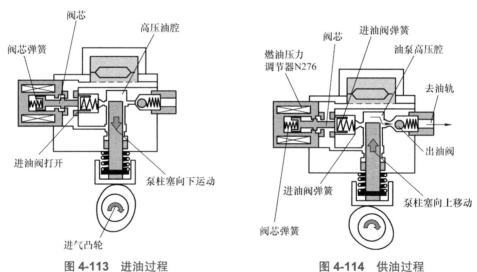

图 4-113 进油过程　　　　　图 4-114 供油过程

4. 案例点评及建议

1）发动机出现燃油高压系统故障的典型故障现象：发动机故障灯点亮；高压系统的燃油压力为 0.7MPa；发动机最高转速只能达到 3000r/min；发动机控制单元内存储 N276 或 N276 机械故障的故障码。

2）因汽油品质导致的燃油压力调节器损坏，更换燃油压力调节器的同时，必须更换汽油滤清器，并清洗油路。

三、宝马 X5 加速不良

1. 故障现象

一辆宝马 X5，N62 发动机，行驶里程为 10 万 km。客户反映加速无力，车速在 150～160km/h 时发抖。

2. 故障诊断

试车后确认故障存在，车速比较高时加速比较困难，而且如果连续踩加速踏板后无法继续加速，发动机声音发闷，怠速的时候有点发抖。连接 GT-1 进行检测，在 DME 中未存储任何故障码，接着进入 DME 中的诊断应答查看各缸的平稳值，1-8 缸数值分别为：0.51、1.89、1.12、2.76、-1.55、-1.66、-0.71、-1.95。由此可见，除了 1 缸和 7 缸之外，其他各缸工作并不是怎么好。尽管故障是由于单个缸工作不好产生的，虽然可能和点火无关，但是还是要看火花塞的颜色怎么样，这样更易于确定是混合气过稀还是过浓造成的。拆卸几个缸的火花塞观察，电极发白，说明混合气过稀，由此知道了加速无力的原因，导致加速不良的原因主要是加速时没有提供较浓的混合气，或者提供了较浓的混合气，但是进入气缸的混合气不是较浓的混合气。当然排气不良也要考虑。

3. 故障分析

1）供油系统。供油过多、过少都会造成加速无力，因为过稀、过浓都会造成混合气燃烧速度减慢，从而发不出有效的功率。

2）点火系统。点火过晚或者火花质量差也会造成这种现象。一方面使开始燃烧的时刻推迟，另一方面也会使燃烧速度减慢，从而导致燃烧一直延续到进气门开启。

3）机械故障。例如排气堵塞，炭罐电磁阀发卡，PCV 故障等都会引起类是故障。

4）电控失调或元件及线路故障也会导致混合气不正常，例如空气流量计老化导致发动机反应迟钝，虽然在电脑的检测范围之内不报故障码，但是由于本身性能问题而导致发动机反应不灵敏而加速不良等。

4. 故障排除

接上油压表检查油压，起动发动机，油压显示在 5bar（$1bar = 1 \times 10^5 Pa$），很平稳，加速时也很平稳。当时并没怀疑有什么问题，但是突然发觉油压怎么会是 5bar 呢，应该是 3.5bar 才对，因为 M54、M62、N62、N46 发动机油压应该在 3.5bar，N52、N54、N55 发动机油压才是 5bar。新款车 N46 发动机油压是 4bar。N62 发动机调节油压的地方在燃油滤清器里面，怀疑是滤清器里面油压调节器可能发卡所致，于是在征得客户同意后更换上新的燃油滤清器，再次查看油压，此时油压回到了 3.5bar。查看平稳值，各缸数值都回落在 0.45 左右，再次出去试车，故障排除。

四、宝马发动机功率下降

1. 故障现象

一辆宝马 X6 SUV，配置 N54 型缸内直喷发动机，行驶里程 5 万 km。据用户反映，车辆行驶中急加速无力,仪表中发动机故障灯点亮,中央显示屏出现"发动机功率下降"的信息提示。

2. 故障分析

首先连接故障诊断仪进行全车诊断,诊断结果为"2FBF-许可喷射时的燃油压力",含义是高压油泵喷射压力有问题。于是根据常规判断是高压油泵的故障,并没有严格按照诊断仪的检测程序要求对故障内容进行逐步排除确认,便更换了高压油泵。更换高压油泵后,按照要求对车辆编程,然后进行路试,结果还是显示发动机功率下降。这时认识到之前的判断错误。其实对于高压油泵的故障确定有非常严格的检查步骤,不能只依靠存储了"燃油喷射压力"的故障码就确定高压油泵有故障,因为高压油泵否正常是建立在正常的燃油低压系统供给基础上的,于是决定再按照诊断仪的检测程序逐步检查。

首先,检查低压系统中的燃油压力。正常情况下,要求低压压力不能低于475kPa,10min后保压压力不能低于375kPa。使用故障诊断仪驱动燃油泵短暂工作,用专用工具把通往高压油泵的燃油管夹住,然后观察IBIM测量仪上显示的燃油压力数值,如图4-115,显示低压压力为正常的5.424bar,而10min后压力却变为1.999bar,如图4-116所示。这说明燃油系统低压保压有问题。而该款车的燃油系统低压调节由安装在燃油滤清器内的燃油压力调节阀负责调节,因此分析是燃油滤清器有问题。

图 4-115　燃油压力读取

图 4-116　燃油压力保压值

3. 故障排除

更换燃油滤清器,试车,故障排除。

五、宝马怠速不稳故障

1. 故障现象

一辆宝马,配置直列6缸N54发动机,双涡轮增压器,高精度喷射装置HPI,排量3.0L。行驶了3万km。车主反映车辆怠速抖动,加速无力,偶尔熄火。

2. 故障诊断与排除

先做基本检查,当开动车辆从待修工位到诊断检测区时,不足1km的距离就熄火了2次,加速没有反应,像是供油不畅,据以往经验维修人员初步判断故障很可能是高压油泵压力不足。

连接检测仪对车辆进行快速检测后，发现显示为燃油低压系统有故障，利用 BMW 的远程诊断系统协助检测，也是燃油低压系统有故障，建议检修燃油系统低压部分。

燃油系统低压部分最常见的故障就是压力不足，按要求检查燃油系统低压部分的压力是否不足。起动车辆，在急速状态下检测燃油系统低压油压，测得结果如图 4-117 所示。标准要求燃油系统低压 5~5.8bar（1bar = 1×10^5Pa），最低不能低于 5bar，而利用 IBIM 检测设备测量时，要减去标准大气压力 1bar 左右，实际也就是 6.791 - 1 = 5.791bar，符合规定要求。这时观察发动机虽然偶尔有点抖动，但油压显示并无太大的波动。熄火发动机再检查低压系统保压情况，10min 后 IBIM 显示压力为 5.3bar，实际也就是 4.3bar 左右，

图 4-117　测量燃油压力

也在正常范围内，没有泄压的情况。两种压力显示都在正常范围内，可见并不是常见的燃油系统压力过低造成的供油不足，这也和初期分析及厂家的远程诊断结果不符。但这时却想起了另外一个问题，就是检测诊断设备凭什么判断此故障只与燃油系统的低压部分有关系，而不怀疑与高压部分或其他系统有故障，不可能只是凭借故障现象综合分析做出的判断，应该有标准的依据。于是决定查阅维修资料对高压喷射的说明，查阅厂家关于此车型的燃油喷射部分得知：如图 4-118 所示，由燃油箱燃油泵输送过来的燃油，经过高压油泵后到达缸内时，直接喷射压力可以达到 20~200bar。这对低压系统压力有标准的要求，输送压力规定为 5~5.8bar，只要低压供油可以达到最低标准 5bar，就可以保持车辆的正常工作了。低压系统有个检测低压油压的压力传感器，燃油从燃油箱处通过电动燃油泵经过供油管路，以 5bar 左右的预压力输送至高压油泵内，压力便由低压压力传感器来测量，测量结果输送至发动机管理系统，燃油泵控制单元根据各种工况的综合确定需要输送的燃油量。

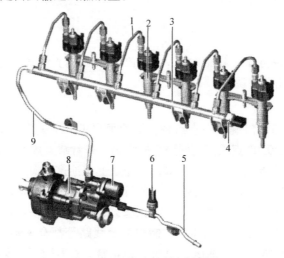

图 4-118　燃油喷射系统结构

1—高压油管　2—压电喷油器　3—共轨　4—高压传感器　5—供油管来自EKP　6—低压传感器　7—燃油量控制阀
8—三角活塞式高压油泵　9—高压油管

发动机管理系统再根据发动机负荷和发动机转速确定高压喷射所需要的燃油压力，实际达到的压力通过高压压力传感器来测量，并将测量的结果发送至发动机控制单元，在对比共轨压力规定值和实际值后通过燃油量控制阀进行调节。燃油量控制阀控制共轨内的压力，发动机管理系统通过脉宽宽度 PWM 对其进行控制，根据 PWM 使节流阀横截面积以不同大小开启，来调节相应负荷所需的燃油，必要时还可以降低共轨内的压力。显然实际测量低压系统压力符合规定标准。所以，最终怀疑还是车辆的高压油泵有故障，于是更换高压油泵。更换完高压油泵后，起动车辆加速试车故障依旧。这时诊断的思路又被迫回到了燃油系统的低压部分，通过电脑检测仪读取车辆怠速状态下低压压力传感器侧的燃油压力，结果如图 4-119 所示，压力数值固定不动，并且比标准油压要高出很多。正常情况下压力显示数值会略有变化的。熄火车辆断开连接 IBIM 的三通快速接头，IBIM 上显示的压力值迅速下降直至 1bar 左右，而电脑检测仪上通过低压传感器检测到油压还是显示 6500.73mbar，很长时间后才缓慢下降。但车辆熄火后燃油泵停止工作，燃油系统的压力应该有一定的下降，并且刚才在拆卸检测设备三通的时候，低压已经泄压了，不可能还有这么高的压力。由此判断低压压力传感器损坏，于是更换低压压力传感器，起动车辆，发动机怠速运转正常，没有抖动，路试车辆加速有力。再次通过两种方式检测低压系统油压，两种油压显示一致，实际都在 5.7bar 左右，故障解决。

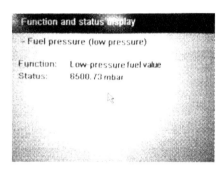

图 4-119 低压油压值

六、新款别克 GL8 商务车怠速发抖

1. 故障现象

新款别克 GL8 豪华商务车，装配 3.0L V 型 6 缸 SIDI 缸内直喷式发动机，行驶里程 2 万 km，出现故障指示灯亮，怠速发抖现象。

2. 故障诊断

接车后试车，故障指示灯确实一直点亮，抖动很严重。车速到 80km/h 就很难再提升。用 GDS 查看故障码，出现 P0300 点火控制回路 2 故障码。查看缺火数据，4 缸缺火。

本着先易后难的检修步骤，拆下火花塞，火花塞上有油迹，应该是点火燃烧不好，换上一个新火花塞后，还是出现 4 缸缺火，再换上一个新的点火线圈，故障依旧。这就说明了不是单纯的点火问题，而引起缺火的原因很多，像火花塞、点火线圈、喷油器、节气门、油泵、三元催化器、油压及油质、点火正时、缸压、控制单元及线路等都有关系。只好一步一步地检查。先用缸压表测试缸压，正常。测试油压 380kPa，也正常。查看数据，燃油调整值偏大，怀疑是油质的问题，换上了新油和新的燃油泵，车依然发抖。把在 GDS 上查看的数据和同款车比较时，发现喷油脉宽稍大，怀疑是喷油器的问题，碰巧有辆事故车，就互换了喷油器和三元催化器，而喷油脉宽还是大，抖动现象没有一点改善，查看节气门数据也正常。

由于是质保期之内的车，维修站没有权利打开发动机查看正时情况。于是就此故障现象向上海通用公司做了技术反馈，上海通用公司的 TAC 到现场进行技术指导。TAC 到后，指导维修人员进行了更细致的检查，检查火花塞、点火线圈、喷油器，彻底清除进气门及气门积炭，检测了线路，但最后故障依然没有明显改善。在 TAC 的支持下，向上海通用要了安全码，更换了 ECM，按规范进行编程、配置与设定后，进行试车，故障一直没有再出现，故障排除。

3. 故障分析

维修人员首先验证车辆故障现象，起动发动机确有较明显抖动现象，发动机故障指示灯点亮。于是用专用故障诊断仪 GDS2 进行检测，有 1 个当前故障码 P0300——检测到发动机不点火，如图 4-120 所示。也就是发动机某一缸可能存在缺火、工作不良的故障。

图 4-120　存储的故障码

维修人员用 GDS2 进一步检测发动机数据中的不点火数据 4-121 所示，发现其中第 4 缸的缺火计数不正常。4 缸当前的缺火计数为 130，而其他缸计数是正常的。4 缸缺火历史计数达到 1140，而其他缸历史计数同样是正常的 0。说明故障出在 4 缸，而且是比较明显和严重的。据此将 4 缸的火花塞、高压线圈与其他缸对调，但故障依旧出在 4 缸，对 4 缸的火花塞进行跳火测试及缸压测量，并与其他缸进行对比，结果都一样，是正常的。维修人员怀疑是积炭过多导致的问题，于是进行燃油系统及进气道的清洗，但清洗过后故障依旧。

根据以上检查分析，点火、进气及机械方面故障可能性可以基本排除，于是维修人员进行喷油器的相关检查。首先查看 4 缸喷油器和高压油泵控制线路，如图 4-122 所示，先对其控制线的控制电压进行测量。因为其他缸工作是正常的，为了直观地了解 4 缸是否正常，将 4 缸与 2 缸测量数值对比。在车辆起动且未断开线束插头的状态下，用万用表在 X109 插接器的 8 号、9 号端子测得 2 缸 4902 号及 4 缸 4904 好号喷油器控制线路电压分别是 9.08V 和 9.02V 如图 4-123 所示，数值有轻微差别，无明显异常。然后进一步对 4 缸 4904 号及 4804 号喷油器控制线路进行测量，也没发现断路、短路和接触不良等异常。

图 4-121　发动机数据中的不点火数据

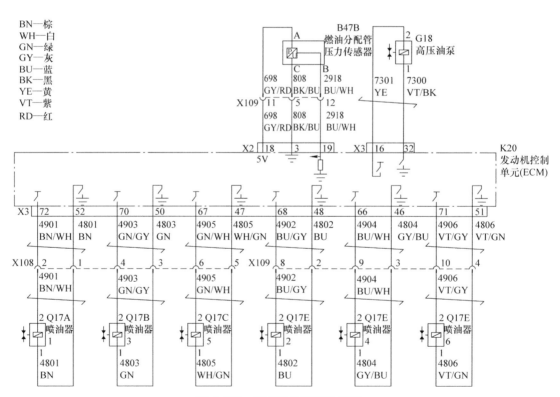

图 4-122　高压油泵控制电路图

图 4-123 测量喷油器控制线路电压

接下来对喷油器进行检查。维修人员先拆除上进气歧管,并拆检喷油器,并未发现异常,于是对调2缸与4缸的喷油器,装好后再次试车,但结果4缸仍然缺火。以上的针对性检查:点火、进气、机械、线路和电路控制都没有发现问题,这时有些迷茫。

梳理思路后,维修人员认为前面使用万用表所测的控制电压9.02V不一定完全能说明控制线路没有问题。由于此车配备是燃油直接喷射系统,不能通过拆出喷油器进行通电测试,来查看实际的喷射情况,因此重点还是检查喷油器的电路控制。

维修人员恢复好车辆,然后在X109插接器的8号、9号端子处,用示波器测量2缸及4缸的喷油器控制线路的控制电压波形。将示波器设好电压幅值单格为20V、时基为100μs,最后测出4缸喷油器控制线路波形如图4-124所示。对比2缸与4缸的喷油器控制线路波形,我们可发现明显的不同:正常的2缸的喷油器开启电压可达60V,如图4-125所示,而维持开启的电压为一定占空比的14V电压。但是4缸喷油器开启电压不到20V,这是不足以打开高压喷油器喷油阀的,最终导致不能有效喷油,出现发动机缺火故障。

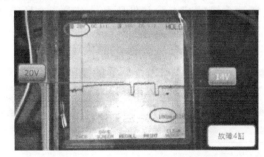 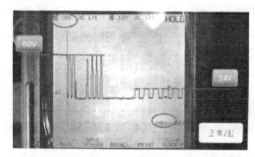

图 4-124 4缸喷油器控制线路波形   图 4-125 2缸喷油器开启电压可达60V

是什么原因导致4缸的高压喷油器开启电压不能达到60 V,而只有不到20 V?根据电路图可知,喷油器的控制电压是由发动机控制单元ECM控制输出的,而前面对相关控制线路的测量结果是完全正常的,因此导致开启电压不足(只有20 V左右)的原因只能是ECM本身存在故障了。

4. 故障排除

更换发动机控制单元ECM,发动机抖动及故障指示灯点亮故障完全排除。

5. 回顾总结

此车配备的是燃油直接喷射 SIDI 系统，由于喷油器位于燃烧室中，直接喷油需要很高的燃油压力，燃油压力必须高于压缩压力，需要一个高压油泵。为了达到高的燃油压力，喷油器开启还需要更大的电压。发动机控制单元向每一个高压喷油器提供单独的高电压控制电路，以 60V 以上电压控制每个喷油器。发动机控制单元通过向控制电路提供搭铁，使每个喷油器通电。发动机控制单元通过一个增压电容器使喷油器开启电压达到 60V 以上，电容器通过喷油器放电，允许喷油器初始打开，之后喷油器在常规蓄电池电压下保持开启。而此车故障就是由于发动机控制单元不能提供 60V 电压所致。

此故障案例的排除过程走了弯路，当然这受限于我们对检测工具的选用，万用表只能测出最后的综合电压为 9.02V，但不足以表现整个工作过程，所以选用行之有效的工具将有助于故障的排除。

七、奔驰 E260 高压油泵内部故障

1. 故障现象

一辆奔驰 E260，装配 271 型 CGI 缸内直喷发动机，行驶里程约 3 万 km，该车发动机故障灯点亮，并且起动时间很长。

2. 故障诊断与排除

先试车，该车起动机转动有力，但要起动 5s、6s 后才会着车，就像刚起动时没有供油一样。着车后一切正常，但熄火后不好起动，起动后发动机故障灯点亮。询问客户得知该故障最近几天才出现，行驶中低速正常，急加速或者高速时会有供不上油的感觉。

连接 Star-D 进行快速测试，读取 ME 控制单元的故障码，从故障码中可以看出该车主要是燃油系统出现问题，如表 4-4 所示。奔驰 E260 的燃油系统的特点为高低压系统结合，在所有工况下燃油系统都会以充足的压力将足量的燃油从油箱供至喷油器，它的工作原理如图 4-126、图 4-127 所示。

表 4-4 发动机控制单元的故障码

故障码	描述	状态
P000100	流量调节阀存在电气故障或断路	A+S
P008777	系统中的燃油压力过低，不能达到指定位置	A+S
P008A23	燃油低压回路中的压力过低，无信号变化，电平过低	A+S
P008877	系统中的燃油压力过高，有一个信号高于允许的极限值	S
P060A48	控制单元内的监控存在功能故障，控制存储器内存在一个故障	S
P233717	气缸 2 的爆燃传感器电压高于允许的极限值	A+S
P008A21	燃油低压回路中的压力过低，有一个信号低于允许的极限值	S

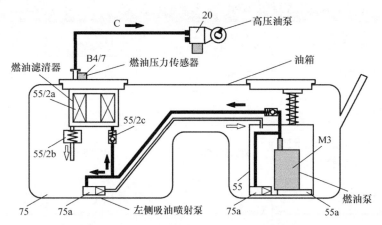

图 4-126 燃油低压系统工作原理示意图

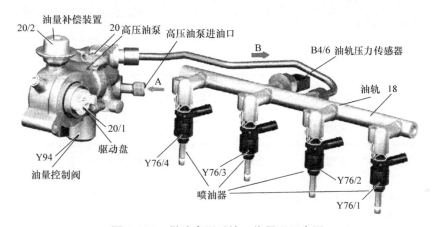

图 4-127 燃油高压系统工作原理示意图

燃油泵控制单元通过来自燃油压力传感器的电压信号检测当前燃油压力,并将此信号通过 CAN C(传动系统控制器区域网路)传送至发动机控制单元 ME。ME 对燃油压力和负荷要求进行评估,燃油压力调节器将燃油压力限制为约 3.8bar（$1bar = 10^5 Pa$）。在燃油滤清器处有一个单向阀,其作用是在燃油泵关闭时将燃油压力保持一段时间,以确保下次顺利起动。

高压油泵将燃油压缩至最高 120bar 的压力,在此过程中,油量控制阀限制供至泵元件的燃油量。燃油储存在油轨中,ME 控制单元根据需要通过脉冲宽度调制信号（PMW）控制油量控制阀,燃油最终由喷油器以精细雾化方式喷入各燃烧室中。接着进入 ME 控制单元读取数据流实际值,发现燃油低压正常,但是喷射时长远远超出标准值,流量调节阀没有被启用。油轨压力为低压回路压力,发动机进入紧急模式,喷油时间会相应的增长,从而增加喷射的燃油量,此时流量调节阀不工作。正因为是紧急模式,所以着车时间会很长,实际值见表 4-5 所示。

表 4-5 发动机控制单元的实际值

编号	描述	ME 控制单元实际值	更换高压油泵后实际值	标准值
271	发动机转速	739r/min	749r/min	[650, 850]
841	喷射时长	3.9ms	0.8ms	[0.5, 1.2]
020	节气门角度	3.7°	4.2°	[1.0, 5.0]
150	B28/7（节气门下游的压力传感器）	317.66hPa	305.88hPa	[200.00, 400.00]
498	点火角度	18.4°	18.0°	[0, 20.0]
452	进气温度	37.5℃	31.5℃	[10.0, 35.0]
630	B28/6（节气门上游的压力传感器）	994.2hPa	989.0hPa	[800.0, 1200.0]
886	Y58/1（净化转换阀）	1%	1%	[0, 100]
201	燃油低压	6.0bar	5.0bar	[4.0, 6.7]
349	油轨压力（实际值）	4.0bar	61.1bar	[-5.0, 15.0]
395	油轨压力（标准值）	5.0bar	60.2bar	
768	Y84（散热器百叶片促动器）	0	0	
194	Y94（流量调节阀）	0	0.7A	[0.2, 0.9]

注：1hPa = 100Pa。

产生该故障的原因可能是低压油路及燃油品质故障、高压油油路故障、高压油泵故障、线路问题或 ME 控制单元故障等。在故障出现前后没有加过油，基本可以排除油质问题。连接油压表，测量低压为 6.0bar，在正常范围内，熄火一段时间后油压保持不动，说明油路低压侧正常。查找 WIS 电路图，如图 4-128 所示。测量 ME 到高压油泵流量调节阀线路电阻值为 0.4Ω，正常。观察插头没有氧化、腐蚀现象，插针无松动接触不良等。接着按照故障引导用电脑对高压油泵进行测试，如图 4-129 所示，发现高压侧不正常。

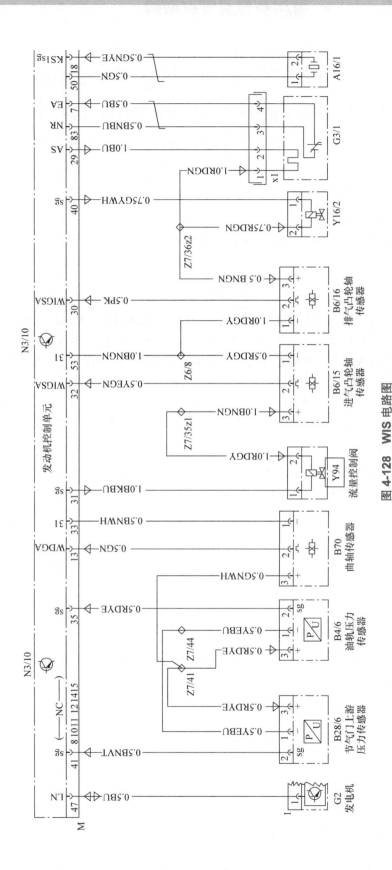

图 4-128 WIS 电路图

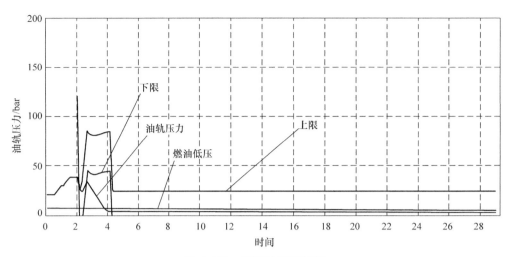

图 4-129　高压油泵测试图

按照引导,用万用表测量流量调节阀的内阻,测量结果为 3.5Ω,正常。故障点缩小至高压油泵故障或 ME 控制故障,发动机尽管进入了紧急模式,但因为没有关于 ME 损坏方面的故障码,所以推断 ME 损坏的可能性很小。高压油泵拆卸比较麻烦,为了排除 ME 故障,与试驾车上互换 ME 进行测试,故障依旧。于是判断为高压油泵内部故障,不能建立高压,导致流量调节阀不被控制,造成起动时间长。更换高压油泵,更换后清除故障码,再次起动车辆,发动机起动迅速,进行路试一切正常。连接电脑读取 ME 的数据实际值,正常。

3. 故障小结

高压油泵问题引起的起动困难,因为是新车,感觉高压油泵损坏有点意外,以后遇到类似问题时还应多比较和总结,以提高维修效率。

第五章 进排气系统

第一节 进气系统

进气系统的作用是向发动机提供与负荷相适应的清洁空气,同时测量和控制进入发动机气缸的空气量,使它们在系统中与喷油器喷出的汽油形成空燃比符合要求的可燃混合气。

进气系统由空气滤清器、空气流量传感器或进气压力传感器、电子节气门、进气总管以及进气歧管等组成。

一、进气系统结构

汽车吸入空气是要和喷油器喷出的汽油在进气门前方或气缸内混合形成可燃混合气。如果没有足量空气吸入,燃油就会燃烧不全或发动机不着火。理论上每吸进 14.7kg 的空气才能完全燃烧 1kg 汽油。只有形成可燃室燃比的混合气,发动机才能工作。发动机工作时活塞从上往下移动,进气门开启,空气→空气滤清器→→空气流量传感器检测进气量→节气门(加速踏板控制节气门开度,节气门开度越大,进的空气就越多,反之进的空气越少)→进气道(直喷发动机经进气门直接进入气缸),发动机电脑控制并计算出喷油量(多点喷射在进气门前方喷射燃油并与空气形成混合气→经进气门进入气缸;直喷发动机在气缸内形成混合气),如图 5-1、图 5-2、图 5-3 所示。

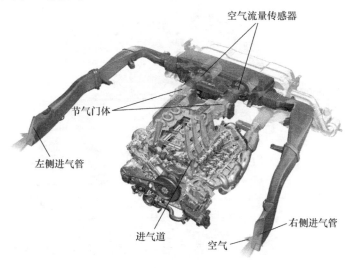

图 5-1　奥迪 R8 进气系统

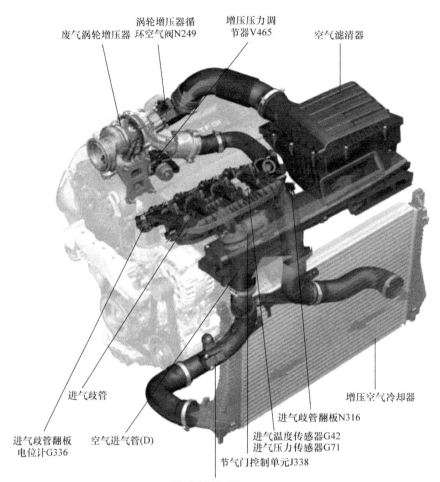

图 5-2 奥迪 W12 进气系统

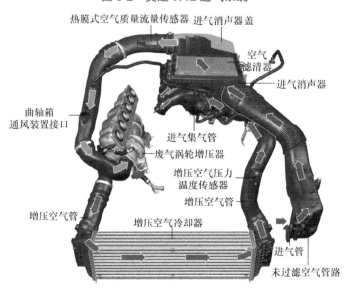

图 5-3 宝马发动机进气系统

二　谐振进气系统结构

由于进气具有间歇性和周期性，导致进气歧管内产生一定幅度的压力波。此压力波以声速在进气系统内传播和往复反射。如果利用一定长度和直径的进气歧管与一定容积的谐振室组成谐振进气系统（如图5-4所示），并使其自振频率与气门的进气周期调谐，那么在特定的转速下，就会在进气门关闭之前，在进气歧管内产生大幅的压力波，使进气歧管的压力增高，从而增加进气量。谐振进气的优点是没有运动部件，工作可靠，成本低。但只能增加特定转速的进气量和发动机转矩。

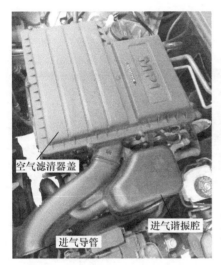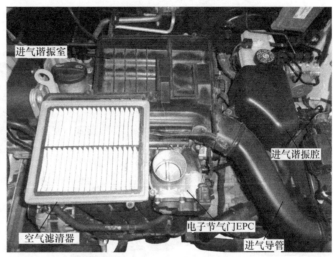

图 5-4　谐振进气系统

三　电子节气门

1. 电子节气门结构、安装位置

电子节气门体安装在空气流量传感器和发动机气缸之间的进气管上，用来改变进气通道面积，从而控制进气量和发动机运行工况。国产大众发动机都采用了电子控制节气门系统（以下简称电子节气门系统），结构如图5-5所示。驾驶员踩下加速踏板，加速踏板传感器将加速踏板的位置转换为电信号，并传递给发动机ECU，ECU实时将驾驶员输入的信号传递给节气门执行器（电动机），执行器将节气门转动到相应的角度。ECU可以独立于加速踏板的位置，调整节气门的位置。它的优点是发动机可以根据各种不同的需求（如驾驶员的输入的信号、废气的排放、燃油消耗以及安全性等）确定节气门的位置。

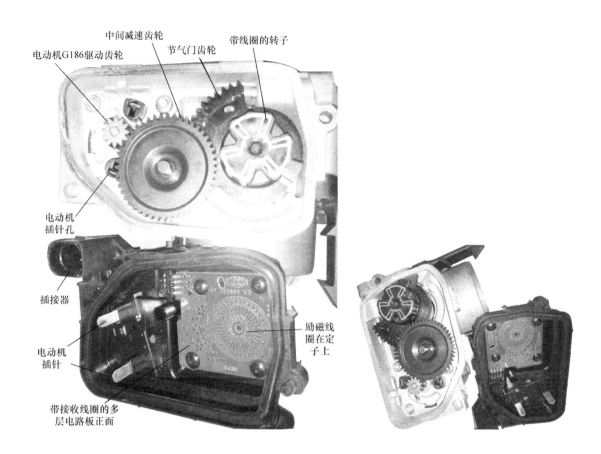

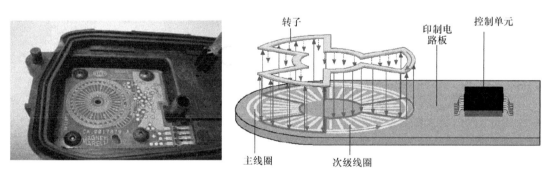

图 5-5　电子节气门控制系统及结构

2. 电子节气门控制策略

（1）基于发动机转矩需求的节气门控制

电子节气门开度并不完全由加速踏板位置决定，而是发动机控制单元根据当前行驶状况下，整车对发动机的全部转矩需求，计算出节气门的最佳开度，从而控制电动机驱动节气门到达相应的开度。因此，节气门的实际开度并不完全与驾驶员的操作意图一致。控制单元根据整车对转矩的需求计算所需的理论转矩，而实际转矩通过发动机转速、点火提前角和发动机负荷信号求得。在发动机转矩调节过程中，控制单元首先将实际转矩与理论转矩进行对比，如果两者有偏差，发动机电控系统将通过适当的调节作用，使实际转矩值和理论转矩值一致。

（2）传感器冗余设计

电子节气门系统采用两个加速踏板位置传感器和两个节气门位置传感器，传感器两两反接，实现电阻值的反向变化，即两个传感器电阻值变化量之和为零。对两个传感器施加相同的电压，两者输出的电压信号也相应反向变化，且其和始终等于供电电压。这个设计可使两个传感器相互检测，当一个传感器发生故障时，能及时被识别，在很大程度上增加了系统的可靠性，保证了行车的安全性。

（3）可选工作模式

驾驶员可根据不同的行车需要，通过模式开关选择不同的工作模式，通常有正常模式、动力模式和雪地模式三种。区别在于节气门对加速踏板的响应速度不同。正常模式下，节气门对加速踏板的响应速度适合于大多数行驶工况；动力模式下，节气门加快对加速踏板的响应速度，发动机能提供额外的动力；雪地、雨天附着较差的工况下，驾驶员可选择雪地模式驾驶车辆。此时，节气门对加速踏板的响应降低，发动机输出的功率比正常情况下小，使车轮不易打滑，保持车辆稳定行驶。

（4）海拔补偿

在海拔较高的地区，大气压力下降，空气稀薄，氧气含量下降，导致发动机输出动力下降。此时，电子节气门系统可按照大气压力与海拔的函数关系，对节气门开度进行补偿，使发动机输出的动力和加速踏板位置的关系保持稳定。

（5）控制功能扩展及其原理

现代电子节气门独立成一个系统，可实现多种控制功能，既提高了行驶可靠性，又使结构简化，成本降低。电子节气门主要控制功能有牵引力控制（ASR）、巡航控制（CCS）、怠速控制（ISC）、减少换档冲击控制等。

3. 大众、奥迪电子节气门检测

加速踏板位置传感器由两个霍尔传感器 G79 和 G185 组成。它的作用是将驾驶员的意图输送给发动机控制单元。由此产生反映加速踏板踩下量和变化速率的电压信号输入 ECU，反映汽车的工作状况。节气门控制部件由节气门驱动装置 G186、节气门位置传感器 G187 和 G188 组成。节气门驱动装置 G186 是一个伺服电动机，由发动机控制单元控制，端子 3 和端子 5 之间的电阻值约为 10~13Ω。G187 和 G188 是两个线性可变电阻式节气门位置传感器，它将节气门的位置信号传送给发动机控制单元，这两个传感器是相互独立的。电子节气门控制电路如图 5-6 所示。

4. 节气门位置传感器 G187、G188 的检查

利用诊断仪 VAS6150 读取加速踏板数据流，62 组 1 区、2 区、3 区和 4 区，如表 5-1 所示。

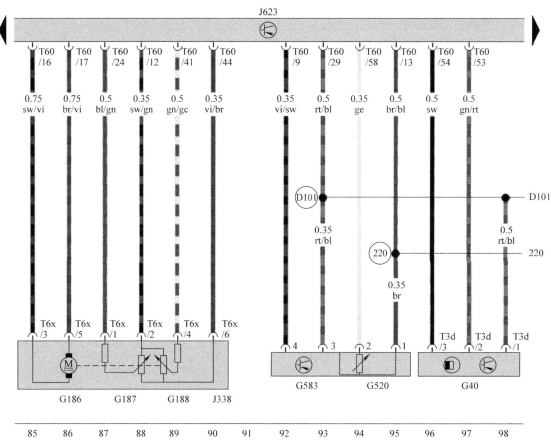

图 5-6　电子节气门控制电路图

G40—霍尔传感器　G186—电子节气门操纵机构的节气门驱动装置　G187—电子节气门操纵机构的节气门驱动装置角度传感器1
G188—电子节气门操纵机构的节气门驱动装置角度传感器2　G520—进气温度传感器3　G583—进气压力传感器3
J338—节气门控制单元　J519—车载网络控制器　J623—发动机控制单元，排水槽内中部　T3d—3芯插头连接　T6x—6芯插头连接
T60—60芯插头连接　220—接地连接（传感器接地），在发动机线束中　D101—连接1，在发动机舱线束中

表 5-1　数据流

发动机 数据流 （62 组）	节气门开度 1-G187 （1 区）	节气门开度 2-G188 （2 区）	加速踏板 1-G79 （3 区）	加速踏板 2-G185 （4 区）
标准值	3%～93%	97%～3%	12%～97%	6%～50%

5. 节气门控制部件供电和导线的检查

拔下节气门控制部件插头，如图5-7所示。打开点火开关，用万用表测量插头

T6X/2+T6X/6、T6X/2+T6X/1、T6X/2+T6X/4 电压值，应约为 5V。电动机 T6X/3（正极）+T6X/5（负）应约为 5V。若达不到上述要求，按照电路图检查节气门控制部件插头 6 个端子至发动机控制单元相应端子之间的导线是否断路，然后检查导线相互之间是否导通（导线最大电阻值为 1.5Ω）。注：电动机 T6X/3（正极）+T6X/5（负）电阻值 10~13Ω。

急速下测量端子 T6X/2+T6X/4 电压值应为 0.659V，端子 T6X/4+T6X/6 电压值应为 4.29V，端子 T6X/1+T6X/6 电压值应为 0.673~0.783V。

图 5-7　节气门控制插头

6. 发动机控制单元同节气门控制部件 J338 匹配

当电源供应中断、更换了节气门控制部件或更换了发动机控制单元时，发动机控制单元必须与节气门控制部件进行匹配（即自适应或自学习）。通过匹配，发动机控制单元学习了节气门在不同位置时的特性参数，并将这些参数存入发动机控制单元。节气门位置由两个节气门位置传感器来反馈。匹配的条件为故障存储器中没有故障码存储，蓄电池电压至少应为 12.7V，冷却液温度在 10~95℃，进气温度在 10~90℃，发动机不运转，点火开关打开，不踩加速踏板。进行匹配时，将 VAS6150 连接到诊断插座上，打开点火开关 6s 以上，进入发动机电控系统，选择功能"基本设置"。不要操纵起动开关和加速踏板，且发动机控制单元识别出"学习需要"时，匹配过程会自动完成（匹配过程是否完成是看不出来的）。当存储节气门位置传感器电压值与实际测得值在某一误差范围内不一致时，才能识别出"学习需要"。

四 大众 EA888 发动机可变进气歧管翻板结构及检测

1. 大众 EA888 发动机可变进气歧管翻板结构

进气歧管模块的本体是用聚酰胺材料制成的，并且由两个相互焊接在一起的壳体组成，如图 5-8 所示。进气歧管翻板呈槽形。它们与输入轴一起构成一个用塑料制成的整体式部件。

进气歧管翻板在进气口中是偏心布置的。借助于此布置和翻板的形状，当进气歧管翻板完全打开时，进气口就会完全打开。这样就改善了进气的流动性。

在关闭翻板时，偏心布置也改善了翻板的调节能力。进气歧管翻板是由一个真空调节电磁阀调节的。调节分两次进行。

这样就可能不需要精确定位翻板的中间位置。翻板的反馈信号是由进气歧管翻板电位计G336提供的。此传感器安装在轴的另一端。在静止状态上，进气歧管翻板被关闭。

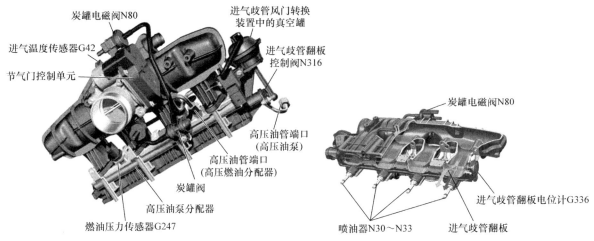

图5-8 可变进气歧管翻板结构

EA888发动机的进气歧管和传统发动机的进气歧管不一样，内置可以使进气道改变截面积的翻板，翻板的动作受发动机控制单元的控制，发动机控制单元控制进气翻板动作，从而改变进气道的形状，以达到低速时增加转矩、高速时提高输出功率的目的。在可变进气道的全开和全关闭位置，翻板的动作由真空泵带动，真空泵的动作受真空电磁阀N316的控制，N316受发动机控制单元的控制。当发动机在低速和中、小负荷运转时，进气歧管内的翻板阀门处于小截面积的位置，如图5-9所示。当发动机在高速和大负荷运转（3000r/min以上）时，发动机控制单元向可变进气道电磁阀N316供电（5V供电），电磁阀打开，为进气翻板真空单元提供真空。真空单元在真空的控制下将翻板转到全开位置。进气翻板位置的变化由进气翻板电位计G336将信号反馈给发动机控制单元，如图5-10所示，以适应调节进气量的需要。

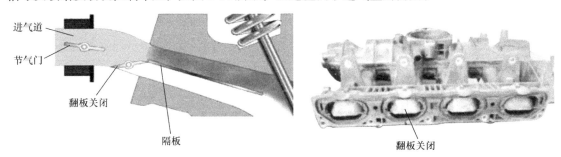

图5-9 进气歧管翻板关闭状态

2. 可能的故障原因

例如：某发动机冷车起动后怠速抖动严重，有时甚至会熄火，行驶过程中，仪表上发动机故障灯点亮。热车后发现怠速相对稳定，但隔一段时间发动机又会抖一下，类似失火现象。

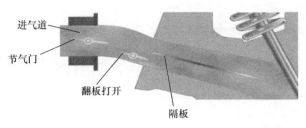

图 5-10 进气歧管翻板打开状态

诊断发现，发动机加速时进气歧管翻板轴在转动时有明显的轴向位移。翻板轴向外位移时轴向产生旷量，当把翻板轴向推动一下时故障消失。拆解后发现可变进气翻板轴两端各有一个密封圈，如图 5-11 所示。经检查密封圈已硬化，这使得翻板轴之间产生漏气现象。

3. 检修

1）进气歧管内的翻板不动作，应从是否有真空源和是否受发动机控制两个方面推断。

图 5-11 翻板轴两端密封圈

2）当发动机急加速 3000r/min 以上，可以感觉到电磁阀的转动，可以判断控制电路好坏。

3）可以利用万用表测量翻板真空电磁阀 N316 的电压，应在 5V 左右，电阻值为 31.3Ω 左右。

4）将手动真空泵 VAS6213 连接到真空软管上。反复操纵手动真空泵 VAS6213。真空执行元件应沿图 5-12 中箭头方向运动。如果真空执行元件不运动，则应更换真空执行元件，如图 5-12 所示。

5）有时真空膜盒内的白色软膜边缘变形，或安装不到位，引起密封不严，如图 5-13 所示。

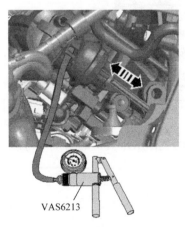

图 5-12 检测真空膜盒真空度

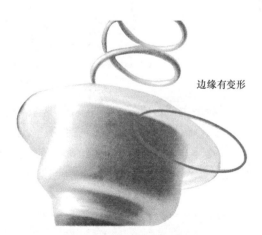

图 5-13 白色软膜边缘有变形之处

第二节 排气系统

排气系统包括排气歧管、氧传感器、三元催化转化器、废气涡轮增压器、排气消声器以及隔热装置等。

一、废气涡轮系统组成

废气涡轮增压技术是指利用发动机排出的高温、高压气体的能量驱使涡轮机高速运转，并带动同轴上的压气机，大气经压气机压缩增压后进入进气管系统而后进入气缸的技术，它可使发动机每个循环都能吸入更多空气，从而提高进气效率，达到提高发动机输出功率的目的。

燃料燃烧过程中释放出来的大量热能转化为气缸内气体的内能，涡轮增压器利用此部分内能转变为机械能驱使涡轮机转动，排气释放能量后压力、温度都进一步降低，变为机械能的部分最后又经压气机转变为进气的压力能，提高了进气压力。有的增压器中还设有低压箱，可以通过控制叶片来控制排气进入压气机的多少，根据发动机工况的需要来调节。

常用的废气涡轮增压系统主要由空气滤清器、增压器（压气机和涡轮机）、中冷器等组成，图5-14所示为废气涡轮增压系统结构示意图。

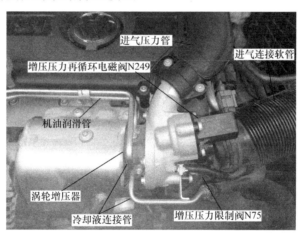

图5-14 废气涡轮增压系统结构

增压器是主要组成部件，根据空气进入的方式分为径流式和轴流式两种。车用发动机上一般为径流式，包括两部分，涡轮机和压气机。涡轮机的进气口与排气管相连，出气口与排气口相连，压气机进气口与进气系统的空气滤清器相连，加压后的气体从压气机的出气口与进气压力管相连。压气机和涡轮机的叶片共同安装在一根转动轴上。

二、大众废气涡轮增压系统结构、原理

废气涡轮增压器和排气歧管是安装在一起的。增压空气再循环阀N249和增压压力限制电

磁阀 N75 都是可以单独更换的。在研发阶段，重点放在了发动机低转速时涡轮增压器的反应速度上。因此，涡轮和叶轮设计得非常精密，直径分别是 37mm 和 41mm，如图 5-15 所示。

通过专门的设计，涡轮增压在比怠速稍高一点的转速上就会起动。旁通阀的直径是 26mm，用来卸掉多余的排气压力。这样设计的结果就是在 1250r/min 的时候，就可以达到最大输出转矩的 80%，在 1500r/min 的时候就达到了最大输出转矩 200Nm，最大输出功率在 5000～5500r/min 之间达到。最大有效增压压力达到 1.8bar 的进气歧管绝对压力。

1. 大众增压器工作原理

大众发动机怠速运行时，空气再循环阀控制管通过空气再循环阀 N249 与进气歧管相通，由于怠速时进气歧管真空度大，真空作用力使机械式空气再循环阀打开，增压器被直接卸荷，不起增压作用。当发动机高速运行突然松加速踏板时，进气歧管真空吸力不足以打开机械式空气再循环阀，电脑控制空气再循环阀 N249，使机械式空气再循环阀真空控制管与真空罐相通，强大的真空吸力打开机械式空气再循环阀，增压器被直接卸荷。

当发动机处于中低转速小负荷运行时，N75 断电，使增压压力调节单元控制管路与增压后的高压空气相通，若增压压力增大，作用在增压压力调节单元上的力也增大，旁通阀开大，于是增压压力下降，这样可以实现增压压力自动调节。

当发动机加速或高速大负荷运行时，N75 由发动机 ECU 以占空比的方式控制，使增压压力调节单元控制管路与低压空气相通，增压压力调节单元上的作用力小，旁通阀关闭，增压压力增大。

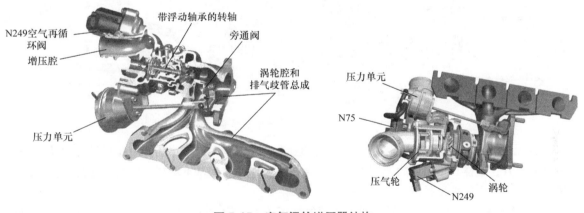

图 5-15　废气涡轮增压器结构

2. 增压压力限制电磁阀结构及检测

（1）大众奥迪增压压力限制电磁阀 N75

增压压力限制电磁阀 N75 的工作原理图如图 5-16 所示。

增压压力的调节主要由增压压力限制电磁阀 N75 来负责，它通过废气旁通阀进行增压系统压力的调节。

N75 增压压力限制电磁阀本身连接了三个空气管，一条连接在涡轮增压器前部（未增压，相当于大气压力），一条连接在涡轮增压器后部（经过涡轮增压后的增压压力），还有一条是连接在废气旁通阀上的，控制泄压阀的打开和关闭，如图 5-17 所示。

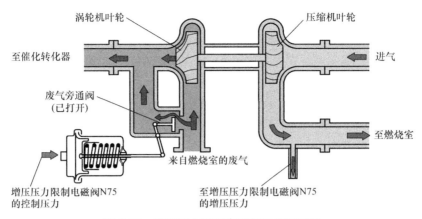

图 5-16 增压压力限制电磁阀工作原理图

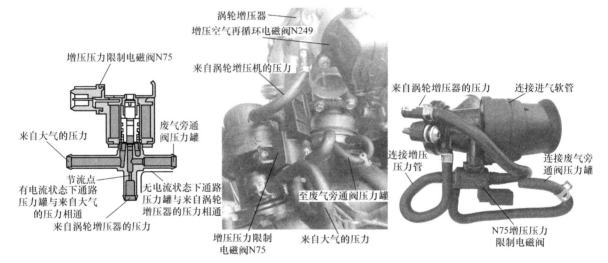

图 5-17 N75 的三个空气管

在无电流状态下，N75 关闭，增压压力直接作用在压力罐上。增压压力调节阀在增压压力较低时打开，这样在增压压力调节失灵时便会将压力限制在"基本增压压力"，以避免超出最大增压压力。这样的结果是损失一些功率。

"基本增压压力"是不用调节便可达到的增压压力，约 300～400mbar。废气涡轮增压器增压的最大限值是 1.6～1.8bar。

（2）检测废气旁通阀压力罐

检测的前提条件：从废气涡轮增压器经过增压压力限制电磁阀 N75 到压力罐的软管必须通导和密封。增压压力限制电磁阀 N75 正常。

（3）工作步骤

1）拧出螺栓（箭头）并取下废气涡轮增压器的隔热板，如图 5-18 所示。

2）将软管（箭头）从压力罐上拔出，如图 5-19 所示。

3）将手动真空泵的软管接到压力罐的管接头上。

4）将手动真空泵上的开关环沿箭头方向推至极限位置，如图 5-19 所示。反复操作手动真空泵。

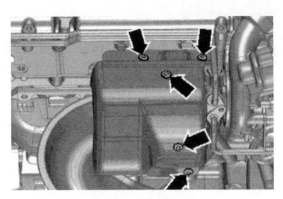

图 5-18　拆下隔热板

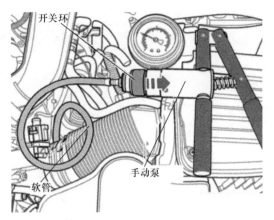

图 5-19　软管接到压力罐的管接头上

5）观察废气旁通阀压力罐的传动杆 1，如图 5-20 所示。从约 300mbar 起，传动杆必须移动。在约 800mbar 时，传动杆必须位于调节行程的末端。

6）沿箭头 A 移动开关环，给手动真空泵放气，如图 5-21 所示。传动杆必须沿相反的方向移动。

提示：检查传动杆在整个调节范围里的运动过程。它的运动必须是连续和无振动的。

7）安装顺序与拆卸时相反。废气涡轮增压器隔热板的拧紧力矩为 8N·m。

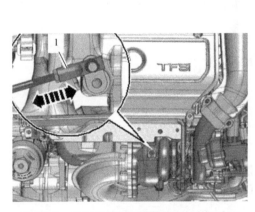

图 5-20　废气旁通阀压力罐的传动杆动作

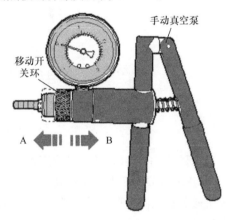

图 5-21　沿箭头 A 移动开关环

失效影响：压力单元常通增压气体，增压压力降低，发动机功率将下降。

电路检测：端子 1~2 间电阻值 $R = 26.2\Omega$，打开点火开关，端子 1 与搭铁间电压 12V，端子 2 与搭铁间电压 12V，N75 的控制电路如图 5-22 所示。

三　涡轮增压器控制阀结构及检测

空气再循环阀 N249 的作用：

1）避免收加速踏板时产生气体噪声和造成叶轮击伤。

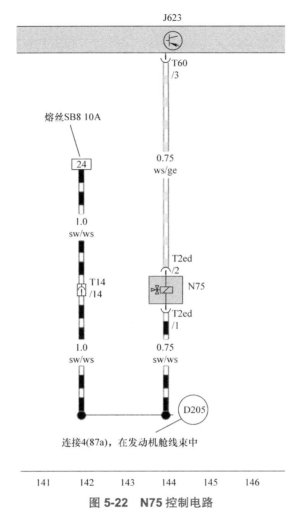

图 5-22　N75 控制电路

2）将涡轮增压前后导通来保持压力平衡。

3）防止增压腔内压力背压过高，形成倒拖制动。

为了避免在从高负荷突然过渡到滑行状态时废气涡轮增压器产生气体冲击，安装了空气再循环阀 N249。

当发动机在高速运行，驾驶员在迅速收加速踏板时，涡轮增压器排气侧的增压气体未能迅速减小，增压器的叶轮转速依然很高，但进气侧由于节气门的暂时关闭导致进气侧气体供给不足，从而导致进气侧叶轮受到比较大的空气阻力，从而影响舒适感及增压器寿命。

而安装了 N249 空气再循环阀后，相当于是在增压后及增压前建立了一个短路通道，当遇到上述情况时就将此通道打开，避免了不利情况的发生。它的工作原理图如图 5-23 所示，其结构如图 5-24 所示。

失效影响：N249 常开会造成增压压力和动力的损失，断路会造成增压器噪声。

电路检测：端子 1～2 间电阻值 $R = 58～61.6\Omega$。电压检测：打开点火开关端子 2 与搭铁间电压 12V，端子 1 与搭铁间电压 12V，其电路如图 5-25 所示。

第五章 进排气系统

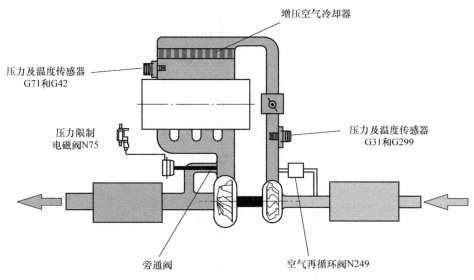

图 5-23 N249 工作原理图

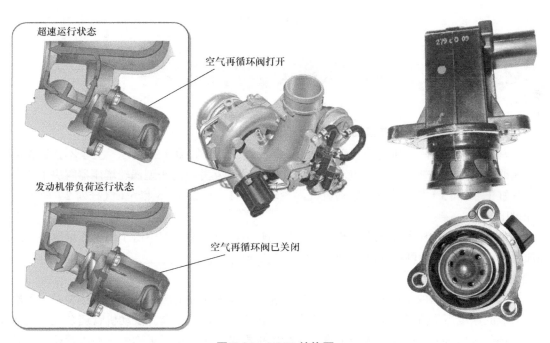

图 5-24 N249 结构图

227

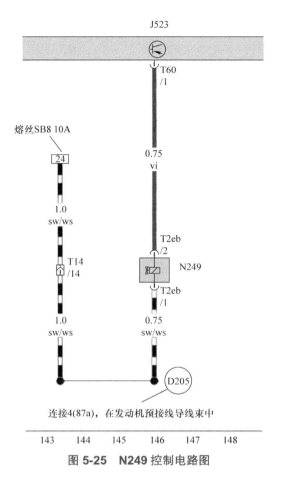

图 5-25　N249 控制电路图

四　宝马废气旁通阀电子气动压力转换器、减压阀

1. 旁通阀电子气动压力转换器

宝马发动机装有一个所谓的"双管"废气涡轮增压器，如图 5-26 所示。为了不让驾驶员感觉到所谓的"涡轮效应滞后"，在宝马发动机上用两个相互并联的小型涡轮增压器解决了这个问题。气缸 1、2 和 3（气缸列 1）驱动废气涡轮增压器 1、气缸 4、5 和 6（气缸列 2）驱动废气涡轮增压器 2。

小型废气涡轮增压器的优点在于，在废气涡轮增压器加速过程中由于涡轮惯量较小因此加速质量较小，因而泵轮可以更快地达到较高的增压压力。

增压压力调节装置

废气涡轮增压器的增压压力与到达废气涡轮增压器涡轮处的废气气流有直接关系。无论是废气气流的速度还是流量，都直接取决于发动机转速和发动机负荷。发动机管理系统通过废气旁通阀调节增压压力。废气旁通阀由真空执行机构操纵，这些执行机构由发动机管理系统通过电子气动压力转换器（EPDW）来控制，它的安装位置如图 5-27 所示。

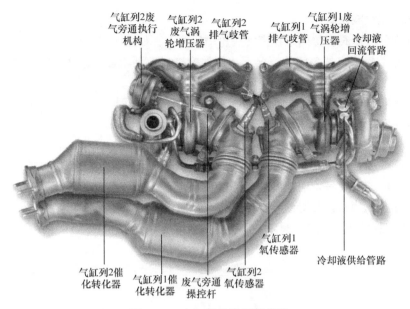

图 5-26　废气涡轮增压器部件

持续运行的发动机真空泵产生真空,并将其存储在一个蓄压器内。这样可以确保这些操纵部件不会对真空制动助力功能产生不利影响。通过废气旁通阀可将全部或部分废气气流输送至涡轮处。达到所需增压压力时,废气旁通阀开始打开,部分废气气流通过旁通通道排出。这样可防止通过涡轮继续提高泵轮转速。通过这种控制方法可处理各种运行状况。处于急速阶段时,两个废气涡轮增压器的废气旁通阀均关闭。其结果是,全部废气气流在这些低发动机转速阶段都用于泵轮加速。需要提高发动机功率时,泵轮可立即提供所需增压压力(不会感觉到延时)。

图 5-27　电子气动压力转换器(EPDW)

在满负荷情况下,达到最大允许转矩时通过部分开启废气旁通阀保持一个较高的恒定增压压力值。泵轮始终根据运行情况保持相应的转速。通过开启废气旁通阀可降低涡轮的驱动力,因此不会进一步提高增压压力,不会增加耗油量。

在满负荷运行模式下,发动机进气管内的最高表压力为 0.8bar。

因此在 1600r/min 转速时即可达到最大转矩。几乎没有"涡轮效应滞后"问题。

增压控制单元(DME)通过一个废气旁通阀对增压压力进行无级调节。由一个隔膜盒以气动方式控制废气旁通阀。电子气动压力转换器(EPDW)使隔膜盒承受负压(真空)。

电子气动压力转换器(EPDW)通过两根导线与 DME 相连。通过 DME 主继电器为其提供车载网络供电。DME 在接地侧以 250Hz 脉冲,通过脉冲宽度调制方式控制电子气动压力转换器。

DME 脉冲占空比可为 0%～100%,工作电压范围为 10.8～16V,它可根据脉冲占空比对气动压力进行无级调节。

2. 宝马循环空气减压阀

宝马循环空气减压阀直接固定在废气涡轮增压器上,如图 5-28 所示。

为了避免在节气门突然关闭的情况下(例如换档时)泵轮强烈振动,此时循环空气减压阀会打开。

此时在压气机周围形成一个循环回路。循环空气减压阀可防止在节气门关闭的情况下泵送空气,从而减轻发动机噪声。

其他效果:节气门重新打开时,废气涡轮增压器迅速响应。如果没有循环空气减压阀,废气涡轮增压器就会在克服关闭节气门后产生冲击压力的情况下进行工作,并减慢涡轮速度。

节气门打开时,废气涡轮增压器也会延迟做出响应。

循环空气减压阀通过两根导线与 DME 相连。通过 DME 主继电器为其提供车载网络供电。DME 在接地侧控制循环空气减压阀。

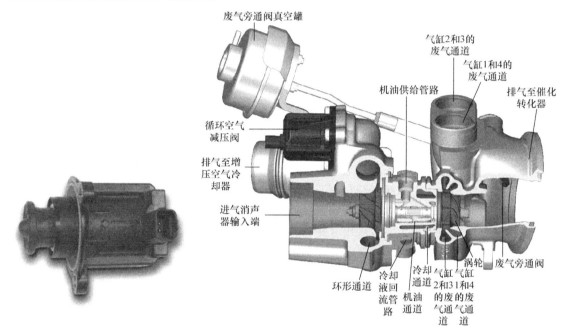

图 5-28　循环空气减压阀及安装位置

五　奥迪涡轮增压器结构及工作原理

1. 电控增压压力调节器 V465

奥迪四缸涡轮增压发动机,首次使用了电控增压压力调节器如图 5-29、图 5-30 所示。这种技术与以前使用的高压单元相比,有如下优点:

1)响应速度和精度更高。

2)能不依赖当前的增压压力来实施控制。

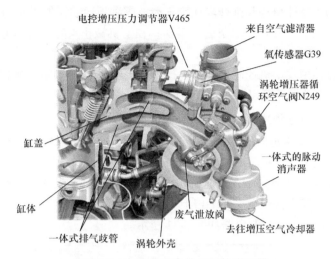

图 5-29 奥迪车型发动机涡轮增压器

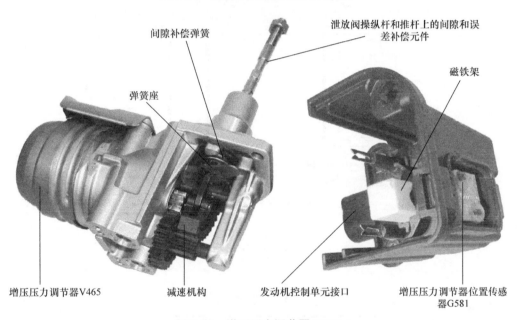

图 5-30 增压压力调节器 V465

3）因为增压压力较大，所以即使在发动机转速低至 1500r/min 时，也能保证发动机输出 320N·m 的最大转矩。

4）在部分负荷时主动打开废气泄放阀，可以降低基本增压压力。在 MVEG- 循环中，这可以减少排放 1.2g CO_2/km（也就是省油了）。

5）在催化转化器预热时主动打开废气泄放阀，可以使得催化转化器前的废气温度增高 10℃，这样就使得冷起动排放降低了。

6）由于电控增压压力调节器的调节速度快，在负荷往降低方向变化时（急速滑行），可以让增压压力立即下降，这对改善涡轮增压器的声响特性尤其有利（减小了排气的呼啸声）。

2. 工作原理

直流电动机借助于减速机构和推杆来让废气泄放阀翻板运动，如图5-30所示。在下机械止点时，由泄放阀翻板座上的外止点限制这个运动；在上机械止点时由壳体上的减速机构内挡铁来限制运动。

直流电动机的操控由发动机控制单元来执行，操控频率为1000Hz。推杆在其长度方向可以调节，因此在更换了调节器后可以调节废气泄放阀翻板位置。

3. 增压压力调节器位置传感器 G581

增压压力调节器位置传感器 G581 安装在增压压力调节器减速机构的壳体端盖上。在这个端盖上，还有一个磁铁架，带有两块永久磁铁。

磁铁架在壳体端盖中导向并压在减速机构内的弹簧座上。如果移动了推杆，那么它就会经过霍尔传感器的磁铁（该磁铁也在壳体端盖上），并获知调节行程的实际运动值。调节行程用模拟的线性电压信号来输出，其控制电路如图5-31所示。

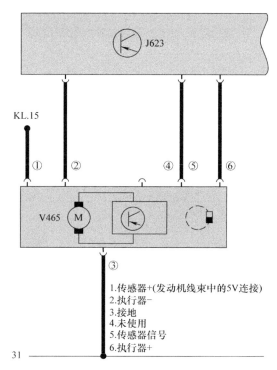

1.传感器+(发动机线束中的5V连接)
2.执行器-
3.接地
4.未使用
5.传感器信号
6.执行器+

图 5-31　增压压力调节器位置传感器 G581 控制电路

由于废气温度更高了（约980℃）且将氧传感器布置在壳体内涡轮的前面，为了满足这种要求，涡轮壳体采用了一种新的铸钢材料。

4. 压气机壳体和压气机转子

由于增压压力调节器 V465 的调节力较大，因此压气机壳体的强度加大了，它是用铸铝制成的。除了压气机转子外，壳体上还集成有脉动消声器、涡轮增压器空气再循环阀 N249，以及曲轴箱通风和燃油箱通风装置出来的窜气引入口，如图5-32所示。

压气机转子是整体铣削出来的，使得转速更稳、噪声更小。

氧传感器（在催化转化器前）安装在最佳位置处，所谓最佳位置指：每个气缸的废气在此处流经涡轮壳体前方，但同时温度又不过高。氧传感器G39是宽频氧传感器。

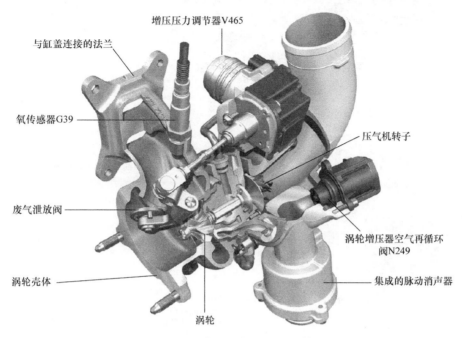

图 5-32　压气机壳体和压气机转子

六　曲轴箱通风系统

曲轴箱通风系统包括如下的部分（图5-33）：
1) 缸体中的粗油气分离器。
2) 粗油气分离器模块，拧紧在缸盖罩盖上。
3) 使用软管导引净化过的含汽油窜气。
4) 机油在缸体内的回流通过单向阀进入油底壳内的飞溅隔板。

粗油气分离器是缸体的一部分。通过在迷宫式的密封装置中的方向改变，有一部分机油被分离出来。这部分被分离出的机油通过缸体中的回流油道流回油底壳。回流油道终点位于油位之下，如图5-34所示。

1. 全负载运转（增压运转）

如果增压空气管道普遍超压，单向阀1会自动关闭。由于缸体内压和涡轮增压器进气侧的压力差异，此时单向阀2会开启，如图5-35所示。含汽油的窜气被吸入涡轮增压器。

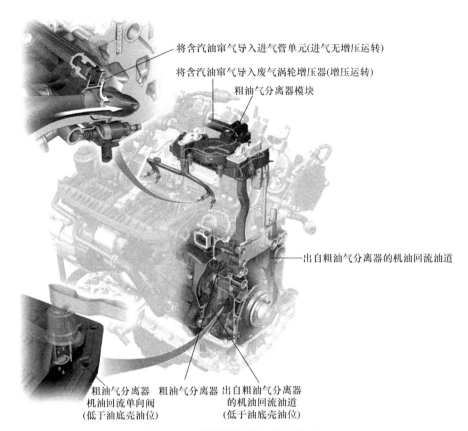

图 5-33 曲轴箱通风系统结构图

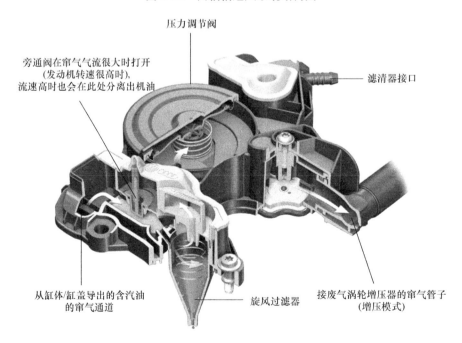

图 5-34 油气分离器结构图

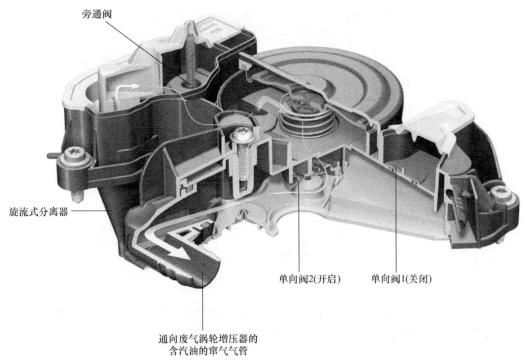

图 5-35 单向阀 2 开启

2. 怠速运转和低荷载运转（无增压运转）

无增压运转中，进气管中的负压会打开单向阀 1，并关闭单向阀 2。被清洁过的含汽油的窜气通过进气阀被直接输送去燃烧，如图 5-36 所示。

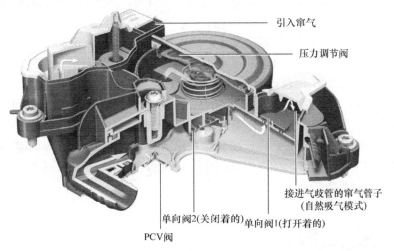

图 5-36 单向阀 1 开启

3. 缸体通风

缸体通风系统、粗油气分离器及压力调节阀安装在同一个模块单元的阀盖中。连接在蜗壳前的排气管和缸体通风阀上的计量孔完成了缸体的通风。因此，通风系统被设计成只在无增压运转时实施通风,如图5-37所示。

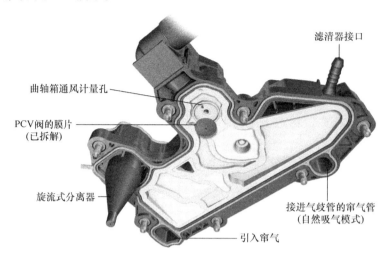

图5-37 曲轴箱通风PVC阀位置

例如:一辆迈腾轿车搭载1.8TSI发动机,起动后发动机怠速不良,并伴有"叽叽"的异响;踩下加速踏板时异响消失,松开加速踏板时异响声变大。

故障分析:读取相关数据流:发动机怠速转速为1000r/min,发动机的进气量为2.1g/s,氧传感器的信号电压为0.02V。由数据流可知发动机在进气量低于正常值(3.0~5.0g/s)且混合气过稀的情况下,怠速转速却高于标准值。经分析推断发动机有额外的进气量,即发动机进气系统漏气,导致有一部分气体未经过空气流量传感器就直接进入燃烧室参与燃烧。于是重点对空气流量传感器之后的进气系统进行检查。当断开进气歧管与油气分离器之间的曲轴箱强制通风管的一端,且用手堵住该管口时,发现故障现象全部消失。解体油气分离器后发现其阀门的膜片损坏。

故障排除:更换油气分离器后起动发动机,故障排除。

说明:油气分离器的阀门开闭取决于阀门弹簧的弹力、进气歧管真空度及曲轴箱压力这三个要素。在正常情况下发动机怠速时油气分离器的阀门是关闭的,但是当阀门的膜片损坏后,阀门就处于常开状态,导致发动机活塞一直从曲轴箱内抽气,从而使曲轴箱内出现真空度。当曲轴箱内的真空度达到一定程度时,就会有空气从曲轴的油封口处被吸入曲轴箱内,当一定量的空气在曲轴前油封口处流动时,发动机就会发出"叽叽"的异响。踩下加速踏板时,在废气涡轮增压器的作用下进气歧管内的真空度减小,异响就会消失;松开加速踏板时,进气歧管内的真空度增大,异响就会更大。

七、三元催化转化器

1. 三元催化转化器结构

三元催化转化器由催化剂载体、催化剂和外壳等组成,其结构如图5-38所示。三元催化转化器串接在排气歧管和消声器之间,氧传感器之后。

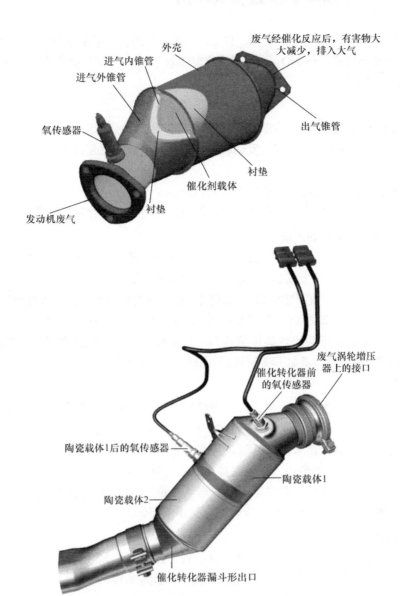

图 5-38 三元催化转化器结构

大多数三元催化转化器以蜂窝状陶瓷作为承载催化剂的载体，经特殊工艺处理的蜂窝状陶瓷载体能提供非常大的表面积，以促进化学反应快速进行。在陶瓷载体上浸有铂（或钯）和铑的混合物作为催化剂。铂和钯是氧化催化剂，当 HC 和 CO 与布满铂、钯的载体热表面接触时，HC 和 CO 就会分别与氧化合成 H_2O 和 CO_2。铑是还原催化剂，当 NO_x 与灸热的铑接触时，NO_x 就会脱去氧，还原为 N_2。

排气流入三元催化转化器，被吸附在催化剂表面上，吸附物质与气体分子或相邻的被吸附分子进行化学反应，形成低能量的反应产物，这种反应产物很容易从表面上脱附，并随排气流排出，进入外部空间，催化剂本身并不参加反应。

催化剂要在理论空燃比的混合气浓度下，铂促使 HC 和 CO 氧化，而铑同时使 NO_x 还原。

因为 NO_x 在催化转化器中的还原需要 HC 和 CO 作为还原剂，如果氧过量，即燃用稀混合气时，这些还原剂首先和氧反应，则 NO_x 的还原反应就不能进行。而如果空气不足即氧浓度不够时，HC 和 CO 就不能被完全氧化。

2. 工作条件

1）三元催化转化器的最佳工作温度为：375～800℃，短时耐受温度为 900℃。

2）14.6～14.7 空燃比的混合气在发动机气缸内燃烧后流入三元催化转化器，转化成无害的气体排出。

3）装用催化转化器的发动机只能使用无铅汽油。

4）发动机调节不当，如混合气过浓或气缸缺火，都将引起催化转化器严重过热。

3. 清洗三元催化转化器的方法

可以每隔 3 万 km 将三元清洗剂罐接入进气总管的任意一根真空管上，起动发动机，保持 2000～2500r/min 运转，利用发动机工作时进气系统内的真空度将三元清洗剂逐渐吸入，每次清洗通常需要 20～25min，直至罐内清洗剂用完为止。通过此种方法，可以有效地清洗进气门、燃烧室、氧传感器、三元催化转化器（TWC）内的钢丝网或多孔陶瓷上的积炭，使其恢复到正常的工作状态。用此法就不会出现氧传感器和三元催化转化器因堵塞而报废的故障了。4 缸发动机用 1 罐三元清洗剂即可，6 缸和 8 缸机需用 2 罐三元清洗剂。

4. 清洗后的调试

清洗后的调试包括两方面的内容，首先对控制单元进行重新设定，尤其是采用电动节气门的发动机，对欧Ⅱ、欧Ⅲ和欧Ⅳ标准车辆的电动节气门或怠速步进电动机、喷油时间和点火时间需要重新设定，否则就会带来新的故障。其次，清洗后要运行一段时间再做尾气检测，刚清洗后许多药液沉积在 TWC 的表面，有时会参加反应，应该在 TWC 达到正常工作温度后，再跑一会即可。清洗喷油器也一样，刚洗完喷油量增大一倍，立即测尾气 CO 含量会比清洗前明显提高，所以清洗喷油器后也需要运行一段时间再做尾气测试。

5. 三元催化转化器的故障

1）表层颜色为红褐色，为燃油中含硫过多所致，如图 5-39 所示。

2）底层颜色为灰白色，为燃油中含铅过多所致，如图 5-39 所示。

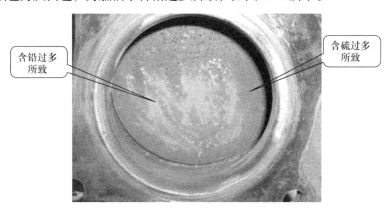

图 5-39 三元催化转化器中毒且严重堵塞

3）解体正常车如图 5-40 所示，排气管无中毒、堵塞迹象。

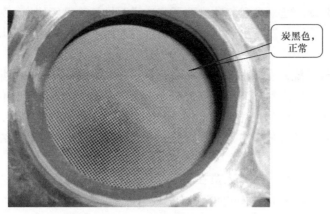

图 5-40　正常三元催化转化器的表面状态

建议：通过堵塞物质颜色分析燃油品质，化被动为主动。发动机对燃油品质要求高，劣质的燃油将会对低压油泵、高压喷油器、三元催化转化器造成潜在的失效影响。要建议用户重视保养，在每次加油时，推荐使用 97 号汽油并添加 1/3 瓶燃油添加剂。

6. 三元催化转化器堵塞的判断方法

1）检查排气管排气是否顺畅：用手竖着拿一张纸放在排气管出气口附近，急踩加速踏板，观察纸被排气吹起的情况，与同型号车相比，排气是否顺畅。

2）检查进气管真空度：发动机中速和高速时，三元催化转化器堵塞的发动机比正常发动机的真空度要小。

3）拆开排气歧管与三元催化转化器接口，试车：观察故障现象是否存在。

八　排气系统故障

1. 排气不畅导致汽车无法起动故障

一辆雷诺纬度轿车，搭载 2.5L V6 发动机，行驶里程 3000km。用户反映该车早上无法起动（当晚的气温约为 -20℃）。

故障分析：对该车进行检查，试车发现起动机运转正常，虽然发动机有起动的迹象，但就是无法顺利起动。拆下火花塞检查，发现 6 个火花塞的头部都是汽油，清洁火花塞后再次进行试车，结果一样还是无法起动。

由于该车是新车，分析车辆不会出现大的机械故障，于是首先怀疑燃油品质有问题。询问用户车辆汽油是在哪儿加的，说一直是在正规加油站加油。为了保险起见，维修人员断开原车油路，用吊瓶灌装其他车辆正常使用的汽油试车，结果故障依旧。

根据以往的维修经验，如果发动机的排气管堵塞了，也会造成这种有起动迹象但是无法着车的故障现象。于是在起动发动机的同时，派另一名维修人员在排气管处观察，发现在起动过程中排气管一点尾气都没有排出。

接下来，维修人员拆下其中一个缸的火花塞，其目的是增大排气通道，然后断开此缸的喷油器插接器后尝试起动。结果发现起动成功了，这说明排气管已经堵塞。发动机运转一段时间后，随着温度的升高，排气管喷出了大量的水，这说明排气管中出现了冰堵，而现在冰正在融化。

检查该车的排气系统，发现这款 V6 发动机 2 列气缸的排气歧管先汇集成了一根总的排气管，通往车身后部，再分流到 2 个消声器，而这 2 个消声器的分叉处设计位置比较低，这样就会增加存水量。由于东北各省使用的是乙醇汽油，燃烧后会产生大量的水，再加上天气寒冷，如果车辆没有停在有暖气的车库中，很有可能会导致积存在排气管中的水结冰，从而堵塞排气管。

故障排除：针对此问题，维修人员在 2 个消声器的最低点钻了 2 个孔，使存积的水从这 2 个孔流出，这样就大大缓解了存水的问题，如图 5-41 所示，而且试车证明钻的小孔不会影响正常排气，也不会产生异响。

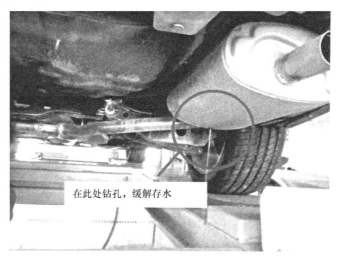

图 5-41 排气管处理部位

2. 循环空气减压阀密封件损坏故障

故障现象：一辆宝马轿车发动机型号为 N55，搭载自动变速器，行驶里程为 9 万 km。据驾驶员反映，该车发动机故障指示灯点亮，车辆提示发动机功率下降。

故障诊断：故障是在急加速时发生的，在急踩加速踏板时发动机故障指示灯点亮，但发动机没有明显的抖动，也没有明显的加速无力现象。熄火后再次起动发动机时，车辆工作恢复正常，发动机故障指示灯熄灭，但急加速时，发动机故障指示灯会再次亮起。试车发现，在 P 位急加速时，发动机故障指示灯没有亮起，而路试时急加速，发动机故障指示灯亮起。此外，当缓慢加速，车速在 70~80km/h 时发动机故障指示灯也会点亮。而发动机故障指示灯点亮后，车辆提速较慢，但发动机没有明显异常。根据试车的情况和驾驶员的描述，初步判断故障为进气系统故障。

连接 ISID 诊断系统对车辆进行诊断，读取故障码，发现发动机电控单元（DME）有故障码 120308，含义为"增压压力调节下限值，增压压力过小"。宝马车故障诊断系统通过监测增压压力传感器数值,并将其与额定值进行比对,如果测量的压力小于额定压力,同时电子气动压力转换阀的脉冲负载参数大于预设值(电子气动压力转换阀是通过脉冲宽度进行调节的。当提供的真空压力为70kPa时,根据发动机工作模式,其脉冲负载参数在15%～65%变化),将识别为故障。

由此可以判断出现故障的原因可能有:节气门前后压力传感器故障;电子气动压力转换阀故障;废气旁通阀卡滞;进气管路泄漏;三元催化转化器堵塞;循环空气减压阀故障或泄漏(高压和低压之间及系统和外界之间);废气涡轮增压器故障;燃油箱通风系统故障或通往进气系统的管路泄漏,及曲轴箱强制通风系统故障等。

检查节气门没有故障,接着检查废气旁通阀和电子气动压力转换阀。电子气动压力转换阀向膜片控制盒施加真空,推动废气旁通阀操控杆对废气旁通阀进行控制。通过调节加速踏板,并观察废气旁通阀操控杆,废气旁通阀操控杆可以动作,初步判断废气旁通阀无卡滞现象。而电子气动压力转换阀也可以动作,进一步拆下电子气动压力转换阀,检查真空管,无破损和泄漏现象,又测量电子气动压力转换阀的电阻,为11Ω,正常(20℃时为9.8～11Ω),且电子气动压力转换阀表面无污物,如图5-42所示。初步判断电子气动压力转换阀正常。

图5-42 电子气动压力转换阀

接下来对进气管路及其接口处进行检查。检查管路和增压空气冷却器,并无堵塞。因此,可以判断进气管路及接口处无泄漏和堵塞现象。

然后对循环空气减压阀进行检查。循环空气减压阀直接固定在废气涡轮增压器上,如图5-43所示。当节气门突然关闭时(例如在换档过程中),循环空气减压阀打开,增压空气被疏导到废气涡轮增压器的进气侧,可以降低节气门快速关闭时不希望出现的增压压力峰值,从而避免了气流冲击,对降低发动机噪声起到了重要作用。当节气门重新打开时,废气涡轮增压器也能够迅速响应。要是没有循环空气减压阀,废气涡轮增压器就会因为需要克服节气门关闭产生的背压而使涡轮转速变慢,在节气门重新打开时,废气涡轮增压器会延迟响应,降低发动机功率。另外,循环空气减压阀还可以保护废气涡轮增压器。当拆下循环空气减压阀后发现其密封橡胶件破损,如图5-44所示。接着检查减压循环通道的情况,无污物,如图5-45所示。

为了排除多重故障的可能性,又对废气涡轮增压器、燃油箱通风系统、通往进气系统的管路和曲轴箱强制通风系统进行相关检查,均正常。由此确认故障为循环空气减压阀密封橡胶件破损导致的。

故障排除:更换循环空气减压阀并清除故障码后试车,故障彻底排除。

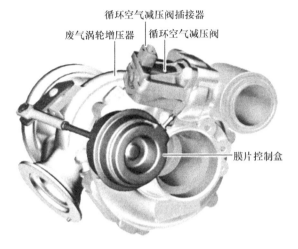

图 5-43　循环空气减压阀

图 5-44　循环空气减压阀密封橡胶件破损

图 5-45　减压循环通道无污物

说明：该故障属于泄漏空气一类故障，但其特殊性在于泄漏发生在废气涡轮增压器高压端与低压端之间，其最上部密封面的 4 个孔和损坏的密封橡胶件内部是连通的。当发动机工作时，其密封面（增压的高压侧）和密封橡胶件内部的压力应该是相等的，其内外压力抵消，因此 DME 只需要控制阀体克服阀体内部弹簧弹力，就能对压力进行调节。但当密封橡胶件损坏，其压差太大后，不但损坏处泄漏，且过高的气压会将密封面顶开泄漏，特别是在急加速时，增压空气的压力过低，使发动机故障指示灯点亮。

3. 三元化催化转化器失效、堵塞故障

（1）三元催化转化器失效

1）故障现象：一辆轿车行驶 10 万 km 发动机故障灯点亮。

2）故障诊断：接车后，首先验证故障现象，故障确实存在。用故障诊断仪读取各个系统的故障码，读得的故障码为 P0420，如图 5-46 所示。检查排气系统，无泄漏；检查机油，无异常消耗；检查火花塞，火花塞工作正常；检查前后氧传感器，表面正常，无污染物沉积；拆卸三元催化转化器前后端检查，三元催化转化器无明显堵塞情况，如图 5-47 所示。根据上述检查结果判断，该车故障有可能是三元催化转化器表面活性物质受到污染，造成其转化效率过低，发

动机排放不达标，发动机故障灯报警。

图 5-46　读取的故障码　　　　　图 5-47　三元催化转化器无堵塞

3）故障排除：更换三元催化转化器后试车，发动机故障灯不再点亮，故障排除。

说明：成三元催化转化器损坏的最常见原因是使用品质不好的燃油和机油。劣质燃油中含有大量的胶质，不完全燃烧后通过三元催化转化器时会由于高温产生沉积物，覆盖在三元催化转化器表面活性物质上，使得三元催化转化器失效。劣质机油中的灰分超标也会造成三元催化转化器损坏。因此，建议日常使用燃油添加剂，净化分解燃油中的胶质，并且可以保护并延长三元催化转化器的使用寿命。定期使用三元催化转化器清洗剂清洁三元催化转化器，可除去其表面的沉积物，减少更换维修费用。

（2）三元催化转化器堵塞

1）故障现象：一辆上汽通用雪佛兰科帕奇 2.4 运动型多功能车，行驶里程 6 万 km。用户反映该车加速不良，变速器不能自动升档。

2）检查分析：维修人员试车发现，该车在急加速时，会听到尖锐的啸叫声，且声音是从排气管发出的。试车回来，从车内便能闻到浓重的尾气味。

发动机怠速运转时观察数据流，发现进气歧管内的气压为 43kPa，正常值应为 36kPa。加速时，很容易达到 100kPa。从现象和数据上看，排气系统可能存在堵塞。

测量排气背压，怠速时为 14kPa，将怠速提高到 2500r/min 时，为 28kPa，说明排气管确实存在堵塞现象。根据经验，如果燃油品质有问题或混合气燃烧不良，都有可能导致三元催化转化器堵塞。拆下三元催化转化器检查，发现有部分堵塞现象，如图 5-48 所示。

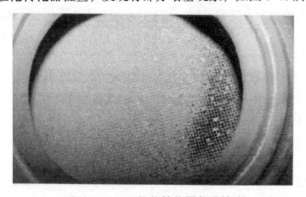

图 5-48　三元催化转化器部分堵塞

3）故障排除：更换三元催化转化器，故障排除。

4. 发动机排气系统故障灯点亮

1）故障现象：车辆行驶过程中发动机排气系统故障灯点亮，但车辆行驶状况无明显变化。清除故障码后行驶一段时间，故障再现。

2）故障诊断：用 VAS6150 读取故障码，为 08583——系统过浓，退出怠速，气缸列 1，怠速下系统过稀。再读取发动机数据流，在怠速工况下，发动机系统显示组 3 中第 2 区数据为 1.8g/s，正常应为 2.7g/s 左右。因故障车空气流量值偏低，分析进气系统有向内漏气的地方。检查进气系统相关管路，包括节气门体、进气歧管、曲轴箱通风及相关连接管路，未发现有漏气的地方。但检查中发现，该车机油尺未完全插入。将机油尺完全插入后，读取发动机系统显示组 3 中第 2 区数据为 3.0g/s，数据恢复正常。可确认因机油尺未完全插入，导致密封不严，额外空气从未完全密封的机油尺口处进入，如图 5-49 所示，与从空气滤清器进入的空气相混合，导致进气量增大混合气浓度变稀。氧传感器检测尾气发现混合气浓度变稀，通过降低节气门开度来减少进气量，导致发动机进气量为 1.8g/s，故障灯点亮。

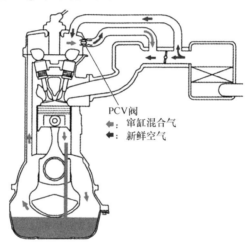

图 5-49 空气窜入示意图

3）故障排除：插好机油尺。

5. 混合气过稀故障

一辆大众轿车，装备缸内直喷发动机。该车在行驶过程中，出现 OBD 灯点亮故障。

检查分析：维修人员使用故障诊断仪 VAS6150 对车辆系统进行自诊断，读取发动机控制单元故障码如下：00369P0171000，含义为 B1（气缸列 1）混合气过稀。

起动发动机，读取发动机数据流并进行分析，发现空气流量计检测到的进气量小于实际值，据此判断进气系统可能存在泄漏。于是检查发动机进气系统所有可能产生漏气部位，例如进气管、增压器、进气歧管和油气分离器等，均未发现故障。

根据电路图对各元件进行测量，检查各端子电压，均正常（与正常车比较）。检查炭罐电磁阀，考虑到燃油蒸气与排放控制系统如果进入未经测量的外界气体，也可出现上述故障，于是切断燃油蒸气系统至进气歧管的管路进行试车，如图 5-50 所示，故障现象消失。至此故障原因查明：炭罐电磁阀内部卡死在开启位置，导致空气未通过空气流量计直接进入气缸，使混合气过稀,车辆行驶中,发动机 OBD 灯点亮。

注意: 炭罐电磁阀供电电压 12V,正常电阻值约为 20Ω。

故障排除: 更换炭罐电磁阀,故障排除。

图 5-50 切断燃油蒸气系统至进气歧管的管路

第六章 润滑系统

第一节 概述

一、润滑系统的功用

发动机工作时,很多传动零件都是在很小的间隙下做高速相对运动的,如曲轴主轴颈与主轴承,曲柄销与连杆轴承,凸轮轴轴颈与凸轮轴轴承,活塞(活塞环与气缸壁面),配气机构各运动副及传动齿轮副等。尽管这些零件的工作表面都经过精细加工,但放大来看这些表面却是凹凸不平的。若不对这些表面进行润滑,它们之间将发生强烈的摩擦。金属表面之间的干摩擦不仅增加发动机的功率消耗,加速零件工作表面的磨损,而且还可能由于摩擦产生的热,将零件工作表面烧损,致使发动机无法运转。

润滑系统的功用是在发动机工作时,连续不断地把适当的洁净机油输送到全部传动件的摩擦表面,并在摩擦表面之间形成油膜,实现液体摩擦,从而减小摩擦阻力、降低功率消耗、减轻机件磨损,以达到提高发动机工作可靠性和耐久性的目的。

二、润滑方式

由于发动机各运动件的工作条件不尽相同,因此,对负荷及相对运动速度不同的运动件应采用不同的润滑方式。

1)压力润滑。压力润滑是以一定的压力把机油供入摩擦表面的润滑方式。这种方式主要用于主轴承、连杆轴承及凸轮轴轴承等负荷较大的摩擦表面的润滑。

2)飞溅润滑。利用发动机工作时运动件溅泼起来的机油油滴或油雾润滑摩擦表面的润滑方式,称飞溅润滑。该方式主要用来润滑负荷较轻的气缸壁面和配气机构中的凸轮、挺柱、气门杆,以及摇臂等零件的工作表面。

3)润滑脂润滑。通过润滑脂嘴定期加注润滑脂来润滑零件的工作表面,如水泵及发电机轴承等。

第六章 润滑系统

三、润滑系统的组成及油路

润滑系统由油底壳、机油、机油滤清器、机油泵、机油集滤器、主油道、分油道组成。

在发动机内部有很多相互摩擦的部件，如活塞与缸壁、连杆小头与曲轴轴颈之间，只要发动机工作，它们之间就不停地摩擦，而且会随转速升高而使摩擦更剧烈。如果金属之间没有机油的润滑，那么它们就会被磨损，最后发动机将不能工作。

为了减轻各金属部件之间的摩擦，发动机加入了机油。因发动机铸有油道，机油由机油泵（相当于心脏）经机油滤清器压入油道，机油在油道内循环流动达到各部件位置，并将摩擦产生的热量带走。机油每小时可循环100多次，机油的循环路径如图6-1、图6-2所示。

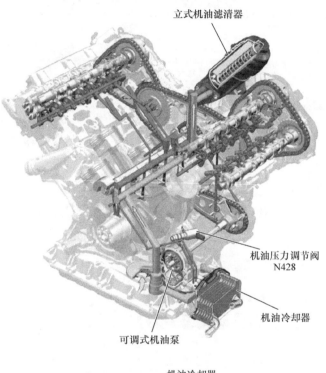

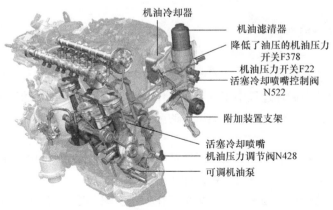

图6-1 发动机机油循环（一）

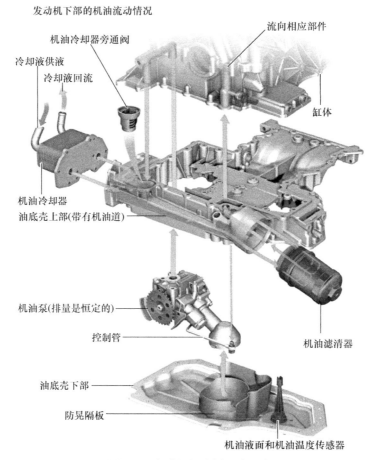

图 6-2 发动机机油循环（二）

第二节 润滑剂

一、机油的功用

1）润滑：机油在运动零件的所有摩擦表面之间形成连续的油膜，以减小零件之间的摩擦。

2）冷却：机油在循环过程中流过零件工作表面，可以降低零件的温度。

3）清洗：机油可以带走摩擦表面产生的金属碎屑及冲洗掉沉积在气缸、活塞、活塞环及其他零件上的积炭。

4）密封：附着在气缸壁、活塞及活塞环上的油膜，可起到密封防漏的作用。

5）防锈：机油有防止零件发生锈蚀的作用。

6）减振：在曲轴颈与轴承之间，总是存在一定空隙，这些间隙中充满机油，当气缸里的可燃混合气着火燃烧，活塞上的负荷突然增加时，轴承和轴颈之间的油层起着缓冲作用。由于机油吸收和缓冲负荷突然增加时类似锤击的作用,因而可降低发动机的噪声、振动和减少零件的损伤。

二、机油的使用特性及机油添加剂

汽车发动机机油在润滑系统内循环流动,循环次数每小时可达 100 次。机油的工作条件十分恶劣,在循环过程中,机油与高温的金属壁面及空气频频接触,不断氧化变质。窜入曲轴箱内的燃油蒸气、废气以及金属磨屑和积炭等,使机油受到严重污染。另外,机油的工作温度变化范围很大:在发动机起动时为环境温度,在发动机正常运转时,曲轴箱中机油的平均温度可达 95℃或更高。同时,机油还与 180～300℃ 的高温零件接触,受到强烈的加热。因此,作为汽车发动机的机油,必须具备优良的使用性能。目前,汽车发动机广泛使用的机油,以从石油提炼出来的润滑油为基础油,再加入各种添加剂混合而成。汽车发动机用机油应具有下列使用性能:

1)适当的黏度。机油黏度对发动机的工作有很大的影响。黏度过小。在高温、高压下容易从摩擦表面流失,不能形成足够厚度的油膜;黏度过大,冷起动困难,机油不能被泵送到摩擦表面。机油的黏度随温度而变化,温度升高,黏度减小;温度降低,黏度增大。为了使机油在较宽的温度范围内都有适当的黏度,必须在基础油中加入增稠剂。添加增稠剂之后,可以使机油在高温时保持足够的黏度,而在低温时黏度增加不多。

2)优异的氧化安定性。氧化安定性是指机油抵抗氧化作用,不使其性质发生永久变化的能力。当机油在使用与储存过程中与空气中的氧气接触而发生氧化作用时。机油的颜色变暗,黏度增加,酸性增大,并产生胶状沉积物。氧化变质的机油将腐蚀发动机零件。甚至破坏发动机的工作。

汽车发动机,尤其是高性能发动机的机油,经常在高温下与氧气接触。这就要求机油具有优异的热氧化安定性。为此,要在机油中添加氧化抑制剂。

3)良好的防腐性。机油在使用过程中不可避免地被氧化而生成各种有机酸。这类酸性物质对金属零件有腐蚀作用。可能使铜铅和镉镍一类的轴承表面出现斑点、麻坑或使合金层剥落。为提高机油的防腐性,除加深机油的精制程度外,还要在机油中加入防腐添加剂。

4)较低的起泡性。由于机油在润滑系统中快速循环和飞溅,必然会产生泡沫。如果泡沫太多,或泡沫不能迅速消除,将造成摩擦表面供油不足。控制泡沫生成的方法,是在机油中添加泡沫抑制剂。

5)强烈的清净分散性。机油的清净分散性是指机油分散、疏松和移走附着在零件表面的积炭和污垢的能力。为使机油具有清净分散性,必须加入清净分散添加剂。

6)高度的极压性。在摩擦表面之间的油膜厚度小于 0.3～0.4μm 的润滑状态,称为边界润滑。习惯上把高温、高压下的边界润滑,称为极压润滑。机油在极压条件下的抗摩性称为极压性。现代汽车发动机的轴承及配气机构等零件的润滑,即为极压润滑。为了提高机油的极压性,避免在极压润滑的条件下机油被挤出摩擦表面,必须在机油中加入极压添加剂。极压添加剂与金属表面起化学反应,形成强韧的油膜,用以提供对零件的极压保护。

三、机油的分类

国际上广泛采用美国 SAE 黏度分类法和 API 使用分类法,而且它们已被国际标准化组织(ISO)确认。

美国汽车工程师学会(SAE)按照机油的黏度等级,把机油分为冬季用机油和非冬季用机油。冬季用机油有 6 种牌号:SAE0W(适用温度 -35℃)、SAE5W(适用温度 -30℃)、SAE10W(适用温度 -25℃)、SAE15W(适用温度 -20℃)、SAE20W(适用温度 -7.5℃)和 SAE25W。非冬季机油有 5 种牌号:SAE20、SAE30、SAE40、SAE50、SAE60。号数较大的机油黏度较大,适于在较高的环境温度下使用。

API 使用分类法是美国石油学会(API)根据机油的性能及其最适合的使用场合,把机油分为 S 系列和 C 系列两类。S 系列为汽油机机油,目前有 SA、SB、SC、SD、SE、SF、SG 和 SH 共 8 个级别。C 系列为柴油机机油,目前有 CA、CB、CC、CD、CE 共 5 个级别。级号越后,使用性能越好,适用的机型越新或强化程度越高。其中,SA、SB、SC 等级别的机油,除非汽车制造厂特别推荐,否则将不再使用。目前使用的机油大多数具有多黏度等级,其牌号有 SAE5W-20、SAE10W-30(适用温度 -30 ~ 30℃)、SAE15W-40(适用温度 -20 ~ 40℃)、SAE20W-40(适用温度 -10 ~ 40℃)等。例如,SAE10-30(多级黏度机油)在低温下使用时,其黏度与 SAE10W 一样,而在高温下其黏度又与 SAE30 相同,因此,机油可以冬夏通用。为简化品种,我国也生产了汽柴通用机油,如 SF/CD 15W/40,表示该机油既可用于要求使用 SF15W/40 级机油的汽油机,也可用于要求使用 CD/15W /40 级机油的柴油机。

我国的机油分类法参照采用 ISO 分类方法,按机油的性能和使用场合分为:

1)汽油机机油:SC、SD、SE、SF、SG、SH、SJ、SL、SM 等级别。
2)柴油机机油:CC、CD、CD-Ⅱ、CE、CF、CF-4、CG-4、CH-4 等级别。

四、润滑脂

润滑脂是将稠化剂掺入液体润滑剂中所制成的一种稳定的固体产品,其中可以加入旨在改善润滑脂某种特性的添加剂。润滑脂在常温下可附着于垂直表面而不流淌,并能在敞开或密封不良部位工作,具有其他润滑剂所不能代替的特点。因此,在汽车的许多部位都使用润滑脂润滑。

第三节 润滑系统的主要部件

一、机油泵

1. 转子机油泵

转子机油泵由一个内啮合外转子和一个外啮合内转子组成,如图 6-3 所示。内转子为被驱动部件。外转子在内转子齿轮上滚动,并以这种方式在机油泵壳体内旋转。

内转子比外转子少一个齿,因此每转动一圈就可将油液从一个外转子齿隙输送到下一个齿隙。转动时吸油侧空间增大,而压力侧空间相应减小。这种结构可在流量较大的情况下产生较高压力。转子机油泵的类型如图6-4所示。

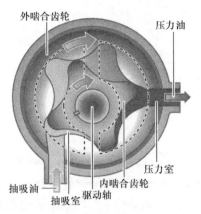

图6-3 转子机油泵

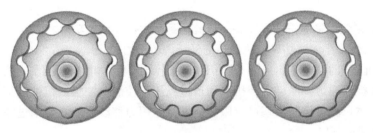

图6-4 转子机油泵的类型

2. 圆柱齿轮机油泵

这种机油泵的两个外啮合齿轮相互啮合在一起,其中一个是驱动齿轮,如图6-5所示。未啮合齿轮的齿顶沿机油泵壳体滑动,将机油从抽吸室输送至压力室。问题是一些残余机油会留在齿根内。这部分挤压机油可承受很高压力,因此机油泵壳体/盖板内带有减压槽,用于将挤压机油导入压力室内。

外啮合圆柱齿轮机油泵设计为油底壳泵,其效率为 0.8~0.9。

3. 体积流量可调式圆柱齿轮机油泵

这种机油泵由圆柱齿轮机油泵发展而来。该机油泵的非驱动齿轮(机油泵轮)可沿轴向方向移动,以此调节机油输送量,如图6-6所示。

机油泵的工作原理决定其每次仅输送所需机油量。与传统机油泵相比,这种按需调控的供油方式可使驱动功率平均降低最多160W。例如,转速大约为6000r/min时,最多可节省驱动功率1.25kW,平均耗油量可降低大约1%。

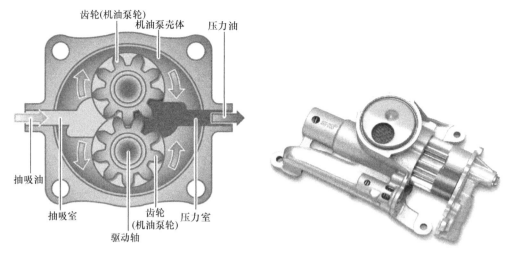

图 6-5 圆柱齿轮机油泵　　　　图 6-6 可调式圆柱齿轮机油泵

1）机油泵达到最大输送功率，机油压力低于调节压力：

① 机油泵由驱动链轮驱动。位于驱动轴上的机油泵轮驱动控制活塞的机油泵轮，如图 6-7 所示。

② 通过两个机油泵轮从油底壳和进油滤网吸入机油，随后将其压入连接机油滤清器的未过滤机油通道内。

③ 两个机油泵轮以最大重叠率重叠，以此达到最大机油输送功率。

2）机油泵达到最小输送功率，机油压力低于调节压力：

① 向发动机输送了过多机油时，机油压力会缓慢升高，如图 6-8 所示。机油通过连接机油滤清器的未过滤机油通道，经已过滤机油通道进入用于控制机油量的机油通道。由于此时机油压力升高，因此体积流量控制活塞可克服压缩弹簧作用力移动，从而使未过滤机油通道与控制活塞之间的机油通道开启。

② 控制活塞克服压缩弹簧作用力移动，减少了机油泵轮的重叠，从而减小了可输送的机油量。机油量与机油压力之间达到平衡状态。

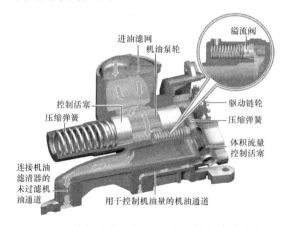

图 6-7 体积流量可调式机油泵最大输送功率

第六章 润滑系统

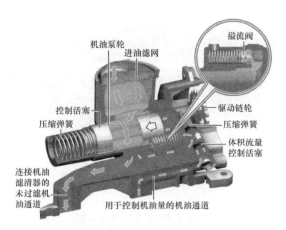

图 6-8 体积流量可调式机油泵最小输送功率

3）机油泵达到最小输送功率，通过调节阀控制机油压力：如果在达到最小输送功率的情况下机油压力继续提高，就会在未过滤机油通道内机油压力的作用下使溢流阀打开，以此限制发动机内的最大机油压力，如图6-9所示。

4. 溢流阀

溢流阀安装在压力侧，如图6-10所示。溢流阀可防止机油压力过高，例如用冷态机油起动发动机时。它可保护机油泵和机油泵传动装置、主流量机油滤清器和机油冷却器，可在任何运行条件下都能使润滑油回路内的机油压力保持不变。

溢流阀紧靠在机油泵后方，通常都直接安装在机油泵壳体内。它的开启压力取决于所用发动机类型，普遍为 1.0～1.5MPa。

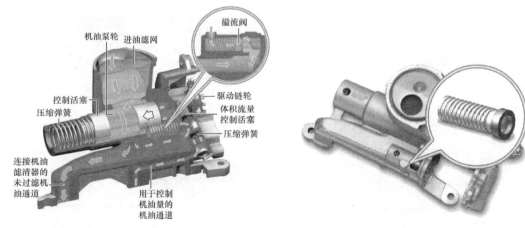

图 6-9 体积流量可调式机油泵通过机油压力进行控制　　图 6-10 带有溢流阀的机油泵

5. 体积流量调节阀

也可以通过体积流量调节阀根据需要调节机油输送量。与溢流阀一样，体积流量调节阀也安装在机油泵壳体内，如图6-11所示。

253

图 6-11　带有体积流量调节阀的机油泵

二、新型机油滤清器

1. 新型机油滤清器结构

单向阀可确保在发动机静止期间机油滤清器和机油通道不会排空机油。因为单向阀只允许发动机机油向一个方向流动，而防止机油向另一个方向流动，如图 6-12 所示。

机油从机油泵处根据需要和设计类型输送至机油冷却器，随后进入机油滤清器内。机油滤清器内装有执行不同任务的阀门。这些任务包括更换机油时排空机油、堵塞时形成滤清器旁通的旁通阀（如图 6-13 所示），以及防止机油通道排空机油的单向阀。

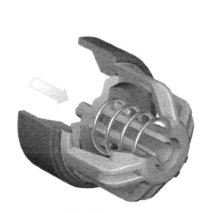

图 6-12　单向阀

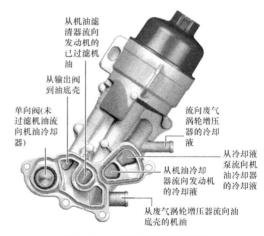

图 6-13　机油滤清器旁通阀

为了确保在机油滤清器堵塞的情况下仍可为润滑部位供油，在与机油滤清器平行的位置安装了一个机油滤清器旁通阀。如果因机油滤清器堵塞而使机油滤清器前后的机油压力差增大，机油滤清器旁通阀就会打开，从而确保机油（虽然未过滤）仍可达到润滑部位。

车外温度较低时，冷态机油可能会变得黏稠而导致机油滤清器堵塞。在这种情况下机油滤清器旁通阀也会打开。

图 6-14a 中的机油滤清器旁通阀为关闭状态，图 6-14b 中的机油滤清器旁通阀为打开状态。

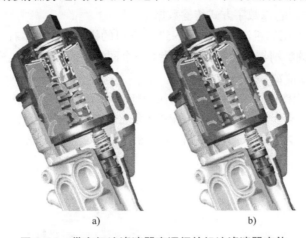

图 6-14 带有机油滤清器旁通阀的机油滤清器壳体

（1）输出阀

更换机油滤清器时，机油通过输出阀返回油底壳。机油滤清器容器关闭时通过机油滤清器滤芯操纵输出阀，从而阻止机油流入油底壳（如图 6-15 所示）。

如果为了更换机油打开机油滤清器端盖，则插在机油滤清器端盖上的滤清器滤芯也会向上移动。气门杆在支架上的弹簧作用下随之一起移动，因此在密封环处形成开口。

（2）机油冷却器

在功率较大且热负荷较高的发动机上，存在运行过程中机油过热的危险。因此高负荷发动机上大多采用了机油冷却器。机油冷却器负责在暖机阶段使机油迅速升温，并在随后确保对机油进行足够的冷却。

图 6-16 展示了经过机油滤清器和机油冷却器的机油和冷却液回路。

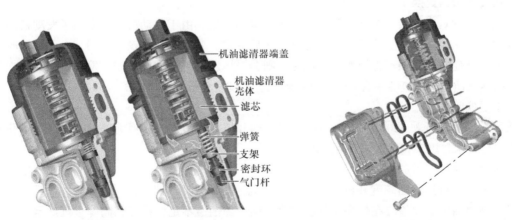

图 6-15 阻止机油流入油底壳　　　图 6-16 带有机油冷却器的机油滤清器回路

机油压力开关的作用是监控润滑系统。机油压力未超过由弹簧确定的限值时，机油压力指示灯就会亮起。这个限值大约为 20～50kPa。

机油压力开关通过一根信号线与 DME 相连。未操作开关时向该信号线施加 12V 电压，操作开关时施加 0V 电压。它以数字方式传输数据。

宝马 N20 发动机所用的机油滤清器与 N57 发动机的机油滤清器具有相同的特点。新型号为取代回流关断阀在机油滤清器元件上直接安装了一个回流关断隔膜，如图 6-17 所示。它用于在发动机关闭后防止机油滤清器排空机油。

回流关断隔膜采用橡胶制成，可在机油压力作用下抬起，从而使机油流入机油滤清器内。发动机关闭且机油压力降低时，回流关断隔膜就会通过自身形状及弹性封住机油通道。发动机机油无法从机油滤清器内流出。回流关断隔膜是机油滤清器的一部分，因此每次更换机油滤清器时就会自动随之更换。

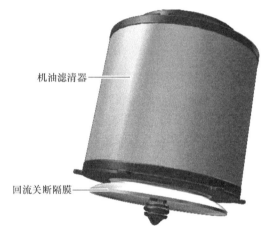

图 6-17　新型机油滤清器

2. 机油滤清器更换

发动机机油具有润滑、清洁、密封、防锈和冷却功能。由于发动机机油去除了发动机中的污垢和油污，在使用一个阶段后，它会变脏，然后变黑、变质。即使没有使用，由于存放时间过长机油也会变质。如果不更换发动机机油，则会损坏发动机；如没有添加发动机机油添加剂会导致机油品质下降，机油中含有金属磨损颗粒会加剧发动机的磨损。

（1）更换间隔

乘用车一般每行驶 5000～7500km 时更换机油和机油滤清器，更换前应检查机油品质和液位是否符合要求，以检查发动机润滑系统是否正常。

（2）维护项目

检查发动机机油油面高度和机油品质：发动机运转几分钟，熄火，间隔几分钟之后，拔出机油尺，检查油位。油位应在最大和最小刻度之间。如油量不足应补充相同牌号机油至规定的刻度。用机油尺取数滴机油滴于中性滤纸上，检查其扩散的油迹；若中心黑色杂质较深，颗粒较大，说明机油含杂质较多，已变质，用手捏搓取样机油，若机油失去黏性感，说明机油内混有燃油。

（3）机油排放的操作步骤

1）运转发动机，使其达到工作温度 70~80℃，熄火后打开机油加注盖。

2）举升车辆（注：举升车离地面 20cm 左右时，用手推动看是否支承好）。

3）检查发动机各接触面、各油封、排放塞等处是否漏油。

4）将机油回收车拉至到发动机油底壳下方，旋松放油螺栓，放出机油，如图 6-18 所示。对有垫片的放油螺栓，应检查垫片，视情更换。

注意：放油螺塞的拧紧力矩：30N·m。

图 6-18 放出机油

（4）机油滤清器更换

1）用机滤扳手拆下机油滤清器。

2）检查和清洁机油滤清器安装座表面。

3）在新的机油滤清器密封圈上涂上清洁的发动机机油。若不涂机油，安装时密封圈与接合面发生干摩擦，密封圈易翘曲和损坏，造成密封不良而漏油。安装新的机油滤清器时，应在机油滤清器密封圈上涂上干净的机油同时倒入少量新机油，约为机油滤清器容积的 1/3 左右，有些机油滤清器自带机油的不需添加，如图 6-19、图 6-20 所示。

注意：当机油滤清器的安装位置开口朝下或处于水平位置时，若发动机停止工作，机油会流回油底壳而导致机油滤清器内没有机油。但当下一次起动发动机时，为了确保发动机得到安全保护，机油必须在整个润滑系统中重新充满才产生压力，这样就延长了机油到达发动机机体润滑的时间，也就使发动机机体的磨损增加。单向阀在其中的作用就是，可以防止机油滤清器里面的机油流干，保证任何时候机油滤清器内部都充满机油，当发动机再次起动时，机油几乎可以瞬间到达发动机机体进行润滑。

4）用手轻轻拧紧机油滤清器，直到感觉到有阻力为止。再用专用工具重新拧紧机油滤清器 1/2~3/4 圈。

注意：不要拧得过紧，否则会损坏螺纹或机油滤清器，拧紧力矩为 25~30N·m。

5）加入机油，起动发动机，检查机油滤清器和放油螺栓处是否有渗漏现象。

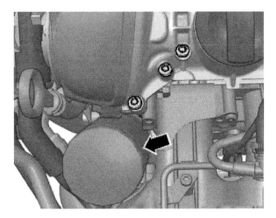

图 6-19 大众车型机油滤清器位置

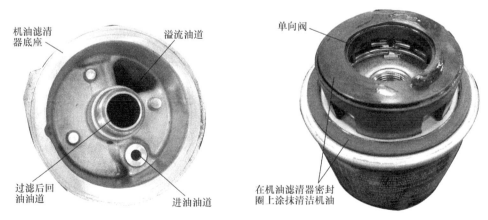

图 6-20 在机油滤清器密封圈上涂抹机油

注意：发动机机油油位检查请注意以下几点：

1）关闭发动机后最少等待 3min，以便机油流回油底壳。

2）拉出机油尺，用干净的抹布擦净后将机油尺重新推入至限位位置。

3）再次拔出机油尺并读出机油油位，如图6-21所示。

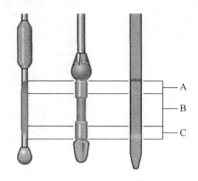

图 6-21　机油尺油位显示

A—不得添加机油　B—机油可加注至区域A　C—必须添加机油。机油油位应必须位于测量区域B的上半部分。当油位高于标记A时，应排放或吸出多余的机油，以避免损伤催化转化器。如果机油油位低于标记C，必须加注足够的机油，至少为0.5~1.0L

三、机油压力开关

1. 机油压力开关结构

发动机机油压力开关通常安装在发动机缸体的主油道上，用于检测发动机有无机油压力。它由弹簧、压板隔板及触点等组成，外观及结构如图6-22所示。机油压力开关内部结构及安装位置如图6-23、图6-24所示。

<u>注意：此压力开关为常闭型，只有在机油压力作用下才分离。</u>

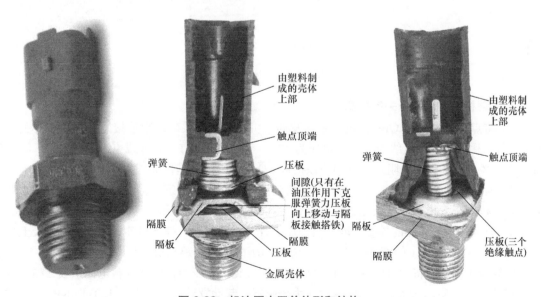

图 6-22　机油压力开关外形和结构

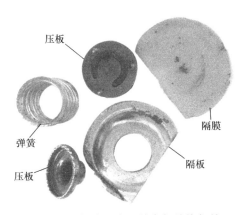

图 6-23 机油压力开关内部结构部件

图 6-24 新款捷达车型机油压力开关安装位置

机油压力开关的工作原理如图 6-25 所示，油压指示灯安装在组合仪表内，机油压力开关安装在发动机润滑油路上。在压力开关内，装有受油压作用动作的隔板与受油压作用动作的压板。当油压低于规定值时，压板不具有推动弹簧的作用力，触点闭合，指示灯亮；当油压高于规定值时，压板推起弹簧，触点分开，指示灯熄灭，告知驾驶员油压已达到规定值。通常情况下，触点动作压力在 30~50kPa 范围内。

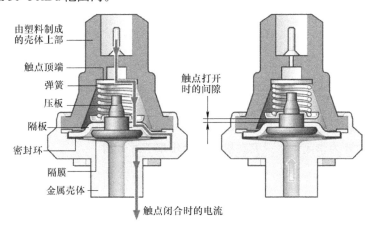

图 6-25 机油压力开关工作原理

2. 发动机机油压力开关的检测

1）将点火开关置于 OFF 位置，断开发动机机油压力开关的线束连接器，将点火开关置于 ON 位置，用万用表测量线束连接器电压为 12V，正常，说明 ECM 和线束都没有问题。测量机油压力开关与缸体间的电阻，正常值应该接近 0Ω，否则说明是机油压力开关内部失效了。

2）检查的条件。检查机油压力开关及机油压力时应满足的条件：机油油位正常；点火开关打开后，机油压力指示灯必须亮；自动检查系统的显示屏必须显示"OK"；机油温度约 80℃。

3）机油压力传感器的检查。断开机油压力开关连接导线，拧下机油压力开关，并装上机油压力检测仪 VAG1342（如图 6-26 所示），将机油压力传感器装到机油压力检测仪 VAG1342 上，检测仪导线 1 接地。将二极管测试灯 VAG1527 连接到机油压力传感器及蓄电池正极，测试灯应不亮；若测试灯亮，则需更换机油压力压力传感器。起动发动机，压力达 120~160kPa 时测试灯应亮，若测试灯不亮，则需更换机油压力传感器。

四 电控自调式机油泵

国内大众 CC 2.0TSI 发动机第一次采用了电控可调式机油泵，如图 6-27 所示。开发这款自调式机油泵的首要目的是提高运行效率，进一步改善燃油经济性。相比其他的自调节机油泵，这个泵设计的特点是控制更加精确，运行更有效率。传统的机油泵，发动机转速增加，机油压力增加，靠机油泵内部的限压阀限制压力。但是此时，机油泵仍然运行在最大输出量下，需要消耗发动机的动力，而且输入的能量都转化为热能，加速了机油老化。自动调节机油泵的结构如图 6-28 所示，机油泵泵油原理如图 6-29 所示。自调式机油泵油路如图 6-30 所示。

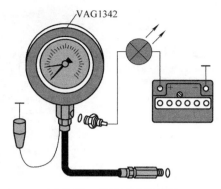

图 6-26　机油压力检测仪

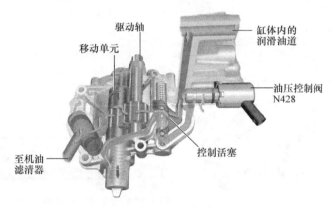

图 6-27　电控可调式机油泵

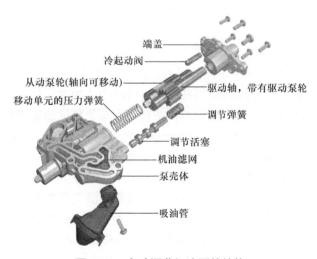

图 6-28　自动调节机油泵的结构

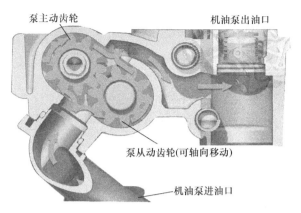

图 6-29 机油泵泵油原理

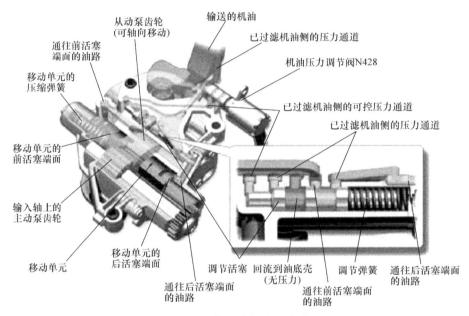

图 6-30 自调式机油泵油路

新调节方式的原理：采用两个不同的压力。低压（相对）约为1.8bar（1bar=100kPa）。当发动机转速达到约3500r/min时就切换到高压，这时压力（相对）约为3.3bar。压力调节是通过调节泵齿轮的供油量来实现的。这样就可以按机油冷却器和机油滤清器下游所需要的机油压力来精确地供给机油了。机油循环是通过移动单元的轴向移动（就是两个泵齿轮的相对移动）来实现的：如果两个泵齿轮正对着，那么这时的供油能力是最大的；如果泵的从动齿轮在轴向产生最大移动，那么这时的供油能力是最小的（输送的只是齿间挤出的机油）；也就是说，齿轮的位移越大，供油能力越低。这个位移过程是通过将过滤完的机油的压力引到移动单元的前部活塞面上而实现的。移动单元的前部活塞面上还作用有压力弹簧力。移动单元的后部活塞面上一直加载着过滤完的机油的压力，如图6-31所示。电控可调式机油泵工作过程可以分为以下几种情况。

供油量最大的情况　　　　　　供油量最小的情况

无轴向位移　　　　　　　　　最大轴向位移

图 6-31　机油泵移动单元工作情况

（1）发动机起动时

如图 6-32 所示，是发动机起动时机油泵的工作状况（机油泵开始供油）。发动机机油通过已过滤机油侧的压力通道作用到调节活塞的所有面上，以及移动单元的两侧。发动机控制单元激活机油压力调节阀 N428，使可控压力通道处于打开状态，于是机油压力就作用到调节活塞的所有面上。移动单元就保持在这个位置上。该泵以最大供油能力来供油，直至建立起低压（约 1.8bar）。如果发动机怠速运行的话，机油压力可能低于这个值。这个压力值过低会损坏发动机，因此必须对机油压力值进行监控。这个监控工作由机油低压压力开关 F378 来完成。

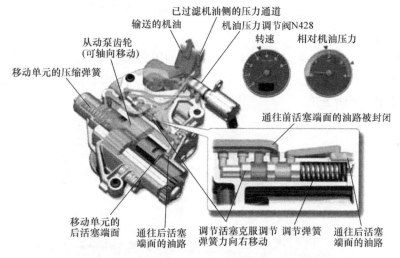

图 6-32　发动机起动时机油泵的工作状况

（2）达到低压时

如果发动机转速升高了，那么机油压力也稍微提高了，这就使得调节活塞顶着调节弹簧力发生了移动。于是通向前部活塞面的机油通道就被封闭了，与此同时通向无压力的回流管（进入油底壳）开口就打开了。这时，后部活塞面上的机油压力就大于弹簧力了。于是移动单元就顶着压力弹簧力发生了移动，泵的从动齿轮相对于主动齿轮也就发生了轴向移动。此时泵的容积流量（供油能力）就减小了，也就是根据发动机的机油需求情况进行了适配。这个容积流量（供油能力）的适配就使得机油压力保持在一个相对恒定的水平。机油压力值等于供油量与发动机转速的乘积，由于移动单元的压缩弹簧弹性系数固定，因而机油压力值可以保持在相对恒定值，那么供油量和发动机转速的关系就是反比的关系，当转速较低时，供油量较大，当转速提高导致机油压力提高，会使得移动单元向箭头方向移动，供油量减小，如图 6-33 所示。这样就限制了机油压力的进一步上升，那么机油压力就维持在一个相对恒定的水平上，这是一个动态的平衡过程。

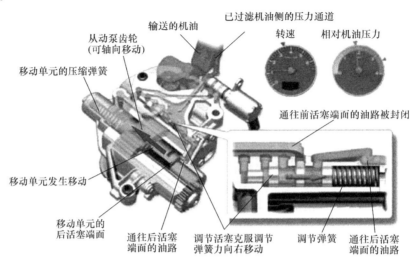

图 6-33　机油压力稍微提高的工作状态

（3）切换到高压前的状态

如图 6-34 所示，随着发动机转速不断上升，机油压力随之升高，图中活塞位置表示压力升高。在马上就要切换到高压前的状态（压力值为 1.8bar 左右）时，此时移动单元完全伸出，机油压力就被限制在 1.8bar 左右。

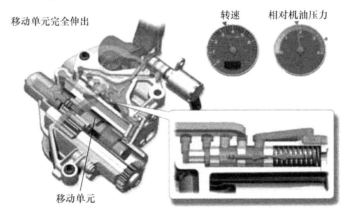

图 6-34　切换到高压前的状态

（4）切换到高压的状态

如图 6-35 所示，在转速超过约 3500r/min 时就切换到高压状态。为此，机油压力调节阀 N428 就被断电。这就使得可控压力通道被关闭，与此同时也关闭了通向油底壳内的无压力腔的开口。由于现在调节活塞的一个作用面不再作用有机油压力了，调节弹簧的力就起作用了。调节活塞继续向左移动，以至于通向移动单元前部活塞面的机油通道就被打开。这时作用在前部活塞面的机油压力和压力弹簧就再次将移动单元向回推，直到该泵的两个齿轮又几乎完全正面相对，这时泵以最大供油能力在供油。移动单元保持在这个位置上，直至机油压力达到 3.3bar。

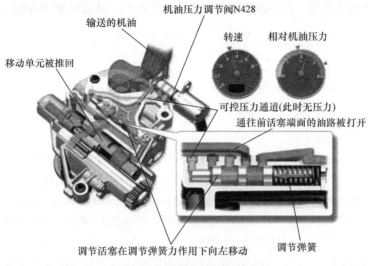

图 6-35 切换到高压的状态

（5）达到高压的状态

如图 6-36 所示，机油压力调节阀 N428 仍然处于断电状态。调节活塞与调节弹簧之间的力的关系由机油高压来保持着（有效的活塞面积减小）。如果发动机转速继续升高，那么移动单元就又开始移动（就像低压状态时那样）。切换到高压由机油压力开关 F22（在机油滤清器模块上）记录下来。可控机油通道在高压时仍由机油压力调节阀 N428 保持关闭状态。直至机油压力达到约 3.3bar。机油压力和调节弹簧力平衡后，高压保持在相对恒定的水平。

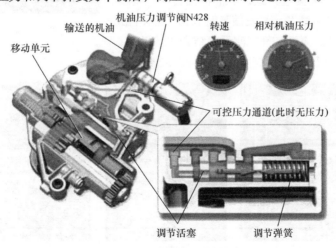

图 6-36 达到高压的状态

几种发动机机油压力供给和需求的比较，可见自调节的机油泵更能满足要求。这样做的目的是：当不需要较高的机油压力时，将机油压力控制在较低的范围内，这样做的原因有两个：

1）改善排放。一方面，机油压力高，发动机相应负荷大，燃油消耗也会大。另一方面，以前的设计较高的机油压力，相应也会有较多的机油窜入燃烧室参与燃烧，也就是机油消耗大，排放也会变差。

2）降低了机油消耗量。在不需要高的机油压力的时候，通过电磁阀控制降低油压，进而也会降低机油消耗量。

五、大众、奥迪电子机油尺

1. 电子机油油面显示

电子式油面测量通常是使用机油油面高度电子指示器来检查机油油面。电子测量又分为两种方法来计算机油油面高度。第一种是车辆在行驶过程中采用动态测量，这种测量方式的重要测量参数有发动机转速、纵向和横向加速度、发动机舱盖接触（舱盖必须关闭）、发动机温度（发动机应处于正常工况）、在上次发动机舱盖接触后行驶循环应大于50km获得测量值。第二种是静态测量，它的测量条件是接通点火开关，发动机机油温度大于60℃，无发动机转速信号，发动机停止工作时间大于120s，使机油能流回到油底壳内。测量方法是在多媒体界面中检查机油油位，在收音机或MMI操作按钮E380上按压CAR按键，旋转收音机或E380上面的大旋钮选择机油油位选项，按压大旋钮即可进入油位检查界面，在满足机油检查条件后会出现如图6-37所示界面，max为机油上限，min为机油下限。如果机油显示条接近min（最低），那么就需要添加发动机机油了。

机油油面采用静态测量方式，机油油面传感器需要发动机舱盖开关信号来触发，触发信号时MMI显示上次打开发动机舱盖后动态测量和静态测量相结合的结果。

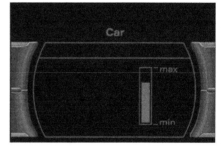

图6-37 机油油面显示界面

组合仪表上可能出现下面这些显示，如图6-38所示。

最小的机油量

较低的机油量

正常的机油量

图6-38 组合仪表上的显示

1）机油油面高度正常（绿色），有文字提示Ölstand o.k.（机油油面高度正常）。

2）机油油面高度已达最低点（黄色），有文字提示 Bitte max.1 Liter nachfüllen，Weiterfahrt möglich（请最多补加 1L 机油，可以继续行驶）。

3）机油油面过低（红色），有文字提示 Bitte dringend Öl nachfüllen（请立即补加机油）。

4）机油油面过高（黄色），有文字提示 Bitte Ölstand reduzieren（请降低油面高度）。

5）机油油面传感器损坏，有文字提示 Sensor defekt（传感器损坏）。

2. 常见故障

1）黄色机油灯报警，补加机油后 MMI 中油位不变，调整发动机舱盖开关，按静态测量方式条件操作 MMI，机油油面显示正常。

故障解决：调整润滑发动机舱盖锁。

2）凌渡：1.8T 车组合仪表显示"请检查机油油位！"

故障现象：凌渡 1.8T 车组合仪表显示"请检查机油油位！"，如图 6-39 所示。

故障诊断：启用 ODIS 系统，进入"01 发动机电控系统"，无故障码存储。按维修手册添加机油后试车，故障依旧。

解决方法：对"01 发动机电控系统"执行"引导型功能"→"删除学习值"，如图 6-40 所示。

图 6-39 组合仪表显示"请检查机油油位！"

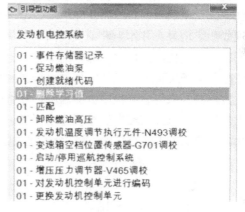

图 6-40 执行"删除学习值"

六　电容式液位传感器

1. 电容式液位传感器原理

电容式液位传感器常用于燃油、机油和冷却液液位的测量，如图 6-41 所示。将电容式液位传感器放入燃油或冷却液中，随着燃油或冷却液液面高度发生变化，引起电容电极间的电介质的不同，进而引起了电容的变化。电容的变化引起了电路振荡周期的变化，通过计算电路振荡频率，就能获知液面状态。

机油状态传感器是大众/奥迪车系所配备的反映机油状况的一个重要传感器，主要作用是随时监控机油液位、机油温度。下面以大众 CC 发动机为例，说明其构造和检测方法。

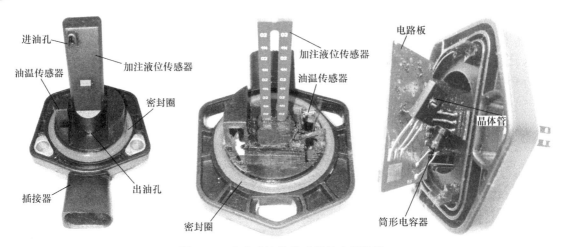

图 6-41 电容式液位传感器的内部构造

如图 6-42 所示,机油状态(机油液位和机油温度)传感器 G226 安装于发动机油底壳上。该传感器由两个重叠安装的筒形电容器组成。两根金属管作为电容器电极嵌套安装在电极之间,发动机机油作为电介质。机油状态通过下部的传感器测得,作为电介质的机油因磨损碎屑不断增加,以及添加剂的分解而使介电常数发生变化,相应的电容值将在传感器内的电子装置中被处理成数字信号,并作为发动机机油状态信息被传送给仪表电脑。机油液位传感器在传感器的上部,它测量机油液位这一部分的电容值,该电容值会随着机油液位的变化而发生变化,并将由传感器电子装置处理成数字信号再传送到仪表电脑。在机油状态传感器的底座上装有一个铂温度传感器,该传感器检测机油温度,并将检测到的温度信号传送到仪表电脑,再输出到机油温度表显示。只要在输出信号端连续测量,即可测得机油液位、温度和发动机机油状态信号的变化。机油状态传感器 G266 是一个三线式数字信号传感器,电路连接如图 6-43 所示。

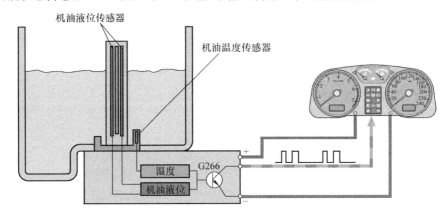

图 6-42 机油状态传感器构造示意图

2. 机油状态传感器 G226 检测

1)供给电源检测。用数字式万用表对传感器 1 号端子进行工作电压检查。用数字万用表直流电压档检测机油状态传感器 T3bu/1 号端子与 T3bu/2 的电压,点火开关打开时,其电源端电压应是蓄电池电压。

第六章 润滑系统

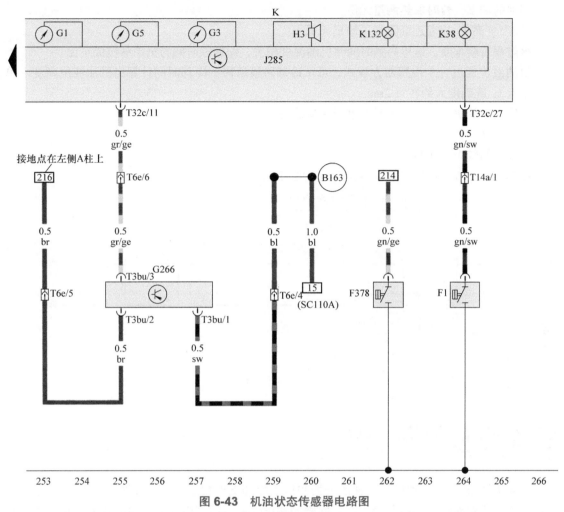

图 6-43 机油状态传感器电路图

F1—油压开关　F378—机油压力降低开关　G1—燃油储备显示　G3—冷却液温度表　G5—转速表
G266—机油液位和机油温度传感器　H3—警报蜂鸣器　J285—仪表板中的控制单元　K—仪表板　K38—油位指示灯
K132—电子节气门故障信号灯　T3bu—3芯插头连接　T6e—6芯插头连接　T14a—14芯插头连接，发动机舱内左侧
T32c—32芯插头连接　B163—正极连接1（15），在车内导线束中
sw—黑色　br—褐色　gn—绿色　bl—蓝色　gr—灰色　ge—黄色

2）搭铁线检测。检测 T3bu/2 号线与搭铁间电阻，正常电阻值应为 0Ω，否则说明搭铁不正常。

3）信号线参考电压检测。检测 T3bu/3 号线信号电压，应在 9.8~10.5V 范围内。在怠速时测量电压值应基本不变化。

4）用故障诊断仪检测。使用 VAS6150B 可以查询故障码，如果机油状态传感器本身或线路出现问题，会出现故障码 00562。

5）波形检测。运用示波器对机油状态传感器输出端的信号进行波形分析，可以进一步确定该传感器信号特征。该信号是一个矩形方波脉冲信号。机油状态传感器波形如图 6-44 所示。

269

信号形状和分析利用：

当前的油温会暂时加热测量元件。

（输出＝高） 接着逐渐降温（输出＝低）。

该过程持续重复。这里高频时间与机油温度相关，而低频时间与机油液位成正比。

机油液位通过一个传感器方程式，可从冷却阶段所需的冷却时间计算出机油液位高度（单位是毫米）。准确度大约在 ±2mm。

油底壳中的机油越多，传感器重新冷却越快。

冷却时间较长＝油量不足

冷却时间较短＝正常

冷却期间，传感器仍将继续传递机油温度信号。

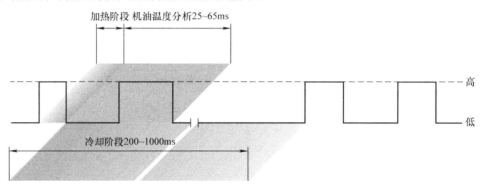

图 6-44　机油状态传感器波形

七、可控式活塞冷却喷嘴

新款 EA888 三代发动机将机油滤清器和机油冷却支架集成一体，如图 6-45 所示。它包括油道和通往机油冷却器的冷却液水道。同样的油压开关、活塞冷却喷嘴的电开关以及正时带的张紧系统被装在附属支架上。

机油滤清器被设计为可在上方更换以便操作，一方面可以防止在更换滤芯时有机油流出，另一方面在打开密封圈的时候，可以让机油重新流回油底壳。

活塞顶并不是在任何工况下都需要冷却的。有针对性地关闭活塞冷却喷嘴，可进一步降低燃油消耗。取消了弹簧加载的活塞冷却喷嘴的另一个原因是：它消耗的机油压力是很小的。

可控式活塞冷却喷嘴系统包含了下述元件：

1）缸体内额外加的压力机油通道。

2）无弹簧阀的新式活塞冷却喷嘴。喷嘴有两种不同的内径（1.8L-TFSI- 发动机的是较小直径的喷嘴）。

3）机油压力开关，分为 3 档 F447（在 0.3~0.6bar 时关闭）。

4）活塞冷却喷嘴控制阀 N522。

5）机械式切换阀。

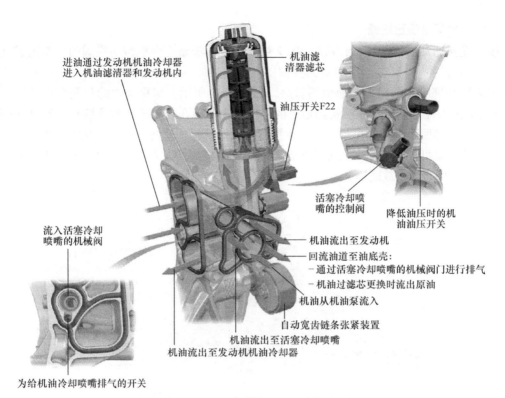

图 6-45　机油滤清器和机油冷却支架

1. 活塞冷却喷嘴已关闭

活塞冷却喷嘴控制阀 N522 由发动机控制单元来通电，也就是通过 87 号接线柱来获得供电。通过发动机控制单元来实现接地，于是电路也就闭合了。

这时，N522 就打开了机械切换阀的控制通道。压力机油从两面加载到机械切换阀的控制活塞上。弹簧推动机械切换阀，这样就关闭了去往活塞冷却喷嘴机油通道的管路，如图 6-46 所示。

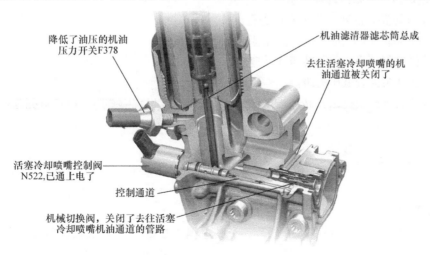

图 6-46　活塞冷却喷嘴已关闭

271

2. 活塞冷却喷嘴已接通

随后是接通活塞冷却喷嘴，这时 N522 被断了电。于是通向机械切换阀的控制通道就被关闭了。压力机油这时只在单面加载到机械切换阀的控制活塞上，于是活塞发生移动，这样就打开了去往活塞冷却喷嘴机油通道的管路，如图 6-47 所示。切换阀内的弹簧在机油压力超过 0.9bar 会关闭去往活塞冷却喷嘴机油通道的开口。为了能在活塞冷却喷嘴控制阀 N522 断电后，使得切换阀立即回到其初始位置，必须将控制活塞中的机油快速排除。于是为此准备了一个单独通道，该通道可使得机油呈无压力状态泄入到发动机的油底壳中。该单独通道也就是在更换机油滤清器时的机油排放通道。

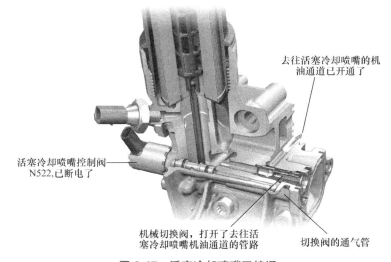

图 6-47 活塞冷却喷嘴已接通

活塞冷却喷嘴控制阀可能检测到下述故障：
1）导线断路。活塞冷却喷嘴一直开着。
2）对地短路。活塞冷却停止了。
3）对正极短路。活塞冷却一直在进行。

导致活塞冷却不工作的故障，会引起下述应急反应：
① 发动机控制单元会限制转矩和转速。
② 可调机油泵无较低压力级。
③ 组合仪表上出现提示：转速被限制到 4000L/min，出现嘟嘟声，EPC 灯亮起。

八 润滑系故障

1. 机油泵故障

1）故障现象：一辆迈腾 1.8TSI 轿车，行驶里程 5 万 km。用户反映该车更换油底壳后发动机有异响。

2）故障分析：在发动机怠速运转的情况下，测量机油压力，油压为 50kPa，偏低。拆下油底壳检查机油泵，发现泵体开裂，如图6-48所示，这是导致油压偏低的直接原因。

3）故障排除：更换机油泵，故障排除。

2. 发动机油底壳内部异响

1）故障现象：一辆迈腾轿车发动机底部发出"嗡嗡嗡"的异响。

2）故障分析：接车后，首先验证故障现象，起动车辆，冷车高怠速过后，会从发动机底部传来断断续续的"嗡嗡嗡"的异响，使用旋具抵住各相关部件进行监听，判断异响是从发动机油底壳内部发出的。发动机继续工作几分钟后，异响声音由断断续续变成连续响声，且声音逐渐减弱到不易听到。将故障车的发电机传动带拆下，冷车后重新起动车辆试听，异响仍然存在，排除发电机传动带运转产生异响的可能；对冷却液泵进行监听，没有听到类似的异响，排除冷却液泵发出异响的可能；拆下油底壳，检查油底壳内部没有发现任何磨损的痕迹，怀疑异响是机油泵运转发出的，更换机油泵总成、机油泵链条和机油泵链条张紧器，待冷车后再次起动车辆进行试验，异响消失。分解更换下来的机油泵总成，发现机油泵的移动单元表面有轻微的划痕，如图6-49所示。

该车采用的是可调式机油泵，其供油压力根据发动机的工况进行调节，此时机油泵移动单元在机油泵内部做轴向运动，与壳体相对运动发出异响，如图6-49所示。

3）故障排除：更换可调式机油泵总成。

图 6-48 机油泵的裂纹

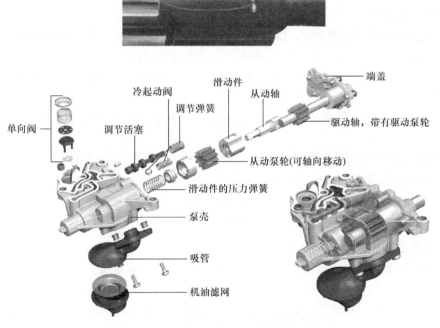

图 6-49 机油泵移动单元表面轻微的划痕

3. 机油压力过高

发动机在正常工作温度和转速下，机油压力表读数高于规定值。此时可判定为发生机油压力过高故障。产生此故障的原因及处理方法如下。

1）机油黏度过大。更换机油或重新选用机油。

2）机油限压阀弹簧压力调整过大。重新调整弹簧压力。

3）机油限压阀的润滑油道堵塞。清洗润滑油道。

4）曲轴主轴承、连杆轴承或凸轮轴轴承间隙过小。必要时光磨曲轴、凸轮轴或更换轴承。

5）机油压力表或其传感器工作不良。检修或更换机油压力表及其传感器。

4. 机油压力低

发动机在正常工作温度和转速下，机油压力表读数低于规定值或油压报警器报警，此时可判定为发生机油压力过低故障。产生此故障的原因及处理方法如下。

1）机油集滤器滤网堵塞。清洗机油集滤器。

2）机油滤清器堵塞。清洗或更换机油滤清器。

3）油底壳内机油油面过低。按规定补充机油。

4）机油黏度降低。更换机油。

5）机油限压阀弹簧失效或调整不当。更换弹簧或重新调整。

6）机油管接头漏油或进入空气。检修机油管路，排出空气。

7）润滑油道堵塞。清洗润滑油道。

8）机油泵性能不良。检修或更换机油泵。

9）曲轴主轴承、连杆轴承或凸轮轴轴承间隙过大。必要时光磨曲轴、凸轮轴或更换轴承。

10）机油压力表或其传感器工作不良。检修或更换机油压力表及其传感器。

5. 机油消耗过多

如果机油消耗量超过规定值，排气冒蓝烟，气缸内积炭增多，则可判定有机油消耗过多故障。此故障主要是机油泄漏和烧机油造成的，造成机油消耗过多的原因及处理方法如下。

1）活塞、活塞环与气缸壁的间隙过大或活塞环与环槽的侧隙过大。检修或更换活塞、活塞环和修磨气缸。

2）气门与气门导管间隙过大或气门密封圈失效。检修或更换气门，更换气门导管或气门密封圈。

3）发动机各部件密封表面漏油。检查发动机各部件的可能漏油表面。

4）曲轴箱通风不良。检修曲轴箱通风装置。

5）大修后扭曲环或锥面环装反。重新安装活塞环。

注意：机油消耗正常不应大于 0.5L/1000km。

6. 机油变质

机油颜色变黑，黏度下降或上升。添加剂性能丧失，含有水分。机油乳化，呈乳浊状并有泡沫。出现这些现象，则为机油变质。机油变质可通过手捻、鼻嗅和眼观的人工经验法检验。如果机油发黑、变稠一般由机油氧化造成；如果机油发白则证明机油中有水；如果机油变稀则为汽油或柴油稀释引起。为精确分析机油变质原因，最好使用油质仪和滤纸斑点试验法进行机油品质检查。出现此故障的原因及处理方法如下。

1）活塞、活塞环与气缸壁的密封不良。检修活塞、活塞环和气缸。
2）机油使用时间太长。更换机油。
3）机油滤清器性能不良。更换机油滤清器。
4）曲轴箱通风不良。检修曲轴箱的通风装置。
5）发动机缸体或缸垫漏水。检修发动机缸体或更换发动机缸垫。

第七章 冷却系统

第一节 冷却系统概述

一、冷却系统的功用、组成

冷却系统的功用是使发动机在所有工况下都保持在适当的工作温度范围内。冷却系统既要防止发动机过热,也要防止冬季发动机过冷。在发动机冷机起动之后,冷却系统还要保证发动机迅速升温,尽快达到正常的工作温度。

在发动机工作期间,最高燃烧温度可高达 2500℃,即使在怠速或中等转速下,燃烧室的平均温度也在 1000℃以上。因此,与高温燃气接触的发动机零件受到强烈的加热。在这种情况下,若不进行适当地冷却,发动机将会过热,工作过程恶化,零件强度降低,机油变质,零件磨损加剧,最终导致发动机动力性、经济性、可靠性及耐久性的全面下降。但是,冷却过度也是有害的。过度冷却或使发动机长时间在低温下工作,均会使散热损失及摩擦损失增加、零件磨损加剧、排放恶化、发动机工作粗暴、发动机功率下降及燃油消耗率增加。

冷却系统一般是由散热器、水泵(电动水泵)、水管、水套、节温器(电子节温器)、膨胀水箱、电子风扇、温度传感器、冷却液温度表等组成。

二、冷却系统的循环水路

1)大循环:当发动机内冷却液温度升高到 86℃,主阀门完全开启,旁通阀完全关闭,冷却液全部流经散热器,称为大循环,如图 7-1 所示。由于此时冷却液流动快,流量大,冷却强度强。

2)小循环:常温下石蜡呈固态,冷却液温度低于 76℃时,主阀门完全关闭,旁通阀完全开启,冷却液不流经散热器,称为小循环。小循环的冷却强度弱,如图 7-2 所示。

3)混合循环:当发动机的冷却液温度在 76~86℃范围内,主阀门和侧阀门处于半开半闭状态,此时一

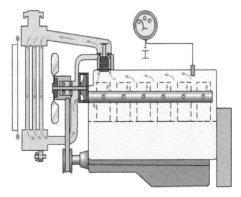

图 7-1 大循环

部分冷却液进行大循环，而另一部分冷却液进行小循环，称为混合循环，如图 7-3 所示。

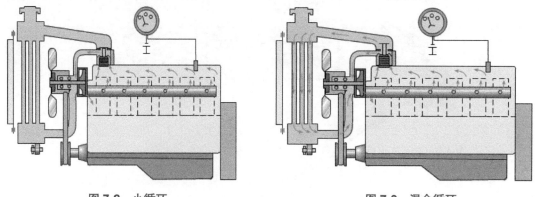

图 7-2 小循环　　　　　　　　　　　图 7-3 混合循环

三、双节温器冷却循环系统

水冷式发动机是通过水泵（电控水泵或可控水泵）使气缸套中、机油散热器、ATF 散热器中的冷却液加速流动，并将冷却液引入散热器中，再利用汽车行驶时吹进的自然风和散热风扇向散热器吹的风，使冷却液在散热器中冷却，然后再将冷却液引入缸套、机油散热器、ATF 散热器中，周而复始地循环冷却。同时，冷却液也为供暖系统提供暖风。冷却循环系统如图 7-4、图 7-5 所示。

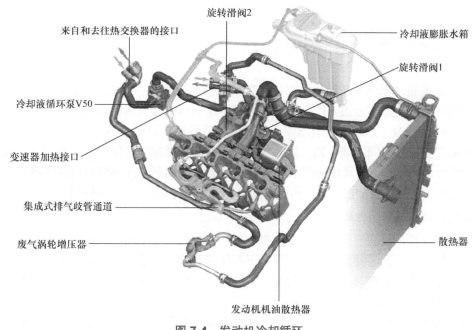

图 7-4 发动机冷却循环

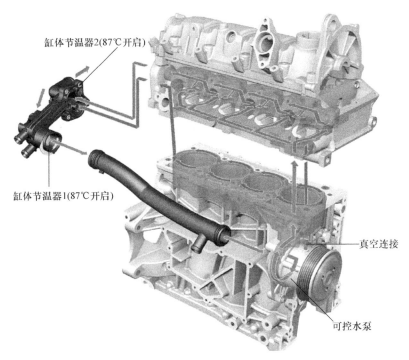

图 7-5 双节温器控制的冷却循环

第二节 冷却系统主要部件

一、节温器结构

节温器是控制冷却液流动路径的阀门。当发动机冷起动时。冷却液的温度较低，这时节温器将冷却液流向散热器的通道关闭，使冷却液经水泵入口直接流入机体或气缸盖水套，以便使冷却液能够迅速升温。如果不装节温器，让温度较低的冷却液经过散热器冷却后返回发动机，则冷却液的温度将长时间不能升高，发动机也将长时间在低温下运转。双阀蜡式节温器的结构如图 7-6 所示。推杆的一端紧固在带状上支架上，而另一端则插入感温体内的橡胶管当中。感温体支承在带状下支架及节温器阀之间。在感温体外壳与橡胶管中间充满精制石蜡。

1. 双阀蜡式节温器工作原理

阀座与下支架铆接在一起，紧固在阀座上的中心杆的锥形下端插在橡胶管内。橡胶管与感温器体之间的空腔内充满特制的石蜡。常温下石蜡呈固态，当温度升高时，逐渐融化，体积也随之增大，感温器体上部套装在主阀门上，下端则与副阀门铆接在一起。节温器安装在水泵下端，进水口的前部，用来控制水泵的进水。

当冷却液温度低于 85℃ 时，节温器体内的石蜡体积膨胀量尚小，故主阀门受大弹簧作用紧压在阀座上，来自散热器的水道被关闭，而副阀门则打开来自发动机的旁通水道，所以冷却液便不经过散热器，只在水泵与发动机水套之间做小循环流动。这样，冷态发动机开始工作时，冷却液快速升温，能很快暖机，在短时间内达到发动机正常工作温度。当冷却液温度高于85℃时，石蜡体积膨胀，使橡胶管受挤压变形，但由于中心杆是固定不动的，于是橡胶管收缩，对中心杆锥形端部产生一轴向推力，迫使感温器体压缩大弹簧，使主阀门逐渐开启，副阀门逐渐关闭，因而部分来自散热器的冷却液做大循环流动。随着温度升高，主阀门开大，做大循环的冷却液量增多。当冷却液温度达到105℃时，主阀门全开，升程开足至少达 7mm，副阀门则完全关闭，全部冷却液流经散热器做大循环流动。

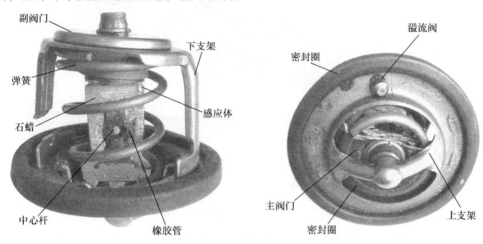

图 7-6　节温器结构

节温器溢流阀或称溢流孔有排空气作用。图 7-7 中锥面是在出水这边，而进水这边是扁的，这样就不能封热水而是封冷水，防逆流。在节温器没开启之前，一点点热水进入散热器与水套防止冷却液温度差过大。

2. 节温器常见故障

节温器损坏会造成冷却液温度过高或过低。例如：用手触摸散热器上水管，发现上方的进液管烫手，而下方的出液口不热，说明冷却系统无大循环，这种故障的原因可能是节温器损坏，造成发动机冷却液循环不良。此时如果打开空调，会出现偶尔不制冷，打开暖风会不热等故障。

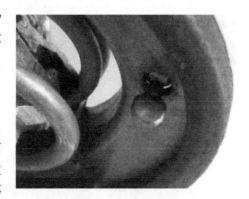

图 7-7　节温器溢流阀

二　双节温器结构、控制原理

1. 双节温器结构

为了实现发动机缸体的温度迅速升高，同时缸体的温度比缸盖温度稍微高一些，此系统中设有两个节温器，两个装在一个支架上。两个节温器采用的是 "expansion elements"（膨胀元件安装在节温器内，里面填充石蜡，受热膨胀会顶起升程销。升程销带动节温器盘来打开大循环）原理。为了监控冷却液温度，冷却液温度传感器 G62 装在缸体节温器上，其结构如图 7-8 所示，安装位置如图 7-9、图 7-10 所示，传感器测量的是缸盖出水口的温度。

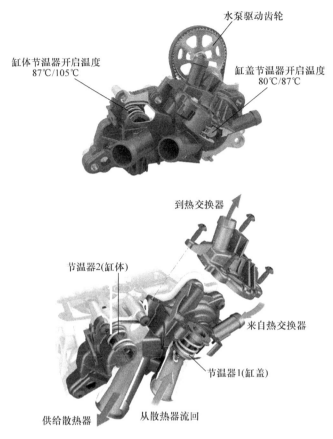

图 7-8　双节温器结构图

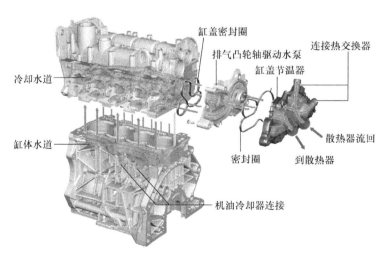

图 7-9　缸盖节温器安装位置

第七章 冷却系统

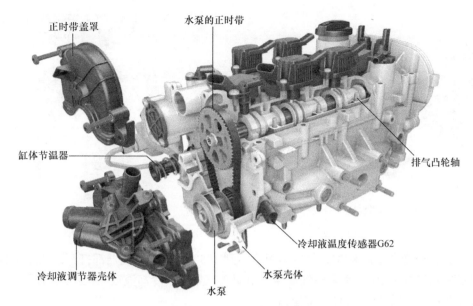

图 7-10　缸体节温器安装位置

采用双节温器的优点如下：

1）气缸体的温度可以升高得更快，因为冷却液在温度达到105℃之前，会一直在气缸体内循环。

2）由于气缸体温度较高，降低了曲柄连杆机构的摩擦，使机油的黏度降低。

3）由于缸盖的温度稍低一些，燃烧室的温度也就低一些，好处是增加了充气效率，同时还可以减小爆燃倾向。

2. 双节温器的控制原理

为了控制冷却系统内的温度，冷却液的流量1/3用来冷却缸体，2/3冷却液参与冷却缸盖，主要用来冷却燃烧室。冷却液的流速和温度，是通过节温器的横截面积来控制的。由于两个循环系统的温度不同，所以开启的温度也就不同。在这种情况下，需要两个分开的节温器。由于缸体循环的压力高，所以使用的是双行程的节温器，来实现精准的温控开启。如果使用的是单行程的，就需要一个更大尺寸的节温器盘保证压力高时开启。但由于弹簧力的作用，节温器将只在高温的时候打开。如果采用双行程节温器，在达到开启温度的初期，只需要一个小尺寸的节温器盘就能打开。由于受力面积小，反向作用力也就小，所以节温器在精确的温度控制过程中可以精确打开。在节温器盘移动一段距离后，小节温器盘驱动一个大节温器盘来打开节温器的整个横截面，如图7-11所示。

1）冷却液温度低于87℃时，两个节温器都处于关闭状态，发动机升温快，如图7-12所示。冷却液流经下面这些元件：水泵→气缸盖→节温器支架→小冷却液箱→机油冷却器→冷却液罐。

2）冷却液温度介于87~105℃时，节温器1开启，节温器2关闭，从而将气缸盖的温度设定在87℃，气缸体进一步升温，如图7-13所示。冷却液流经下面这些元件：水泵→气缸盖→节温器支架→小冷却液箱→机油冷却器→冷却液罐→散热器。

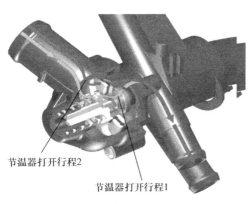

图 7-11 节温器控制原理

图 7-12 两个节温器全关闭

3)气缸盖温度设定在 87℃,气缸体温度达到 105℃,两个节温器都打开,如图 7-14 所示。冷却液流经下面这些元件:水泵→气缸盖→节温器支架→小冷却液箱→机油冷却器→废气再循环阀→冷却液罐→散热器→缸体→节温器。

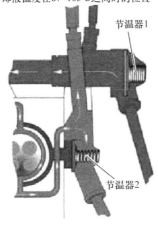

图 7-13 节温器 1 开启,节温器 2 关闭

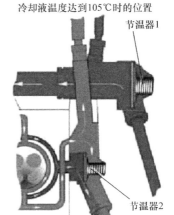

图 7-14 两个节温器全打开

3. 拆卸和安装节温器(冷却液调节器)

水泵/节温器(冷却液调节器)装配如图 7-15 所示。

所需要的专用工具和维修设备如图 7-16 所示。

(1)拆卸和安装大冷却液回路冷却液调节器

1)排出冷却液。

2)拆下发动机罩。

3)松开软管夹圈(箭头),拆下冷却液软管,如图 7-17 所示。

4)按顺序 4~1 拧出螺栓,取下冷却液调节器壳体盖,如图 7-17 所示。

5)用扳手 T10508 沿逆时针方向(箭头)将冷却液调节器转动 45°,然后取下,如图 7-18 所示。

6)用扳手 T10508 安装冷却液调节器,略微向下按压并顺时针转动 45° 至限位位置。

第七章 冷却系统

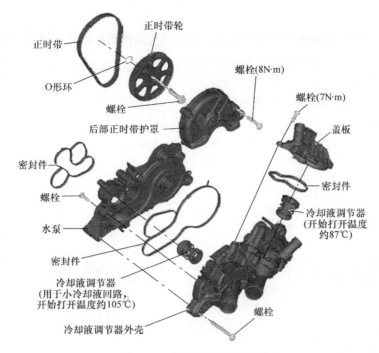

图 7-15 冷却液调节器装配

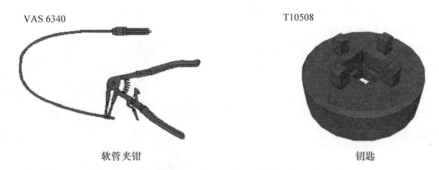

图 7-16 专用工具和维修设备

图 7-17 拧出螺栓

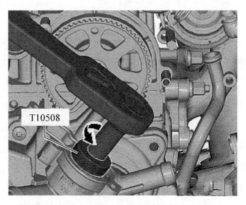

图 7-18 将冷却液调节器转动 45° 取下

（2）安装

安装以倒序进行，同时要注意下列事项：拆卸后更换密封件。在密封件上涂抹冷却液。

（3）拆卸和安装小冷却液回路冷却液调节器

1）拆卸水泵。

2）按顺序 F~A 拧出螺栓，如图 7-19 所示。

3）将水泵取下。

4）将冷却液调节器从水泵壳上取下，如图 7-20 所示。

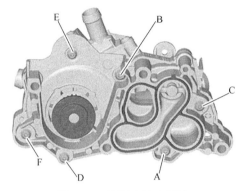

图 7-19　按顺序拧出螺栓

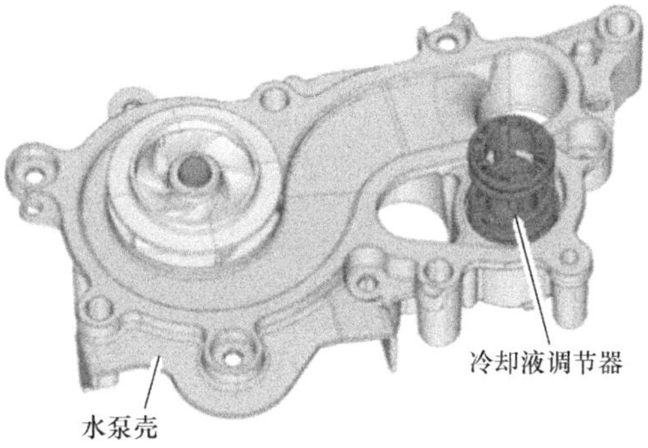

图 7-20　取下冷却液调节器

安装以倒序进行，同时要注意下列事项：拆卸后更换密封件。在密封件上涂抹冷却液。

1）将冷却液调节器壳体装到水泵上。冷却液调节器上的对中销必须插在水泵上的导向件（箭头）内，如图 7-21 所示。

2）拧紧冷却液调节器壳体的螺栓。

3）安装水泵。

三　冷却液循环泵

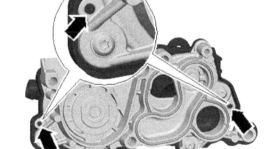

图 7-21　将冷却液调节器壳体装到水泵上

1）冷却液循环泵 V50 安装位置。冷却液循环泵 V50 通过螺栓固定在缸体上，安装在进气歧管下面，如图 7-22a 所示。它是增压空气冷却系统的一部分。

2）冷却液循环泵的功用。它根据负荷来控制，将冷却液从附加散热器中吸出，泵入进气歧管内的冷却器和涡轮增压器。

3）开始工作条件。每次发动机起动后的短时间内，输出转矩持续在 100N·m 以上的时候，冷却液循环泵工作；进气歧管内增压空气温度持续超过 50℃，冷却液循环泵工作；两个温度传感器之间的温差小于 8℃，冷却液循环泵工作；发动机每工作 120s，冷却液循环泵工作 10s，以避免涡轮增压器产生热量积聚；关闭发动机后，根据电控单元存储的 MAP 图，冷却液循环泵工作 0~480s 之间的工作时间，以避免涡轮增压器过热而产生气阻。

第七章 冷却系统

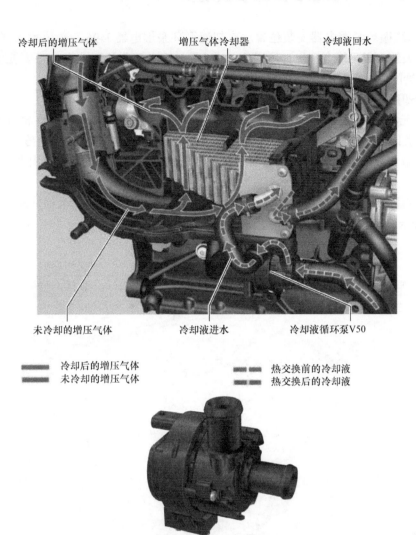

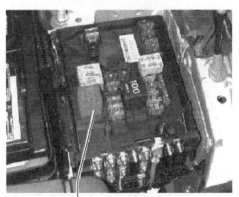

a) 冷却液循环泵V50安装位置

b) 冷却液循环泵继电器安装位置

图 7-22 冷却液循环泵及其继电器的安装位置

4) 冷却液循环泵继电器安装位置。冷却液循环泵继电器 J496 安装位置如图 7-22b 所示。如果这个泵失效，很可能会产生过热现象。这个泵本身并不带诊断功能，而是通过对比两个进气温度传感器的信号来识别冷却系统故障，OBD 警告灯会点亮。

大众冷却系统随动泵

控制单元根据特性曲线激活冷却系统随动泵 V51，避免涡轮增压器涡轮轴上机油焦化。发动机热机关闭后它将工作 1~15min，该泵将较凉的冷却液逆着其流动方向传送。于是随动泵吸入的冷却液就从散热器经涡轮增压器流到发动机缸体，然后再流回到散热器，以消除积累的热量。

发动机横置的车型上才装备该泵，其结构与纵置发动机车型的冷却液循环泵 V50 是相同的，如图 7-23 所示。V51 由发动机控制单元借助于 PWM 信号来操控。

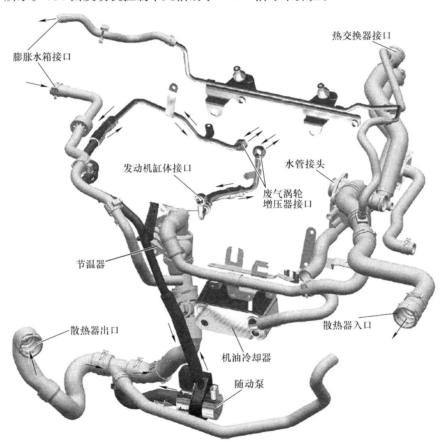

图 7-23 冷却系统随动泵 V51 工作循环图

冷却液随动泵 V51 由发动机控制单元根据对应操控单元（暖风控制单元 J65）的请求，或者自动空调控制单元 J255 的信号来工作。

该泵在发动机达到一定的转速时，还会辅助发动机水泵，以便增大流经暖风热交换器的冷却液液流（加大暖风供热量）。

另外，V51 还可以快速降低废气涡轮增压器内的温度，这样就可以延长发动机机油的使用寿命。

四、冷却液散热器

冷却液散热器几乎都使用铝合金散热器芯。设计冷却液散热器时，必须确保在所有可能的运行和环境条件下，冷却液散热器可将发动机内产生的余热有效释放到环境中去。

例如，宝马 E65 发动机的冷却液散热器包括两个部分：一个主要负责发动机冷却的高温区和一个确保自动变速器油冷却的低温区。其实现方式是，通过集成在冷却液箱内的分流器，使高温区附近的部分冷却液转变流向。

与以前车型上使用的铝合金／塑料冷却液散热器相比，新机型加满冷却液时重量减轻了 400g，部件厚度减少了 21mm。重量总计减少了大约 5%。散热器芯与冷却液箱之间的钎焊接头取代了以前常用的带凸起管板的机械接头。因此，与传统冷却液散热器相比，全铝冷却液散热器不仅部件厚度较小，而且更可靠、使用寿命更长。这种全铝结构还首次采用了用于快速接头的 VDA 连接管。

通过在两个冷却液箱中安装调节套管，可在自动变速器油／冷却液热交换器内隔出一个用于自动变速器油冷却的低温区域，如图 7-24 所示。

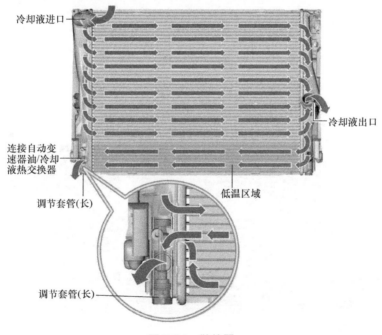

图 7-24　散热器

五、特性曲线式节温器

冷却液温度会影响耗油量、功率、混合气形成质量、污染物排放量以及部件的机械负荷。优化这些参数时不允许在不同转速和负荷条件下温度值固定不变，而是要求针对不同运行情况达到相应的温度范围。

通过采用特性曲线式节温器有助于达到最佳温度，如图 7-25 所示。

DME 为特性曲线式节温器提供 12V 车载网络供电。DME 在接地侧进行控制。用于计算的输入参数包括：发动机转速、负荷、车速、进气温度、冷却液温度。

DME 根据这些输入参数计算出针对各种运行情况的最佳冷却液温度，并通过有针对性地为一个加热式节温器供电，且根据需要控制电子风扇来调节冷却液温度。

图 7-25　特性曲线式节温器

满负荷时可通过降低冷却液温度改善气缸充气效果。此外，还可通过降低发动机温度减少爆燃危险。这样可以有效提高发动机功率和转矩。

加热电阻安装在节温器的石蜡元件内。DME 为加热电阻供电时，石蜡元件膨胀并克服弹簧的弹簧力封住气缸盖供给管路的入口。弹簧负责在石蜡元件冷却后使节温器返回静止位置。

发动机处于冷态时，冷却循环回路由气缸盖供给管路经节温器连至水泵，如图 7-26 所示。

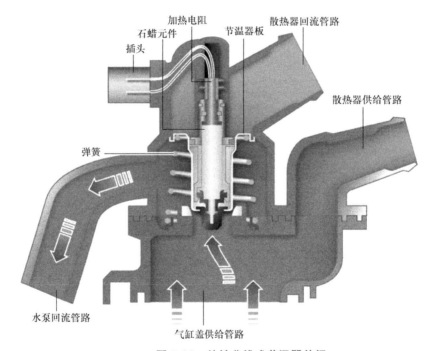

图 7-26　特性曲线式节温器关闭

发动机处于热态时，冷却循环回路由气缸盖供给管路经散热器供给管路通过散热器，再经散热器回流管路通过节温器板的开启横截面连接水泵回流管路，如图 7-27 所示。

此时石蜡元件不再仅仅通过流经的冷却液来加热，而是可以通过"人工方式"加热，并能在以前不会做出响应的温度下启用。

发动机管理系统根据存储的特性曲线和实际行驶状况控制加热元件，如图 7-28 所示。

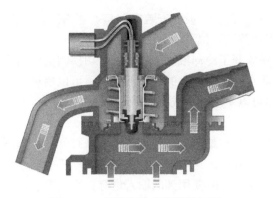

图 7-27 特性曲线式节温器打开

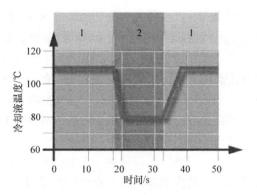

图 7-28 特性曲线式节温器的温度曲线图
1—加热元件未通电 2—加热元件通电

六 冷却液停流切换阀

创新温度管理系统（ITM）使用一个球阀作为切换阀。如果这个球阀关闭了，冷却液流动就被中断了。这时冷却液就停滞在整个发动机内，发动机机油急速变热，这就缩短了摩擦损失很大工况所持续的时间。在每次起动发动机后，如果冷却液温度低于 80° 的话，就会让冷却液停流。

这个切换阀用法兰安装在减振器和空气进气装置之间的缸体上，它与水泵和缸体之间的压力侧冷却液管合为一体。该阀通过一个真空单元以气动方式来操控。真空是由真空泵来提供的，由一个电动转换阀（缸盖冷却液阀 N489）来控制，如图 7-29 所示。

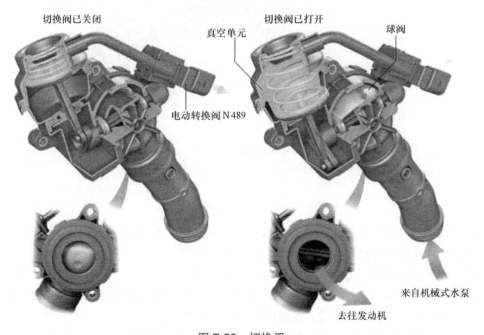

图 7-29 切换阀

切换阀、真空单元和电动转换阀 N489 构成了一个部件（就是安装在一起）。所有的切换动作都是由特性曲线来控制的。球阀激活时，就处于"关闭"位置了，没有中间位置。

在发动机已达到正常工作温度时，如果又重新放开了冷却液流，那么这个切换阀会以占空比方式动作，这样就可避免突然涌入的冷却液降低发动机缸体内的冷却液温度。可以借助于执行原件诊断来触发这个切换阀，以便实施诊断。也可以手动检查或者用手动真空泵来检查。

特性曲线控制的发动机冷却系统节温器 F265

这个节温器安装在水泵的进水一侧，它是通过一个石蜡膨胀元件根据温度来打开的，如图 7-30 所示。另外，可以通过一个加热元件来降低开启温度。这个触发过程是由发动机控制单元来执行的，其内部存储有一个特性曲线。控制单元在计算时要用到的输入量有：空气温度、发动机负荷、车速和冷却液温度。控制单元就是根据这些量来计算出膨胀元件的无级调节电加热情况的。

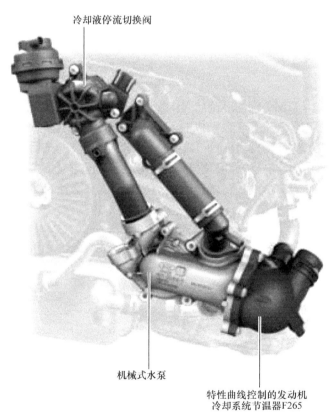

图7-30　节温器F265的安装位置

这个节温器的机械结构与环形滑阀式节温器是相同的，节温器在发动机正面处，缸盖内流动的冷却液汇集在这个节温器壳体内，如图 7-31 所示。

这个冷却液大循环节温器在温度超过 97℃时会打开。膨胀元件的推杆顶在壳体端盖上。环形阀与膨胀元件一同移动，会将小循环与大循环分隔开（具体取决于环形阀位置），如图 7-32 所示。节温器壳体上有三个定位销，发动机罩盖就卡在这些销子上。

注意：节温器 F265 的工作范围为 -40 ~ +135℃，如表 7-1 所示。

第七章 冷却系统

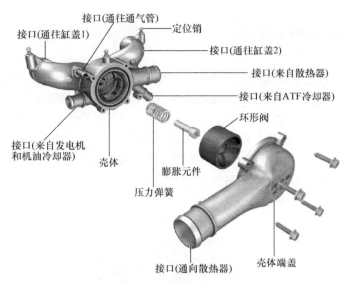

图 7-31 节温器 F265 的结构

表 7-1 节温器 F265 的工作温度范围

工作温度范围	$-40 \sim +135$℃
节温器开启温度（未通电）	97 ± 2℃
节温器开启温度（已通电）	开启取决于通电状态和外界温度（特性曲线）

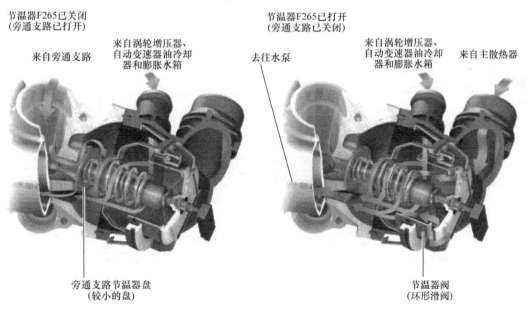

图 7-32 节温器 F265 的工作原理

七、创新温度管理（ITM）

在对发动机进行进一步改进时，宝马车系对整个冷却循环系统也做了修改，主要有这几项内容：发动机的快速预热，通过快速且经热力学方面优化的发动机温度调节来实现降低油耗的目标，以及在需要时给乘员舱加热。

创新温度管理（ITM）的两个最重要部件是：集成在缸盖内的排气歧管，以及发动机温度调节执行元件N493。创新温度管理作为一个模块与水泵一起安装在发动机较冷的一侧，如图7-33、图7-34所示，其工作循环图如图7-35所示。

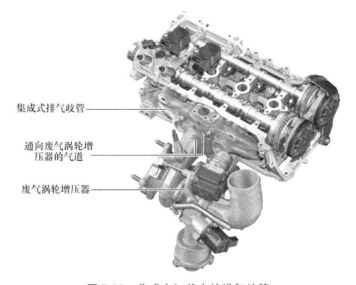

图7-33 集成在缸盖内的排气歧管

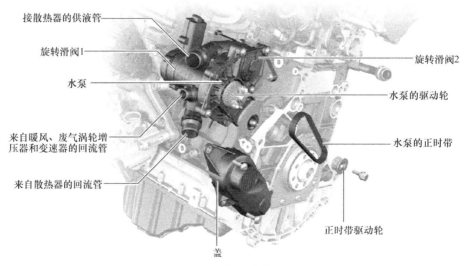

图7-34 水泵安装位置

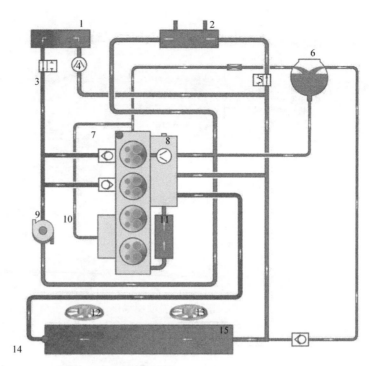

图 7-35 工作循环图

1—暖风热交换器 2—自动变速器油冷却器 3—自动空调冷却液截止阀N422 4—冷却液循环泵V50 5—变速器冷却液阀N488 6—冷却液膨胀水箱 7—冷却液温度传感器G62 8—带有发动机温度调节执行元件N493（旋转滑阀1和2）的冷却液泵 9—废气涡轮增压器 10—集成式排气歧管（IAGK） 11—发动机机油冷却器 12—散热器风扇V7 13—散热器风扇2-V177 14—散热器出口冷却液温度传感器G83 15—散热器

1. 发动机温度调节执行元件 N493 旋转滑阀

发动机温度调节执行元件 N493 用在 1.8L 和 2.0L 发动机上，无论纵置和横置都是一样的。它采用两个机械连接的旋转滑阀来调节冷却液液流。

旋转滑阀角度位置的调节是按照发动机控制单元内存储的各种特性曲线来进行的。

通过旋转滑阀转到相应位置，就可实现不同的切换状态。因此，就可让发动机快速预热，也就使得摩擦变小了（因此燃油消耗就小了）。另外，可让发动机温度在 85~107℃ 之间变动，如图 7-36 所示。

2. 发动机温度调节执行元件 N493 的功能

一个直流电动机驱动旋转滑阀转动，该电动机由发动机控制单元通过 PWM 信号（12V）来操控，操控频率为 1000Hz。

这里的新内容是操控信号，这是个数字信号，从结构上讲类似 CAN- 总线信号。

这个操控过程一直持续进行着，直至到达发动机控制单元给出的位置。正的操控信号（诊断仪上显示的测量值）表示旋转滑阀在向打开的方向转动。

电动机通过蜗轮蜗杆传动装置来驱动旋转滑阀1，这样就能控制机油冷却器、缸盖以及主散热器中的冷却液液流了，如图 7-37 所示。自动变速器油冷却器、废气涡轮增压器和暖风回流管不进行调节。

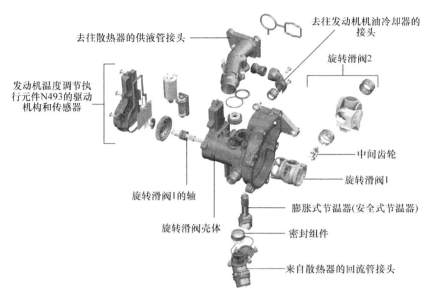

图 7-36　发动机温度调节执行元件 N493

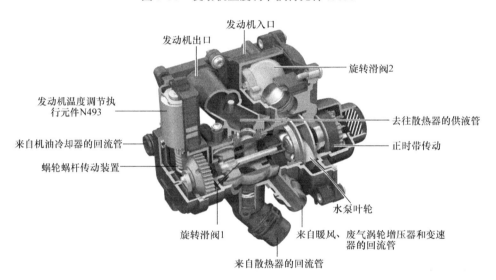

图 7-37　N493 的功能（发动机取消了节温器）

旋转滑阀2是通过一个滚销齿联动机构与旋转滑阀1相连的。该联动机构的结构是这样的：旋转滑阀2在特定角度位置会与旋转滑阀1连上和脱开。旋转滑阀2的旋转运动（打开流经缸体的冷却液液流）在旋转滑阀1转角约为145°时开始。在旋转滑阀1转角约为85°再次脱开。此时，旋转滑阀2达到了其最大转动位置，缸体内的冷却液循环管路就完全打开了。旋转滑阀的运动，会受到机械止点的限制。

发动机越热，旋转滑阀的转动角也就越大，这样的话不同的横断面也就有不同的流量了。

为了能准确识别旋转滑阀的位置以及功能故障，在旋转滑阀的控制电路板上安装了一个旋转角度传感器，该传感器将数字电压信号（SENT*）发送给发动机控制单元。旋转滑阀1的位置可用诊断仪在测量值中读出。

3. 操控策略

（1）预热

要想预热发动机，旋转滑阀1就得转到160°的位置。在这个位置处，旋转滑阀1会封闭发动机机油冷却器和主散热器回流管开口。

旋转滑阀2会封闭通向缸体的开口。自动空调冷却液截止阀N422和变速器冷却液阀N488暂时关闭。冷却液随动泵V51不通电。这时冷却液不在缸体内循环。不循环的冷却液根据发动机负荷和转速情况，被加热至最高90℃，如图7-38所示。

（2）自加热

如果有自加热请求，那么自动空调冷却液截止阀N422和冷却液随动泵V51就会被激活，于是冷却液就会流经缸盖、废气涡轮增压器和暖风热交换器，如图7-39所示。

图7-38 预热

图7-39 自加热

（3）小流量

该功能用于：在缸体内的冷却液静止时（就是不流动时），防止缸盖（集成式排气歧管）和涡轮增压器过热。为此就要将旋转滑阀1转到约145°的位置上。从该位置起，滚销齿联动机构就会带动旋转滑阀2动作了，滑阀2开始打开了，如图7-40所示。这时，少量冷却液就会流经缸体而进入缸盖，流经涡轮增压器，再经旋转滑阀模块流回水泵。

还有一部分冷却液，在需要时会经冷却液截止阀N82流向暖风热交换器。冷却液随动泵V51仅在"有加热要求时"，才会激活工作。由于可以快速加热冷却液，那么在发动机预热阶段就可以将摩擦降至最小了。

（4）接通发动机机油冷却器的预热运行

预热阶段在接下来就只接通发动机机油冷却器。在旋转滑阀1到达120°的位置起，发动机机油冷却器接口就开始打开了。

与此同时，旋转滑阀2也一直在继续打开，流经缸体的冷却液流就越来越多。通过这种有针对性地接通发动机机油冷却器的方法，可以额外加热发动机机油，如图7-41所示。

（5）自动变速器油加热

在发动机热到足够程度后，最后会打开变速器冷却液阀N488，以便用过剩的热量来加热自动变速器油，如图7-42所示。

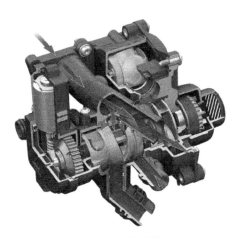

图 7-40 小流量

图 7-41 接通发动机机油冷却器的预热运行

自动变速器油加热功能在下述情况下接通：不用暖风的话，在冷却液温度达到80℃时；使用暖风的话，在冷却液温度达到97℃时。

（6）通过主散热器实施温度调节

在转速和负荷很小时，就把冷却液温度调至107℃，以便尽可能使发动机摩擦最小。随着负荷和转速升高，会将冷却液温度调低，最低可至85℃。

为此，旋转滑阀1就在85°位置和0°位置之间根据冷却需要来进行调节。在0°这个滑阀位置时，主散热器回流接口就完全打开了，如图7-43所示。

图 7-42 自动变速器油加热

a) 部分负荷

b) 全负荷

图 7-43 通过主散热器实施温度调节

（7）关闭发动机后的续动功能

为了避免缸盖和涡轮增压器处的冷却液在发动机关机后沸腾，也为了避免对发动机进行不必要的冷却，会按特性曲线起动续动功能。该功能在发动机关闭后，最多可工作15min。

为此，就将旋转滑阀转至"续动位置"（160°~255°）。在这个续动工况，也可以实现冷却液温度调节。在需要以最大续动能力来工作（255°），且冷却液温度较低时，主散热器回流接口就打开了，但是去往缸体的接口却由旋转滑阀2给封闭了。另外，冷却液随动泵V51和冷却液截止阀N82也都激活了。

冷却液这时分成两个分流：一个是经缸盖流向V51，另一个经涡轮增压器流经旋转滑阀，随后再流经主散热器而流回冷却液随动泵V51，如图7-44所示。

缸体在续动位置时，就没有冷却液流过了。通过这个功能，可以明显降低续动持续时间，且不会产生大量的热能损失。

4. 故障情况

如果转角传感器损坏了的话，那么该旋转滑阀就会开至最大位置（发动机冷却能力最强）。如果直流电动机损坏或者旋转滑阀卡死，那么根据旋转滑阀位置情况，会激活转速限制和转矩限制功能。

如果旋转滑阀内的温度超过113℃，那么旋转滑阀内的膨胀式节温器就会打开通向主散热器的一个旁通支路，这样的话冷却液就可以流经主散热器。于是，出现故障时也可以继续行驶了。

其他反应：

1）组合仪表上出现信息，提示转速已被限制在4000r/min，提示音响一次，EPC灯也被接通。

2）组合仪表上显示真实的冷却液温度。

3）打开冷却液截止阀N82。

4）激活冷却液随动泵V51，以保证缸盖的冷却。

发动机温度调节执行元件N493的控制电路如图7-45所示。

图7-44 关闭发动机后的续动功能

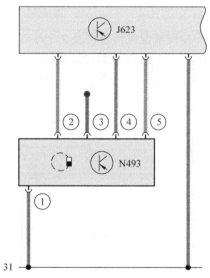

图7-45 N493控制电路图

1—传感器−（发动机线束传感器接地连接）

2—传感器信号 3—传感器（发动机线束的5V连接）

4—执行元件− 5—执行元件＋

八 冷却风扇控制

1. 冷却风扇无级控制原理

冷却风扇无级控制系统由传感器、控制单元和执行器构成,如图7-46所示。传感器主要包括发动机转速传感器、空气流量传感器、进气温度传感器、环境温度传感器、发动机出液口温度传感器、散热器出液口温度传感器、空调系统相关传感器、车速传感器等;控制单元包括发动机控制单元和冷却风扇控制单元,执行器主要是2个冷却风扇。

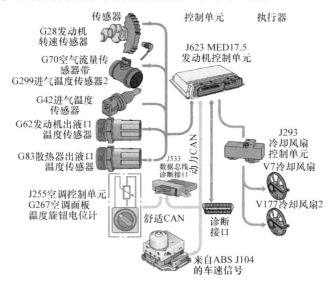

图7-46 冷却风扇无级控制系统组成

2个冷却液温度传感器及2个冷却风扇在冷却管路中的安装位置如图7-47所示,发动机出液口温度传感器用于检测发动机的工作温度,散热器出液口温度传感器用于检测散热器的散热效果,这两个冷却液温度信号是控制冷却风扇转速的基础信息。

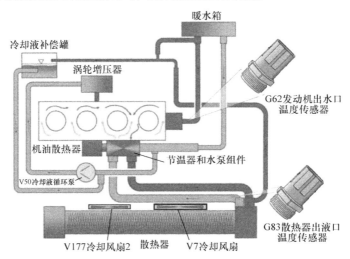

图7-47 温度传感器及冷却风扇安装位置

冷却风扇控制系统对冷却风扇转速的控制由目标冷却液温度控制和风扇转速控制两部分组成。

2. 目标冷却液温度控制策略

在发动机控制单元内储存了两个目标冷却液温度的特性曲线，如图7-48所示。

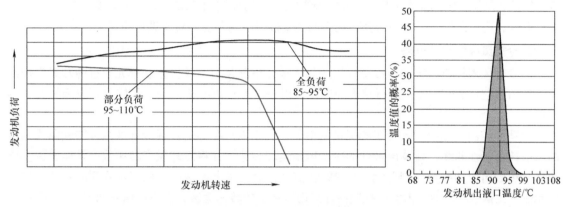

图7-48 发动机负荷与冷却液温度的关系

第一个目标冷却液温度特性曲线反映了目标冷却液温度与发动机负荷（进气量）和发动机转速之间的关系，其中发动机负荷是影响目标冷却液温度的主要因素。目标冷却液温度必须与发动机负荷一致，合适的冷却液温度能提高发动机性能。部分负荷时，发动机温度高一些（95~110℃）有利于发动机提高性能，降低油耗和有害物质排放；全负荷时温度低一些（85~95℃），以减少对进气的加热作用，提高充气系数从而增加动力输出，利于功率的提高。

第二个特性曲线图反映目标冷却液温度与车速和外界温度之间的关系。利用该特性曲线可以有效修正冷却液温度传感器检测到的冷却液温度与发动机水套处的冷却液温度之间的差异。在高温环境（例如热带沙漠中）低速行驶，与在低温环境（例如东北地区的冬季）高速行驶，可能冷却液温度传感器检测到的温度是一样的，但发动机水套处和发动机室的温度却是不同的，低温高速行驶时冷却液温度传感器检测到的温度要比发动机真实的工作温度低得多，而高温低速行驶时则正好相反。所以，在计算目标冷却液温度时要利用检测到的车速和外界温度进行适当修正，一般来说，车速很高和外界温度很低时，目标冷却液温度要较常规工况适当降低2~5℃。

发动机控制单元对比两个特性曲线图，取最低值来控制冷却风扇的工作。当发动机的冷却液温度超过目标温度后，冷却风扇就开始工作。一般情况下，在正常工况时该目标冷却液温度约为93℃，即冷却液温度达到93℃后冷却风扇开始工作。

3. 冷却风扇转速控制策略

冷却风扇转速控制的目的是使实际冷却液温度更加接近目标冷却液温度。与目标冷却液温度一样，在发动机控制单元内也存储了2个冷却风扇转速特性曲线。

冷却风扇特性曲线1反映了冷却风扇转速与车速和目标冷却液温度之间的关系。车速越低，自然风越小，冷却风扇转速相应就要高些。反之，车速越高，自然风的冷却效果就越好，冷却风扇转速相应就低些，一般当车速超过100km/h时，冷却风扇就不需要运转了。

冷却风扇特性曲线2反映冷却风扇转速与两个冷却液温度传感器检测数据的差值以及目标冷却液温度之间的关系。当发动机出液口冷却液温度传感器检测到的冷却液温度数值在正常范围内，但散热器出液口冷却液温度传感器检测到冷却液温度较低时，说明散热器温度不高，冷却风扇工作的作用不大，因此应降低冷却风扇转速；当发动机出液口冷却液温度传感器检测到冷却液温度较高（已高出正常值范围），但如果散热器出液口冷却液温度传感器检测到冷却液温度还较低，就说明节温器有故障，此时为保护发动机需要控制冷却风扇高速运转。

此外，冷却风扇的运转与否及转速高低还要根据空调系统的需要进行控制。

4. 冷却风扇控制其电路

在冷却风扇控制系统中，冷却风扇的具体运转情况是由发动机控制单元通过冷却风扇控制单元利用占空比PWM形式进行精准控制的。以一汽大众迈腾车为例，具体控制原理如图7-49所示。

发动机控制单元根据各传感器提供的信号，利用内部存储的目标冷却液温度特性曲线和冷却风扇转速特性曲线，计算出最佳的冷却风扇运转转速，并将冷却风扇转速数据转换成占空比数据，然后向冷却风扇控制单元发出PWM信号，冷却风扇控制单元根据接收到的发动机控制单元占空比信号，再通过占空比控制冷却风扇以一定的转速运转，占空比信号如图7-50所示。

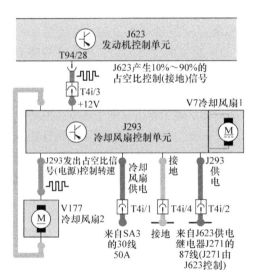

图 7-49 冷却风扇控制工作原理

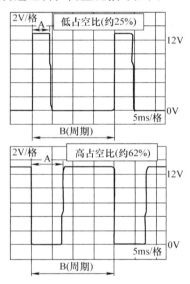

图 7-50 占空比原理（示意图）

J293工作时，在T4i/3端子发出12V电压，J623根据目标温度在T94/28端子产生占空比（PWM）接地信号，用于控制冷却风扇的转速：占空比信号越大，散热风扇转速越快。为了防止此信号线对地短路或对正极短路，J293做了失效保护，即检测到0V或12V时，J293会控制冷却风扇高速常转。当断开点火开关后，发动机控制单元仍能工作，当发动机控制单元检测到冷却液温度过高而需要降温时，向冷却风扇控制单元发出PWM信号，冷却风扇控制单元仍可继续工作，冷却风扇控制原理如表7-2所示。

说明：当发动机控制单元检测到G42/G62/G83/G299有故障时，为确保再次起动时判断到正常的冷却液温度/进气温度信号，会在关闭点火开关后控制冷却风扇转动1~15min。

表 7-2　冷却风扇控制原理

点火开关	J293 供电（T4i/2）	信号线（T4i/3）		冷却风扇状态
		测量电压	对应占空比	
打开	12V（蓄电池电压）	0V	0%	高速常转（故障保护）
		1.2V	约 10%	不转
		1.2~10.2V	10~90%	低速~高速调控（根据冷却液温度控制工作时间和转速）
关闭	由 J623 控制供电 从 25s 至 30min	10.2V	约 90%	高速转
		12V	100%	高速常转（故障保护）

G83 的安装位置如图 7-51 所示。G83 冷态下的电阻值约为 2.057kΩ，电压约 2.225~3.30V 之间。而新款捷达的冷却风扇控制电路如图 7-52 所示。其中冷却风扇控制单 J293 与自动空调控制单元 J225 相连接，当按下自动空调开关时风扇会旋转。

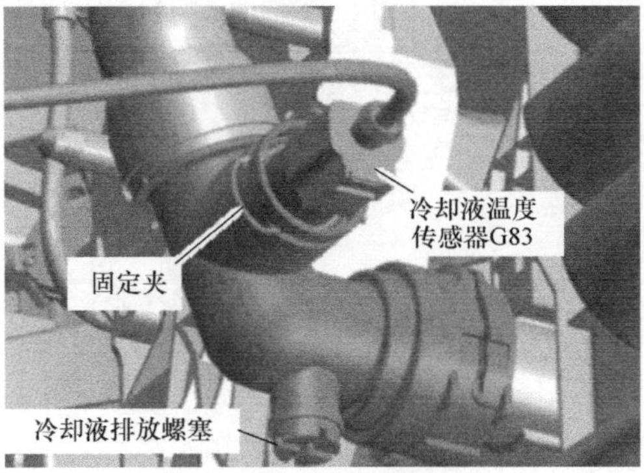

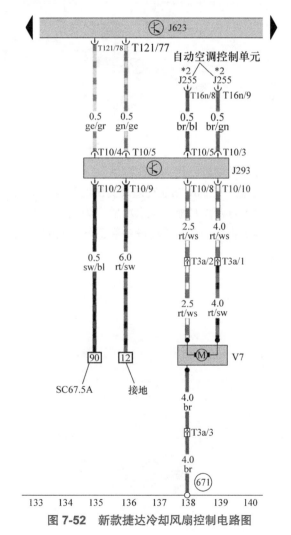

图 7-51　G83 安装位置

图 7-52　新款捷达冷却风扇控制电路图

如果冷却液温度传感器G62损坏,冷却液温度控制以95℃为替代值,并且风扇以1档常转;如果冷却液温度传感器G83损坏,控制功能保持,风扇以1档常转;如果其中一个温度超出极限,风扇2档被激活;如果两个传感器都损坏,最大的电压值被加载于加热电阻,并且风扇以2档常转。

第三节 冷却系统检修、拆装及故障

一、检查冷却系统的密封性

1）所需要的专用工具和维修设备如图7-53所示。

图7-53 冷却系统检测专用工具

2）发动机已达到工作温度。

注意： 热的冷却液有造成烫伤的危险,所以用湿的毛巾盖住冷却液膨胀水箱盖以免热气烫伤。

3）打开冷却液膨胀水箱盖,为此松开卡子（箭头）,如图7-54所示。

4）将冷却系统检测设备和适配接头安装到冷却液补偿罐上如图7-55所示。

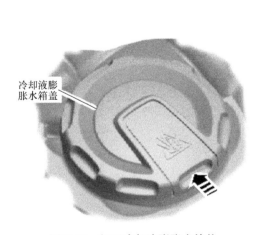

图7-54 打开冷却液膨胀水箱盖

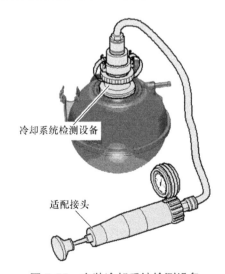

图7-55 安装冷却系统检测设备

5）用冷却系统检测设备的手动泵产生约 1.0bar 的过压。

6）如果压力下降，查明泄漏部位并排除故障。

7）检查封盖中的安全阀。将冷却系统检测设备 V.A.G1274B 用适配接头安装到冷却液膨胀水箱盖上，如图 7-56 所示。

8）用冷却系统检测设备的手动泵产生过压。

9）当过压达到 1.4~1.6bar 时，安全阀必须自动打开。

10）如果安全阀不按规定打开，更新膨胀水箱盖。

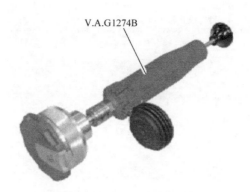

图 7-56 将冷却系统检测设备安装到膨胀水箱盖上

二 排放并添加冷却液

1）所需要的维修设备和专用工具如图 7-57、图 7-58 所示。

冷却系统检测设备的适配接头

冷却系统加注装置

图 7-57 维修设备

软管夹圈钳

折射计

图 7-58 专用工具

2）打开冷却液膨胀水箱盖，为此松开卡子（箭头），如图 7-59 所示。

3）将冷却液收集系统的收集装置或车间起重机收集盘放在下面。

4）从连接套管上拧出排放螺塞并排出冷却液，如图 7-60 所示。

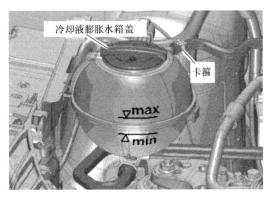

图 7-59　打开冷却液膨胀水箱盖　　　　　图 7-60　拧出排放螺塞

提示：折射仪 **T10007A** 上读取的温度即为"冰点"。自该温度起，冷却液中会开始结出冰晶。已用过的冷却液不可再用。

冷却液的主要成分是去离子水与乙二醇及其他微量添加剂冷却液混合比。乙二醇（40%，质量分数，后同）和蒸馏水（60%），防冻能力至 -25℃；乙二醇（50%）和蒸馏水（50%），防冻能力至 -40℃。

工作步骤：

1）向的冷却液膨胀水箱中加注至少 10L 已按正确混合比预混好的冷却液。

2）将冷却系统检测设备适配接头拧到冷却液膨胀水箱上。

3）将冷却系统加注装置安装到适配接头上。

4）把排气软管通到一个小容器中，如图 7-61 所示。

提示：少量冷却液会随排出的空气一起排出，应该收集这些排出的冷却液。

5）关闭阀门 A 和 B，为此将拨杆转至与流动方向垂直的位置。

6）将软管连接到压缩空气上，如图 7-62 所示。压力：6~10bar。

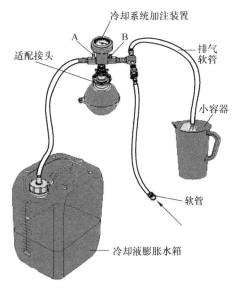

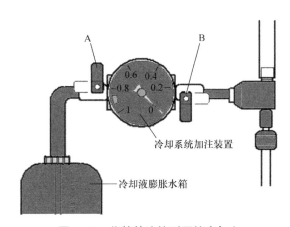

图 7-61　软管通到一个小容器中　　　　　图 7-62　将软管连接到压缩空气上

第七章 冷却系统

7）将拨杆转到与流动方向一致，打开阀门 B。在冷却系统中由引流泵产生真空；指示仪表的指针必须移动到绿色区域内。

8）将拨杆转到与流动方向一致，短时打开阀门 A，以向冷却膨胀水箱软管中加注冷却液。

9）重新关闭阀门 A。

10）将阀门 B 继续保持打开 2min。在冷却系统中由引流泵继续产生真空；指示仪表的指针必须仍位于绿色区域内。

11）关闭阀门 B。指示仪表的指针必须继续停留在绿色区域中，这样冷却系统中的真空就足够用于随后的冷却液加注。

提示：如果指针一直停在绿色区域之下，重复前面的过程。如果真空度下降，请检查冷却系统是否有泄漏的部位。

12）拔下压缩空气软管。

13）打开阀门 A。冷却液经过冷却系统内的真空作用，从冷却液膨胀水箱中吸出，并加注到冷却系统内。

14）将冷却系统加注装置从冷却液膨胀水箱的适配接头上拆下。

15）将管件插到适配接头上，如图 7-63 所示。

16）加注冷却液，直至冷却系统检测仪管充满。

17）松开连接暖风热交换器的冷却液软管上的软管卡箍，然后将冷却液软管拉回，直至连接套管不再挡住冷却液软管内的排气孔（箭头），如图 7-64 所示。

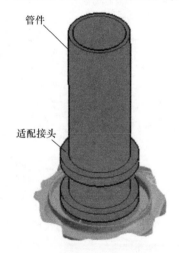

图 7-63　将管件插到适配接头上

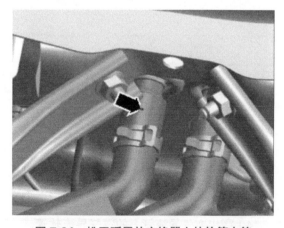

图 7-64　松开暖风热交换器上的软管卡箍

18）加注冷却液，直到冷却液从冷却液软管内的排气孔中溢出为止。

19）将冷却液软管推到连接接头上，并用软管卡箍固定。

20）拧紧冷却液膨胀水箱盖，直到其卡止。

21）起动发动机，以约 1500r/min 至最大 2800r/min 的转速交替运行，直至散热器风扇起动。

22）关闭发动机并让其冷却。

23）检查冷却液液位　发动机冷下来后冷却液液位必须处于"最大"标记处。对已达到工作温度的发动机而言，冷却液液位可能超过"最大"液位标记。

三、拆卸和安装冷却液泵

此工序所需要的专用工具如图7-65所示。

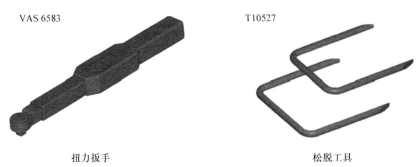

图 7-65　专用工具

1. 拆卸冷却液泵

1）排出冷却液。

2）松开软管夹圈1、2，拆下空气导流管，如图7-66所示。

3）脱开增压压力传感器 G31/ 进气温度传感器 2-G299 上的电插头1，如图 7-67 所示。

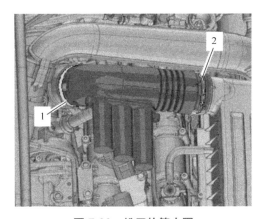

图 7-66　松开软管夹圈

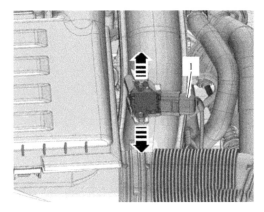

图 7-67　脱开增压压力传感器

4）露出空气导流管上的空气导流软管。

5）用松脱工具 T10527 和 T10527/1 松开卡子（箭头），取下空气导流管1，如图 7-68 所示。

6）按压解锁按钮，拆下至活性炭罐的软管1，如图 7-69 所示。

7）拧出螺栓（箭头），取下曲轴箱排气软管，如图 7-69 所示。

8）松开软管卡箍（箭头），拆下冷却液软管，如图 7-70 所示。

9）露出线束（箭头），如图 7-71 所示。

10）拧出螺栓1、3，取下冷却液泵正时带的护罩2，如图 7-71 所示。

11）按顺序 5~1 松开并拧出螺栓，如图 7-72 所示。

12）取下冷却液泵及正时带。

第七章 冷却系统

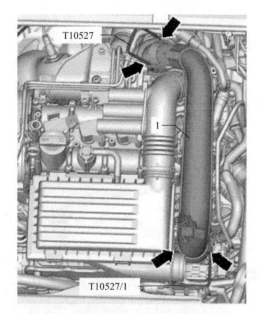

图 7-68 松开卡子

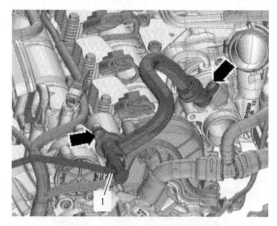

图 7-69 拆下至活性炭罐的软管 1

图 7-70 拆下冷却液软管

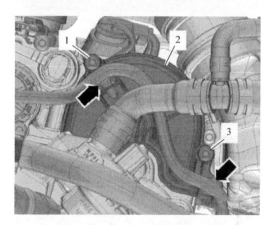

图 7-71 拧出螺栓

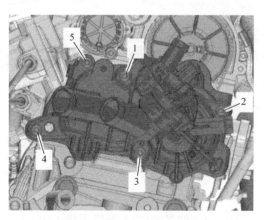

图 7-72 松开并拧出螺栓

307

2. 安装冷却液泵

提示： 更换密封件。如果更换冷却液泵，则同时更换正时带。

1）检查密封件是否正确就位（箭头），如图 7-73 所示。

2）用冷却液沾湿冷却液泵密封件。

3）居中装上正时带，将冷却液泵置于安装位置。

4）按图中数字顺序预拧紧螺栓：先手动手动拧入至贴紧，如图 7-74 所示。

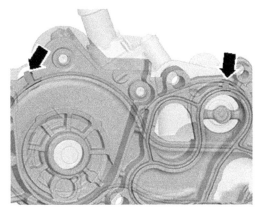

图 7-73　检查密封件　　　　　　图 7-74　预拧紧螺栓

5）将所有螺栓再次松开 1 圈。

6）将扭力扳手 VAS 6583 通过内六角扳手 SW10 套筒头，在图 7-75 中位置 6 上，把螺栓装在冷却液泵上。拧紧力矩 10N·m。

7）其他安装以拆卸的相反顺序进行。

3. 拆卸冷却液泵正时带轮

此工序所需要的专用工具如图 7-76 所示。

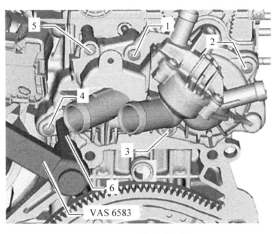
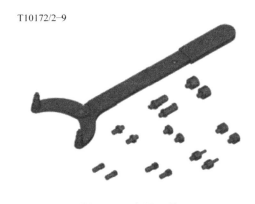

图 7-75　安装冷却液泵　　　　　　图 7-76　专用工具

1）拆卸冷却液泵。

2）松开螺栓 1，为此使用固定支架 T10172A 及适配接头 T10172/2，如图 7-77 所示。

3）拧出螺栓，取下正时带驱动轮 2，如图 7-77 所示。

4. 安装冷却液泵正时带轮

安装以拆卸的倒序进行，同时要注意下列事项：

1）装上正时带驱动轮，凸轮轴内的凹槽 1、2 以不对称方式布置，如图 7-78 所示。

2）正时带驱动轮内的开口（箭头）同样以不对称方式布置，将正时带驱动轮装在凸轮轴上，使不对称的凹槽准确位于开口中部。

图 7-77　拆下正时带驱动轮

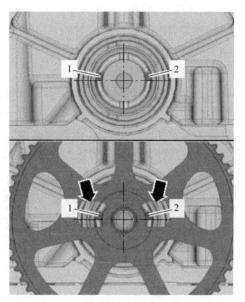

图 7-78　凹槽准确位于开口中部

四　冷却系统故障

1. 热车起动发动机发出"吱吱"声

（1）故障现象

热车起动发动机后，正时带部位发出"吱吱"声。

（2）故障诊断过程

1）热车起动发动机后正时带部位发出"吱吱"声，分析认为有三种可能会发出这种声音：

① 正时带张紧力调整不良。

② 张紧轮里的弹簧有异响。

③ 冷却液泵异响。

2）按照相关要求，对正时带进行清理，检查张紧轮弹簧，正常对正时带机构进行了调整，再次起动发动机没有出现异响，试车 6km 后异响再次出现。

3）再次对车辆进行检查，发现声音还是在张紧轮区域，此部位除了张紧轮可能产生异响之外，冷却液泵也有可能产生异响，但是因为两个零件距离较近，而且都是旋转件，此时不易准确判断声音位置。

4）用声级计对发动机前方部位进行测量，发现在别的部位声级计显示均是 85.1~87.2dB 之间，而冷却液泵部位显示 93.8~96.dB 之间，从数据上来看冷却液泵产生异响的可能性较大。将冷却液泵拆下后用手转动水泵，水封部位有"吱吱"的声音，待冷却液泵冷却后"吱吱"的异响消除。这便是刚开始调整完张紧轮后异响消失的原因。

5）更换冷却液泵后试车故障消除。

（3）故障原因分析

冷却液泵异响导致发动机异响。

（4）故障处理方法

更换新冷却液泵。

建议：对于发动机异响部位的确定，传统的方法主要依靠旋具或者听诊器进行诊断，对于非旋转件产生的噪声较容易判断，但是对于旋转件产生的声音，由于没有办法接触到旋转件表面，且因为发动机空间较小，运转时有较大的机械运转声音相互干扰，导致判断产生困难。如果能够借助声级计的帮助，可以较快地找到异响部位，便于进一步维修，声级计如图 7-79 所示。

图 7-79　声级计

2. 冷却系统常见故障

（1）冷却液温度过高

运行中的汽车，冷却液温度表指针经常指在 100℃ 以上，且散热器伴随有"开锅"现象；燃烧室内出现"炽热点"，发动机熄火困难；汽油机易发生爆燃或早燃，柴油机易发生工作粗暴。出现这些现象，可判定发动机有冷却液温度过高的故障发生。造成冷却液温过高的原因及处理方法有：

1）冷却液不足。按规定补充冷却液。

2）风扇传动带松弛、沾油打滑或断裂。调整传动带的松紧度或更换传动带。

3）混合气过稀。调整混合气浓度。

4）水套和分水管积垢或堵塞。清理水套和分水管。

5）冷却液泵工作性能不良。检修或更换冷却液泵。

6）点火时间不当。调整点火提前角。

7）燃烧室内积炭过多。清洗燃烧室。

8）风扇离合器接合时间过晚或打滑。检修或更换风扇离合器。

9）散热器的进水管或出水管凹瘪。检修或更换散热器水管。

10）节温器主阀门不能打开或打开时间过迟。检修或更换节温器。

11）散热器内部水垢堵塞或外部过脏，清洗散热器。

12）百叶窗不能完全打开。

13）电动风扇性能不良，检修或更换电动风扇。

14）温控开关或冷却液温度传感器和控制器失效。检修或更换温控开关、冷却液温度传感器或控制器。

（2）冷却液温度过低

冬季运行的汽车，冷却液温度表和冷却液温度传感器技术状况完好的情况下，发动机达不到正常的工作温度；发动机动力不足，油耗增加。出现这些现象，可判定发动机有冷却液温度过低的故障发生。造成冷却液温过低的原因及处理方法有：

1）控制机构故障。

2）风扇离合器接合过早。检修或更换风扇离合器。

3）温控开关闭合太早。检修或更换温控开关。

（3）冷却液消耗过多

冷却液消耗过多是指冷却液比正常情况下消耗过快的现象。故障主要原因是冷却系统内部渗漏、冷却系统外部渗漏，以及散热器盖开启压力过低。通过目测检查外部有没有漏水的痕迹，确定有无外部渗漏。通过检查机油是否发白（乳化），或在发动机冷却液温度正常时排气是否冒白烟，确定内部是否渗漏。此外，还可用专用手动压力测试器进行就车检测。封闭的冷却系统，只有在冷却液过热，温度超过其沸点时才会发生损耗。驾驶方式不当或冷却气流受到阻碍常会引起过热。一般引起过热的原因有：

1）冷却空气流量减少。如果散热器损坏、阻塞，或在散热器护栅上装了附加灯光，都会使冷却空气流量减少。

2）散热风扇不工作，或工作不正常。

3）车辆行驶在陡坡上档位太低，或行驶在长坡上，或环境温度过高。

第八章 点火系统

第一节 电子点火系统组成及部件

点火系统的功用是将蓄电池的低压电变成高压电（一般为 12~30kV），同时按发动机各气缸的工作顺序，及时地在气缸压缩行程终了时用电火花点燃可燃混合气，满足可燃混合气充分地燃烧及发动机工作稳定的要求，使汽油发动机实现从化学能到机械能的转变。

一、电子点火系统的组成

电子点火系统能实现最佳点火提前角的控制，从而提高发动机的动力性，降低燃油消耗量和有害气体的排放量。

电子点火系统主要由空气流量传感器、节气门位置传感器、曲轴位置传感器、凸轮轴位置传感器、冷却液温度传感器、进气温度传感器、车速传感器、爆燃传感器、各种控制开关、ECU、点火控制器、点火线圈以及火花塞等组成，如图 8-1、图 8-2 所示。

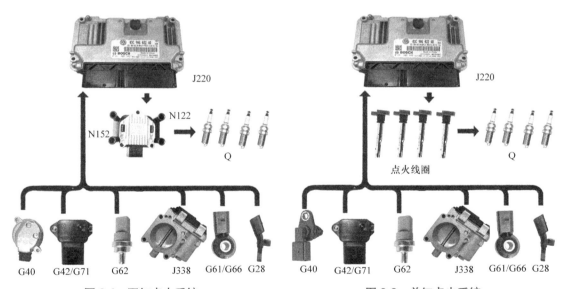

图 8-1 双缸点火系统　　　　图 8-2 单缸点火系统

二、点火锁的结构

1. 点火开关的各档位

点火开关通常设计在锁体尾端（如奇瑞A3、奇瑞QQ），但由于结构的不同，也有将其设计在锁体中部的（如标致206、吉利熊猫）。当然，它们的档位功能基本上是一样的。开关导通结构上一般也就3种状态：

① 开关座上触点固定，由转动块带动触片，进行开关的通断（如江淮瑞风）。

② 开关座上触片固定，由转动块带动触片，进行开关的通断（如奇瑞A3、吉利帝豪、奇瑞QQ）。

③ 开关座上触片固定，由转动块带动触点，进行开关的通断（如神龙富康、标致206）。

开关接线柱通常有：B电源、ACC附件、IG点火、ST起动、R起动继电器、IG点火继电器。

2. 点火锁开关的负载

具体车型不同，各档位及触点电流、功率均会有所区别，如表8-1、表8-2和表8-3所示。

表 8-1 奇瑞A3点火开关

接线柱 档位 / 功率	AM1 240W	IG1 120W	ACC	AM2	IG2 120W	ST2 120W
LOCK						
ACC	○─┼───○					
ON	○─○			○─○		
START	○─○			○───○		

表 8-2 江淮宾悦点火开关

接线柱 档位 / 功率	AM1 240W	IG1 120W	ACC	AM2 120W	IG2 120W	ST2	3 1.5W	4	5	6 2W
LOCK 拔出钥匙										
LOCK 插入钥匙									○─	─○
ACC	○─┼─○						○─⊗─○			
ON	○─○			○─○					○─	─○
START	○─○			○───○					○─	─○

表 8-3　长安悦翔点火开关

接线柱 电流 档位 功率	B1 50A 600W	ACC 20A 240W	IG1 30A 360W	B2 40A 480W	ST 20A 240W	IG2 40A 480W
LOCK	○					
ACC	○―――	○				
ON	○―――	○―――	○	○―――		○
START	○―――	○		○―――	○	

3. 无钥匙起动，一键式起动

近年来该系统已广泛运用。无钥匙起动、一键式起动都具有无钥匙进入（PKE）功能。通常，当车主走近车辆约 1m 以内时，门锁就会自动打开并解除防盗；当车主离开车辆时，门锁会自动锁上并进入防盗状态。而当车内留有一把钥匙，熄火离开时，遥控闭锁是不能实现的。

无钥匙起动，例如长安铃木天语 SX4、马自达 6、V3 菱悦，在钥匙上或车内都没有一键式起动按键，而是在转向盘柱右下方有一个旋钮，只要车钥匙在车内，驾驶员踩住制动踏板，旋转该旋钮，发动机即可起动，如图 8-3 所示。

图 8-3　无钥匙起动

智能一键式起动钥匙，是集智能钥匙的感应开启车门功能和一键式按钮起动发动机功能为一体的钥匙，省去了拿钥匙拧转点火锁起动发动机的功能，传统意义上的点火锁已不复存在，仅剩下方向锁，点火开关功能并入到了电子控制系统中。比如，荣威 550、卡罗拉 1.8 PREMIUM AT、雅士力、凯越、君威等。后两款车型的钥匙具有 RES 远程发动机起动功能，人在车外一定距离，按下钥匙上的发动机起动按钮，发动机就可以起动，空调系统也会按车主下车前的温度制冷或加热，如图 8-4 所示。起动——先按锁车键，再长按起动键（符号是圆形箭头，锁车键的下面一个）。关闭——按长锁车键。

4. 点火锁的档位功能

点火开关上，常标有 LOCK、OFF、ACC、ON、START、PUSH 或者 OFF、IG、ST、ON 等字母。这些都是点火锁档位标识。

一般点火锁按档位分有 3 种：4 档（LOCK、ACC、ON、START），5 档（LOCK、OFF、ACC、ON、START），6 档（LOCK、OFF、ACC、ON、PREHEAT、START）。

a) 一键起动钥匙

b) 一键式起动按钮

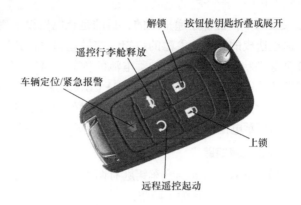

c) 远程起动遥控器

图 8-4 智能一键式起动钥匙

1) LOCK 档位。为原始位置。锁车后钥匙拔出，点火锁内的转向锁止机构会处于工作状态。转向锁是用来锁止汽车转向轴的。转向锁与点火锁设在一起，安装在转向盘下，是用钥匙来控制的。点火锁切断点火电路使发动机熄火后，将点火钥匙再左旋至极限位置的档位取出钥匙，转向锁止机构的锁舌就会弹出，当转向轴在特定方向时，锁舌会进入转向轴槽内，而将汽车转向轴机械性地锁止。即使有人将车门非法打开，并短接点火线路起动了发动机，由于转向盘被锁止，汽车无法转向，也就无法开走，起到了汽车的防盗作用（现在仍有汽车没有转向锁）。

2) ACC（OFF）档位——附件档。接通汽车部分电器设备的电源，如 CD、空调等。此档仅断开发动机点火电源，其他电器设备（如收录机、点烟器、刮水器、喷水器等）仍可以正常工作。

3) ON（IG）档位——点火档，行车时钥匙所处的状态。这时全车所有电路都处于工作状态。在发动机未起动前，此档不可长久放，特别是柴油车，起动前在此位置预热 1~2s（预热指示灯熄灭后）即应起动。在 START 位置时，起动机接合起动，起动后就应松开点火开关（钥匙），让其回到 ON 档。

在发动机运转时，不要将点火开关（钥匙）再旋至 START 位置（导致二次起动），否则，易损坏起动机。对于汽油机，每次起动应不超过 10s，柴油机应不超过 30s。重新起动之前，应将点火开关转至 OFF 或 ACC 位置，汽油机至少 10s，柴油机至少 20s 后方可重新起动，否则，易损坏蓄电池并加剧发动机磨损。

4) START（ST）档——发动机起动档位。起动后会自动恢复正常状态，也就是 ON（IG）档。

5) PREHEAT 档——预热档位。

6) PUSH 位——非开关工作档位。当需停车熄火，钥匙要旋回原始档位时，在此位置，需下压钥匙锁芯 2mm 左右，钥匙才能回位。此功能仅是为了避免钥匙误拔。

5. 点火锁的使用

点火锁负责点火系统、起动系统、各用电器的开关通断。点火开关主要有 3 档（顺时针方向旋转）：预热档、工作档、起动档。起动汽车时，顺时针旋到底就是起动档，接通起动电路，起动机开始工作，带动发动机旋转。当发动机点火后，松开钥匙，在点火锁芯内扭簧弹力作用下，回到工作档，断开起动电路，这时汽车电路处于正常工作状态。

点火锁每个档位都是递进式的，目的是让电器设备逐个进入工作状态，这样还可以缓解由于瞬间通电造成的汽车蓄电池的负担。如果起动时在其他档位不进行停留，从 LOCK 直接进入 START 的起动状态，会瞬间增加蓄电池的负荷，同时由于各电器设备还没有完全进入工作状态，防盗钥匙芯片密码识别未及完成，ECU（Electronic Control Unit，电控制单元，俗称车载电脑）还来不及正常指挥发动机起动，所以这种操作对蓄电池和发动机都是非常不利的。经常做这样的操作会缩短蓄电池的使用寿命，造成发动机起动困难，促使积炭产生。

6. 点火锁机械钥匙

从齿槽外形看，目前的汽车钥匙有两大类：一类为外齿形，一类为内齿形，如图 8-5 所示。结构尺寸上的变化目的是为了防盗。

a) 外齿形　　　　　　　　　　　b) 内齿形

图 8-5　汽车钥匙

各车厂在设计不同车型的钥匙齿形时，会采用不同截面或不同齿距的钥匙，从而尽量避免不同车型的钥匙互开。国家标准规定了编码互开率，汽车钥匙不同齿形数量要大于 1000 种不重复。所以各种车型都会有自己特定的钥匙截面形状尺寸和齿形编码表。钥匙结构及齿形的变化目的，都是为了提高钥匙的保密性。随着时代的发展，传统机械钥匙（图 8-6）因其在结构上的限制，已不能适应汽车的发展。随着近年来遥控门锁、无钥匙进入、一键式起动等先进系统的广泛运用，机械钥匙已逐渐退居二线，成了备用附件。

图 8-6　传统机械钥匙

第二节 迈腾 B7L 点火开关

一、迈腾 B7L 点火开关端子电压形成

1. 点火系统主要部件

迈腾 B7L 的点火开关为滑动式点火开关。通过点火钥匙在电子点火开关中的不同位置，激活不同的端子信号，如图 8-7 所示。

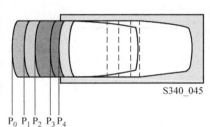
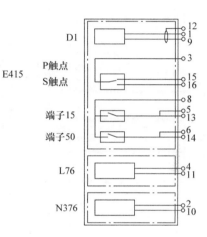

图 8-7　点火开关

P_0—点火开关关闭　P_1—端子S接通　P_2—端子8接通　P_3—端子15运行（起后自动回到该位置）　P_4—端子50接通
D1—防盗器的读写线圈　12端子为屏蔽线　端子9和1传输的是振幅调频信号
E415—端子3提供的是停车正电30信号，被设计成转换开关，P触点或S触点接通
L76—开关照明灯　N376—钥匙拔出锁电磁阀

"起动/停止按钮"：部分高配的迈腾 B7L，除了用电子点火开关激活各个端子电压及起动发动机外，还可通过副仪表台上的"起动/停止"按钮来实现上述功能，如图 8-8 所示。

2. 迈腾 B7L 电子点火开关及起动/停止按钮电路

迈腾 B7L 电子点火开关及起动/停止按钮电路图，如图 8-9 所示。

3. 迈腾 B7L 电子点火端子电压形成过程

（1）通过电子点火开关 E415 形成端子电压及起动发动机的过程

当点火钥匙推入电子点火开关中的 P1 位置时，电子点火开关中的 S 触点接通，此时 E415 的 T16f/16 与 T16f/3 接通。SC16 熔丝提供的 12V 电压通

图 8-8　起动/停止按钮

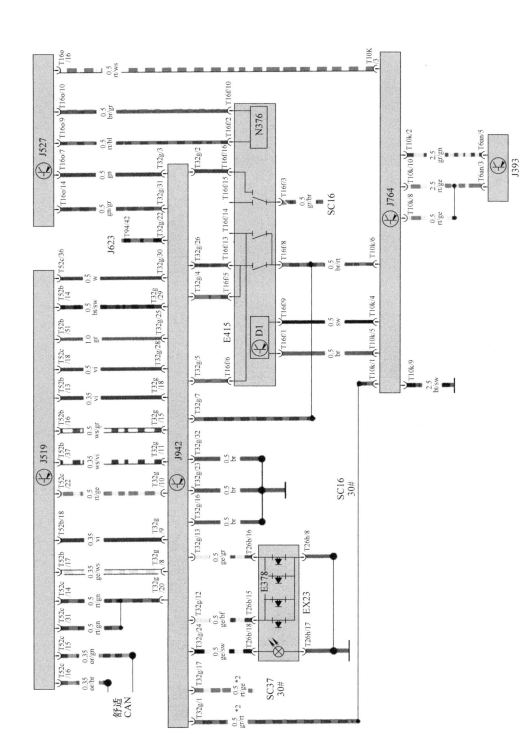

图 8-9 发动机起动控制单元图

E415—电子点火开关　E378—起动停止按钮　J764—电子转向锁控制单元　J519—车载网络控制单元
J527—转向柱电子装置控制单元　N376—点火钥匙拔出锁止电磁铁　J623—发动机控制单元　D1—防盗止动系统读取单元

过 J942（接线端子及起动控制单元）的 T32g/2 及 T32g/3 传递到 J527（转向柱电子控制单元）的 T16o/7。J527 收到 E415 的 S 点接通信号后，将该信号通过舒适系统 CAN 总线传递到网关控制单元，以及需要此信号的各控制单元。J393（舒适系统控制单元）收到 S 点接通信号后，通过 J393 的 T6an/5 与 J764（电子转向柱锁）的 T10k/2 之间的"串行数据总线"，询问点火钥匙的"合法性"。如果 J764 通过 D1（防盗止动系统读取单元）识别到钥匙信息、合法，则防盗止动器控制单元（与舒适系统控制单元，制成一体）将电子转向柱解锁。与此同时，J764 通过 T10K/6 为 E415 的 T16f/8 及 J942 的 T32g/7 提供 12V 信号电压。

当点火钥匙移动到 P2 位置时，E415 的 T16f/5 与 T16f/8 接通，12V 电压经过 J942 的 T32g/4 及 T32g/20 传递到 J519（车载网络控制单元）的 T52c/31 和 T52c/14。至此，J519 收到 15 电激活信号。在 E415 经过 J942 为 J519 提供 15 电激活信号的同时，E415 同时通过 J942 的 T32g/26 及 T32g/31 为 J527 的 T16o/14 提供了 15 电激活信号。当 J527 通过舒适系统 CAN 总线发出 15 电激活信号、J519 同时收到 E415 及舒适系统 CAN 总线中的 15 电激活信号后，控制 J329（645 号）继电器吸合，为车辆提供点火开关的 15 端子电压。部分舒适系统控制单元（如车门控制单元等）是通过舒适系统 CAN 总线获取 15 端子电压激活信号的。点火钥匙在 P2 位置时，J519 还同时控制 X 触点卸荷继电器吸合，为车辆的空调、鼓风机等部件提供电压。

当点火钥匙移动到 P4 位置时，E415 电子点火开关中的 50 电触点闭合。E415 的 T16f/6 输出 12V 电压到 J942 的 T32g/5，并通过 J942 的 T32g/22 为 J623（发动机控制单元）提供起动信号。J623 控制两个起动继电器，起动发动机。在此过程中 J519 控制 X 触点卸荷继电器断开，保证蓄电池有足够的电量供发动机起动使用。

发动机起动后，松开点火钥匙，则钥匙退后到 P3 位置，此时各端子电压的激活情况与钥匙在 P2 位置时相同。

（2）通过 E378 起动 / 停止按钮形成端子电压及起动发动机过程

驾驶员携带合法钥匙进入车内后，按动"起动 / 停止"按钮时，车内低频天线扫描钥匙，钥匙被激活并发射高频"钥匙信息"信号。J393 收到合法钥匙信号后为电子转向柱解锁，并为 J942 的 T32g/7 提供 12V 信号电压。在不操作电子点火开关 E415 的情况下，T94/42 为 J519 及 J527 提供 15 电激活信号。如果在按下 E378 的同时踩下制动踏板，而且变速杆位于 P/N 档等起动条件都满足，则在激活 15 端子电压的同时，发动机控制单元通过起动继电器起动发动机。

一、迈腾点火开关档位及工作过程

1. 点火开关档位及操作钥匙

在迈腾发动机故障诊断中，要根据综合分析出来的各系统的作用，找出它们之间相互作用、相互关联和相互反馈去分析出控制原理。

按照点火开关档位及操作钥匙开关时间过程进行分析。迈腾轿车点火开关内部档位插脚定义见表 8-4，各档位操作功能见表 8-5，点火开关起动电路如图 8-10 所示。

表 8-4 点火开关内部档位插脚定义

档位	插脚					
	3	16	8	5	13	6
P0	○					
P1	○	○				
P2	○	○	○	○	○	
P3	○	○	○	○	○	○

表 8-5 点火开关各档位操作功能表

档位	作用	功能
P1	S 触点接通	将 3 号插脚输入的 +B 电源电压经过内部触点接通后,由 16 号插脚输出给 J527 单元。该电源电压称为"S 触点电压"
P2	15 号线及 15 号线驱动同时接通	将由 J764 输入的 +B 电源电压通过 8 号插脚经过内部触点接通后,由 5 号和 13 号插脚分别输出给 J519 和 J527 单元。该电源电压称为"15 电压"
P3	50 起动档位信号接通	将由 J764 输入的 +B 电源电压通过 8 号插脚经过内部触点接通后,由 6 号插脚输出给 J623 单元。该电源电压称为"50 电压"

1)P1 位置。把钥匙插入到 P1 位置后,30 号电源经 SC16 供给 D9 上的 T16f/3 端子,经 S 触点的 T16f/16 进入 J527 端子 T16o/7 供电。当 J527 收到 S 触点电源信号后,J527 通过 CAN 线(T16o/3 和 T16o/4)发送舒适总线唤醒信号和 S 触点闭合信号给 J393(T18a/10 和 T18a/9)。J393 得到信号后,通过 T6an/5 串行数据总线将唤醒指令传到 J764 的 T10k/2,进而唤醒 J764。J764 得到唤醒信号后给 D1 读写线圈供电,供电后读取防盗单元 D1 的钥匙数据信息,读取得到的钥匙信号通过 D1 导线传递给 J764,J764 得到信号后再通过 T10k/2 串行数据总线传递给 J393 的 T6an/5,随后 J393 进行防盗钥匙识别,判定钥匙是否合法。当确认钥匙合法后,J393 同时通过 T6an1/3 给 J764 的 T10k/10 和 T10k/8 号脚提供 30 号电源,用以解除转向柱锁及形成 15 号、50 号的电源。同时,通过 CAN 总线将信息传给发动机控制单元,进行识别正常后的防盗解除动作。

2)P2 位置。把钥匙插入到 P2 位置后,由 J764 端子 T10k/6 输入 D9 端子 T16f/8 的 30 号电源,经过 15 信号触点分别从 T16f/13 输入到 J527 端子 T16o/14 和 T16f/5 输入到 J519 的 T52c/14 端子。J519 得到 15 驱动接通信号后,由 J519 的 T521b/12 端子输出 15 电源,控制 J329 供电继电器闭合,J329 继电器闭合后,由 +B 输入的电源分别供给起动机继电器 J682 和 J710 电源电压和控制电压。

同时,J623 由 T94/87 得到 15 号驱动电源电压。J623 得到 15 号驱动电源电压后,J623 端子 T94/69 输出低电平,控制 J271 继电器闭合,J623 通过端子 T94/5 和 T94/6 得到供电电压,J623 进入工作状态,为后续的起动状态做好准备。

第八章 点火系统

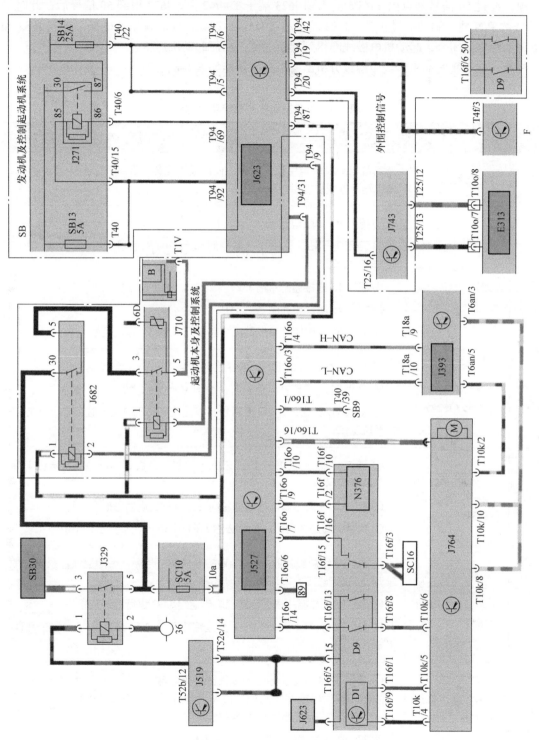

图 8-10 迈腾轿车点火开关起动电路图

3）P3 位置。把钥匙插入到 P3 位置后，由 J764 端子 T10k/6 输入 D9 端子 T16f/8 的 30 号电源，经过 50 信号触点内 T16f/6 输入到 J623 端子 T94/42 上，J623 得到 50 信号后，此时如果 J623 的 P/N 档、制动信号正常，J623 端子将 T94/6 和 T94/31 同时输出低电平，控制 J682 和 J710 起动继电器闭合，起动机电磁线圈得到起动电流，从而起动机运转。

注意：在迈腾发动机系统中继续分析出各系统的功能如表 8-6 所示。

表 8-6　迈腾发动机各系统功能

序号	系统名称	功能
1	电源系统	向蓄电池及汽车用电设备提供低压直流电能，在迈腾诊断中向起动机、继电器及各模块提供电能
2	电子点火开关（D9）	① 提供 P、S 触电信号 ② 接收电子转向柱锁止装置控制单元 J764 的信号，给 D9 供电，形成 15 电和 50 电 ③ 提供 15 线接通信号给 J527 ④ 提供 15 驱动接通信号给 J519 ⑤ 形成 50 供电信号给发动机控制单元（J623）起动信号
3	转向柱电子控制单元（J527）	① 判断 S 信号，读取并将 S 结合信号通过 CAN 总线传给 J393 ② 读取 E313 变速杆 P 信号时，给 J764 一个锁止信号 ③ 接收 D9 传送的 15 接通信号，以便控制转向柱电子控制单元内的其他系统工作
4	舒适系统中央控制单元（J393）	① 通过 CAN 接收 J537 传过来的 S 信号，并通过串行总线发送给 J764 一个唤醒信号 ② 接收 J764 通过串行行数据总线传过来的钥匙信息信号 ③ 判断钥匙是否合法，如合法给 J764 供 15 电，不合法则不供电
5	电子转向柱锁止装置控制单元（J764）	① 通过串行总线接收 J393 传送的 S 唤醒信号后，给防盗锁止系统读取单元 D1 读写圈供电，并读取钥匙信息信号 ② 通过串行数据总线将钥匙信息传递给 J393 进行合法判断 ③ 接收 J393 的 2 条 15 供电后分别给转向柱内的转向锁解锁，同时给 D9 供电
6	防盗锁止系统读取单元（D1）	① 接收 J764 供电，通过识读线圈将电能输送到钥匙内，钥匙通过脉冲转发器和识读线圈将钥匙识别码发送到开关内，点火开关将信息发送到 J764，产生磁场给钥匙供电并接收钥匙数据信息 ② 将钥匙信息通过传输线传递给 J764

（续）

序号	系统名称	功　能
7	车载网络控制单元（J519）	① 接收 D9 提供 15 驱动接通信号，控制 15 供电继电器（J329） ② 接收供电继电器 2 传送的起动闭合信号，以便判断起动系统工作状况及控制起动状态下的电源控制 ③ 给 J538 燃油泵控制单元预供油 ④ 检测发电机发电状况 ⑤ 接收制动信号灯开关 F3 制动信号，控制 E313 内的变速杆锁电磁铁 N110
8	变速杆（E313）	① 发送变速杆 E313 内的 F319 档位 P 档锁止信号给转向柱电子控制单元（J527），用于控制 N376 点火与钥匙锁止电磁铁 ② 接收 J519 制动信号，以控制 N110 变速杆电磁铁解锁 ③ 将档位信息通过 CAN 传输给双离合变速器机电装置单元 J743
9	双离合变速器机电装置（J743）	① 接收 E313 档位信号 ② 将 P/N 档信号传递给发动机控制单元 J623
10	制动信号灯开关（F）	① 为发动机控制单元 J623 提供制动信号 ② 为车载网络控制单元 J519 通过制动信号
11	CAN 总线系统	将舒适/便捷系统 CAN，驱动系统 CAN 等系统数据进行传输
12	发动机控制单元（J623）	① 接收 +B 电源电压 ② 接收端子 15 供电继电器 J329 的 15 供电电压 ③ 控制主继电器 J271 ④ 接收 J271 主继电器供电电压 ⑤ 接收 J743 P/N 档信号 ⑥ 接收 F 制动信号 ⑦ 接收 D9 起动信号 ⑧ 控制起动机两个继电器 J682 和 J710
13	起动机控制系统	① J682/J710 同时接收 J329 端子 15 供电继电器供电。同时受发动机控制单元 J623 控制 ② J682 接收 J329 端子 15 供电继电器供电，并控制 J710 的起动供电 ③ J710 接收 J682 起动工作电压，并给起动机电磁开关 ④ 起动机接收 J710 提供的起动电压

2. 点火开关数据流读取

连接VAS6150，进入J527地址16，读取数据流，第三组第一区为点火开关5个接线柱状态，分别包括有P触点、S触点、接线柱75、接线柱15、接线柱50的状态，以二进制分别有1和0两个状态，其中1为闭合，0为断开，而5个接线柱对应的5个档位，分别为：锁止档、S激活档、ACC档、ON、START档。当拔出钥匙后，VAS6150数据流显示的状态为10000，表示转向柱锁死接通，其他都为断开。当插入钥匙S触点被激活后的状态为01000，此时收音机电源被接通；拧转钥匙至下一个档位状态为01100，此档S触点接通，大负荷用电器的供电（包括前照灯、空调、鼓风机等）被接通；再拧转钥匙至下一个档位则状态为01110，此时15继电器接通工作，为仪表和发动机控制单元提供工作电源，仪表指示灯被点亮，发动机起动需要的所有条件都满足。而再拧转钥匙则为接通起动机，状态变为01011。此时，由于起动机需要大电流，所以暂时切断了大负荷用电器的供电。而当钥匙退到底未拔出时，状态为11000，表示此时转向柱P触点处于接通状态，但是S触点却依旧通电。

第三节　点火系统电路分析

一、新款捷达点火系统电路分析

新款捷达点火控制系统是单缸独立控制系统。系统特点是有四个点火末级功率放大器N70、N127、N291、N292，点火线圈（与点火功率放大器为一体）是通过火花塞插头直接安装在火花塞顶上的，取消了点火高压线，可减小无线电干扰和能量损失，如图8-11所示。它的缺点是各缸点火线圈和功率放大器共用一个搭铁点，当搭铁点出现不良时，点火能量的损耗等使各缸可能同时出现工作不良或不工作现象。

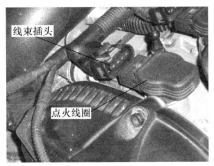

图8-11　点火线圈实物图

电路图8-12、图8-13为点火控制电路：打开点火开关，经J317主供电继电器中端子87经端子58，再经连接线25供电，连接线25向熔丝SC41（20A 黄色）在熔丝架C上的熔丝供电，方框连接114向点火线圈连接线方框66提供12V电，连接线方框66分别与点火模块端子4相连接，并提供12V电压。根据电控单元J623的指令控制初级线圈电路通断（控制点火线圈端子2），从而在次级线圈中感应出高压电动势，击穿火花塞间隙点火，如图8-14所示。

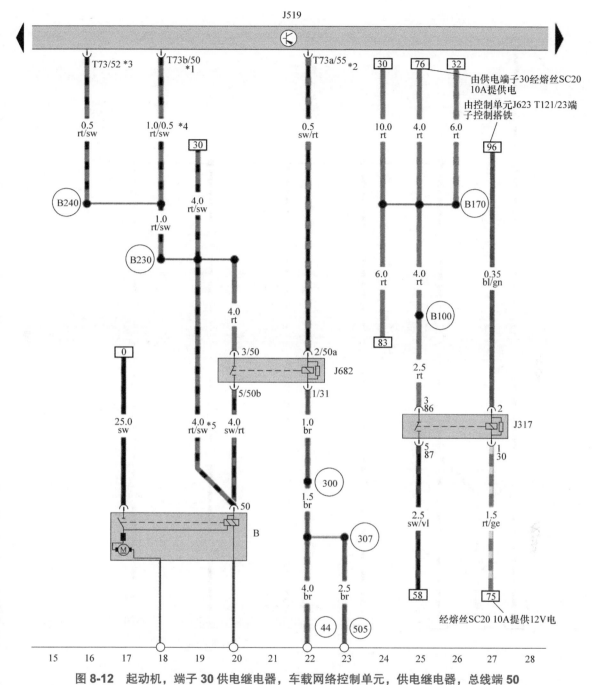

图 8-12 起动机，端子 30 供电继电器，车载网络控制单元，供电继电器，总线端 50

B—起动机　J317—端子30供电继电器　J519—车载网络控制单元　J682—供电继电器，总线端50　T73—73芯插头连接
T73a—73芯插头连接　T73b—73芯插头连接　44—接地点，左侧A柱下部
307—接地连接2，在主导线束中　505—接地点，在上部转向柱上
B170—正极连接2（30），在车内导线束中　B230—正极连接1（50），在车内导线束中
B240—正极连接2（50），在车内导线束中
*1—仅适用于带自动变速器的汽车　*2—仅适用于带高端基本装备（AW1）的汽车
*3—仅适用于带低端基本装备（AW0）的汽车　*4—截面积视装备而定　*5—仅适用于带手动变速器的汽车

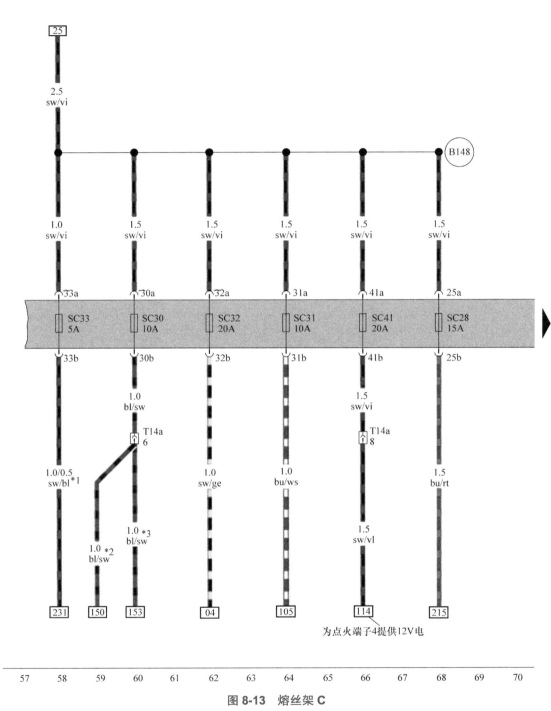

图 8-13 熔丝架 C

SC28—熔丝架C上的熔丝28　SC30—熔丝架C上的熔丝30　SC31—熔丝架C上的熔丝31　SC32—熔丝架C上的熔丝32
SC33—熔丝架C上的熔丝33　SC41—熔丝架C上的熔丝41　T14a—14芯插头连接　B148—正极连接1（87），在车内导线束中
*1—截面积视装备而定　*2—仅用于1.4L发动机的汽车　*3—仅适用于1.6L发动机的汽车

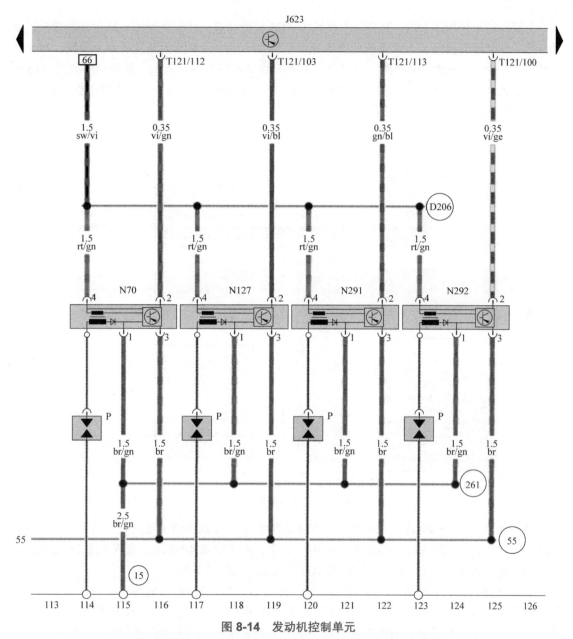

图 8-14　发动机控制单元

J623—发动机控制单元　N70—带功率输出级的点火线圈1　N127—带功率输出级的点火线圈2
N291—带功率输出级的点火线圈3　N292—带功率输出级的点火线圈4　P—火花塞插头
T121—121芯插头连接　15—气缸盖上的接地点　55—接地连接1，在发动机舱导线束中
261—接地连接1，在发动机舱线束中　D206—连接4（87a），在发动机舱线束中

二 卡罗拉点火系统电路分析

卡罗拉轿车采用了 DIS（直接点火系统），DIS 可提高点火正时的精度，减少高压损耗，并因淘汰了分电器而提高了点火系统的整体稳定性。发动机中的 DIS 为独立的点火系统，每个气缸都有一个带点火器的点火线圈。点火电路原理图如图 8-15 所示，点火电路原理图如图 8-16 所示。当点火开关打开时，点火电压经 7.5A 2 号 IG2 点火熔丝供电给 2 号点火继电器，此时，2 号点火继电器线圈得电，其触点闭合。

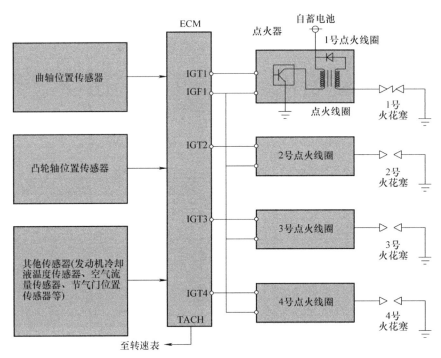

图 8-15　点火电路原理图

蓄电池电压→15A IG2 点火熔丝→2 号点火继电器→分别供给 1 号点火线圈 1#、2 号点火线圈 2#、3 号点火线圈 3#、4 号点火线圈 4#。其中，点火线圈 4# 接地；点火线圈 2# 为 IGF 电压信号（点火反馈电压）；点火线圈 3# 为 IGT（点火正时信号电压）。

当点火开关置于 ON 时，ECM 根据凸轮轴位置信号 G2 和曲轴位置传感器等信号，确定最佳的点火闭合角（通电时间），向点火线圈发送点火正时控制信号 IGT，ECM 根据 IGT 信号接通或断开点火器内功率晶体管的电源。功率晶体管进而接通或断开流向初级线圈的电流。当初级线圈中的电流被切断时，次级线圈中产生高压，此高压被施加到火花塞上，并使其在气缸内部产生火花。一旦 ECM 切断初级线圈电流，点火器会将点火确认 IGF 信号发送回 ECM，ECM 根据此信号给出喷油脉冲控制信号。

第八章 点火系统

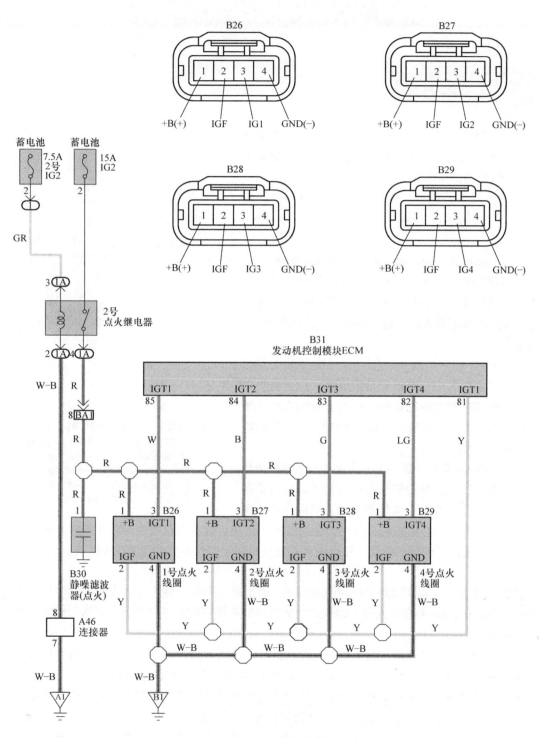

图 8-16 点火电路

第四节 火花塞结构及检修

一、火花塞的结构

点火线圈生成的高电压传至火花塞,在火花塞的中心电极和搭铁电极(侧电极)间的间隙内产生电火花,点燃气缸内的可燃混合气。

火花塞由中心电极、侧电极、壳体和陶瓷绝缘体等组成,如图8-17所示。火花塞电极间隙为0.6～0.8mm。

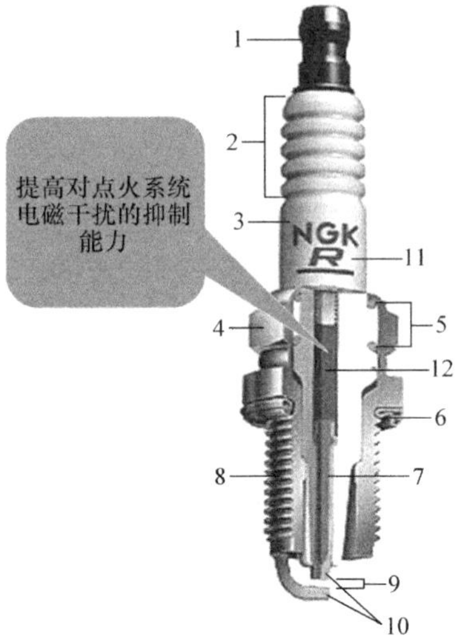

根据电极材质不同,火花塞可分为以下3种:

1)电阻型火花塞。火花塞的电火花可产生电磁干扰,甚至会使电子设备失灵。这一类型的火花塞装有含有陶瓷的电阻器来防止这一现象发生,如图8-18a所示。

2)白金(铂)电极火花塞。这一类型的火花塞用白金(铂)作为中心电极和搭铁电极,白金材料焊在中心电极和搭铁电极的顶端。中心电极的直径比常规火花塞的要小。它在耐用性和点火性能上表现优越,如图8-18b所示。

图8-17 火花塞结构

1—接线螺母 2—氧化铝陶瓷绝缘体 3—商标
4—钢质壳体(六角形) 5—内垫圈(密封导热)
6—密封垫圈 7—中心电极导电杆
8—火花塞裙部螺纹 9—电极间隙
10—中心电极和侧电极 11—型号标识
12—去干扰电阻

3)铱电极火花塞。这一类型的火花塞用铱合金作为中心电极,用白金作为搭铁电极。铱(较铂有更高的耐磨能力)是焊在中心电极顶端的,但焊在搭铁电极上的仍是白金。中心电极的直径比白金火花塞的更小。此类火花塞中有些并未在其接地电极焊上白金,而是用了较厚的镀层。铱电极火花塞具有高耐用性和高性能的双重优点,如图8-18c所示。

普通铜芯火花塞的使用寿命约为30000km,而上述采用铂、铱合金的火花塞的使用寿命为100000～240000km,并有较高性能表现。它的更换间隔期可随车型、发动机规格和使用范围的不同而变化。

由于白金和铱金都耐磨,所以这些火花塞的中心电极可以制得很小,仍能具有优良的引燃火花性能。如果发动机运转正常,则两次更换之间不需要调整火花塞间隙和进行清洗。

注意: 为了防止电极遭到意外损坏,不得用金刚砂火花塞清洁器对白金和铱金火花塞进行清洗。使用这种装置清洗将损坏火花塞电极的贵金属层,使火花塞不能发挥正常功能。但是,如果电极积炭或过脏,则可在短时间(最多20s内),在火花塞清洗器中对其清洗。此类火花塞的间隙在使用中也不需要调整。

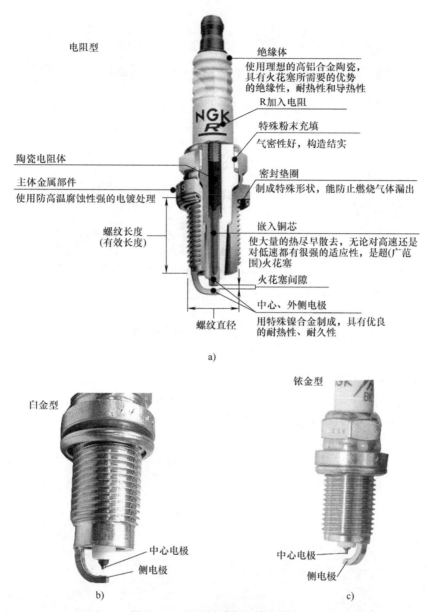

图 8-18 不同材质电极的火花塞

根据电极形式不同,火花塞可分为以下 3 种:

1)多电极型火花塞。这种类型的火花塞包括多个搭铁电极以便经久耐用。它有以下 3 种类型:二电极、三电极和四电极,如图 8-19a 所示。

2)凹槽火花塞。这种类型的火花塞包括搭铁电极或者一个带有 U 形槽或 V 形槽的中心电极。这种槽能使电极外部产生火花,这样就推动了火焰的膨胀,增强了发动机空转、低速和高负载条件下的点火性能,如图 8-19b 所示。

3)发射电极火花塞。这种类型的火花塞设有伸进燃烧室的电极,以便增强燃烧。它只能用于专门为之设计的发动机中,如图 8-19c 所示。

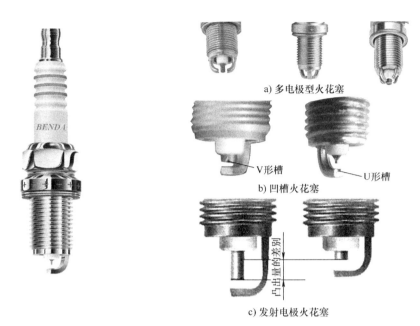

图 8-19　火花塞的电极形式

大众直喷发动机火花塞形式

大众采用细直径的火花塞并保留了 EA111 发动机的独立点火形式，火花塞的中心电极为尖端状，通过尖端放电，可以确保缸内混合气被点燃，如图 8-20 所示。

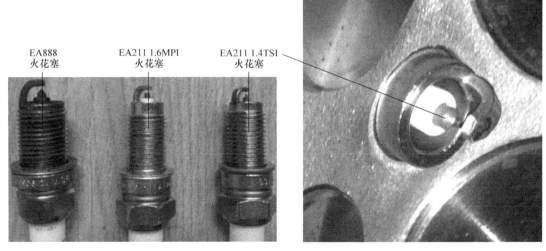

图 8-20　大众直喷发动机火花塞形式

火花塞按热值分类可分为热型、冷型两种，如图 8-21 所示。

热型——绝缘体裙部较长，吸收热量多而散热慢。用于低压缩比且转速比较低的发动机。

冷型——绝缘体裙部较短，吸收热量少而散热快。用于高压缩比且转速比较高的发动机。

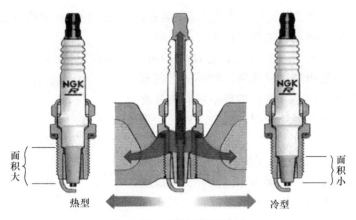

图 8-21　火花塞热值分类

二、火花塞、高压线的检修

1. 火花塞检修

火花塞的正常状态是绝缘体端部颜色变成灰白或淡黄色。在绝缘体端部及电极上有少量易刮去或刷去的粉状堆积，壳体内有呈淡灰色或黄色甚至棕黑色的堆积物。

上述现象表明选用的火花塞正确，发动机燃烧正常。

如发现火花塞绝缘体顶端起疤、破裂或电极熔化、烧蚀，都表明火花塞已烧坏，如图 8-22 所示，应进行更换。

图 8-22　火花塞的异常状态

就车检查火花塞的经验做法是：将火花塞放置在缸体上（使火花塞能与缸体导通），用点火线圈出来的高压线触到火花塞的接线柱上（不能有间隙），如图8-23所示。打开点火开关，起动发动机，使高压电跳火，让高压电通过火花塞，如果从火花塞间隙处跳火，说明火花塞是好的；如果不从间隙处跳火，说明火花塞的内部陶瓷绝缘材料已被击穿，必须更换这只火花塞。

（1）检查、调整火花塞电极间隙

火花塞的间隙因车型、车种的不同而异，可以从随车手册中查到。如果找不到适当的依据，火花塞的电极间隙一般可按0.7~0.9mm调整间隙。触点间隙过小，触点容易烧蚀；触点间隙过大，火花塞跳火会变弱，甚至断火。

如果有火花塞塞尺，如图8-24所示测量火花塞电极间隙。如果手边没有塞尺，可用折断的钢锯片或刀片来代替塞尺，测量火花塞间隙。火花塞间隙太大时，可用旋具柄轻轻敲打外电极来调整，但不要用力过大，否则外电极可能因过度弯曲而损坏。如果间隙过小时，可用一字槽旋具插入电极间，扳动旋具把间隙调整到符合要求为止。

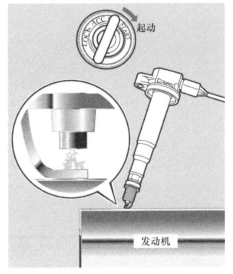

图8-23　就车检查火花塞状态

如果电极间隙不符合要求，应进行调整。调整间隙时，只能弯动侧电极，不能弯动中心电极，以免损坏绝缘体。

火花塞间隙调整好之后，侧电极与中心电极应略成直角，如过度偏曲或电极烧蚀成圆形，则该火花塞不能再使用，应更换新品。

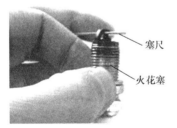

图8-24　调整火花塞间隙

（2）安装火花塞

安装火花塞时，先用手抓住火花塞的尾部，对准火花塞孔，慢慢用手拧上几圈，然后再用火花塞套筒拧紧。如果用手拧入感觉有困难或费力，应把火花塞取下来，再试一次，千万不要勉强拧入，以免损坏螺纹孔。为使火花塞安装顺利，可以在火花塞螺纹上涂抹一点机油。

在安装火花塞时，为保证密封性，不能使火花塞槽内有异物。火花塞不能拧得太紧，其拧紧力矩为20~25N·m，以免损坏密封垫片而影响导热性能。

连接高压线时，要注意各分缸线的顺序，不要插错。起动发动机，查看有没有严重的抖动或放炮声。如果有抖动或放炮声，说明把各分缸高压线插错了，应重新安插高压线。

（3）更换火花塞

火花塞只有保持适当的间隙，电火花才能点燃混合气。而火花塞是汽车的消耗零件之一。

普通火花塞的使用寿命约为 30000km，铂金火花塞的使用寿命为 40000km，铱金火花塞为 60000~80000km，铂铱金火花塞为 80000~100000km。火花塞达到使用寿命时，电极的放电部分会烧蚀成圆形，因此必须更换。如果舍不得更换老化的火花塞，仍然勉强使用，不但汽车起动困难，而且汽车还比较费油。

（4）火花塞的型号选择

火花塞有许多类型，不同的汽车发动机使用的型号不尽相同。在更换前，应了解所使用汽车的发动机使用火花塞的类型，查阅随车手册就可以知道。

在更换新火花塞时，应将新、旧火花塞比较一下螺纹部分的长度，如果这部分长了，火花塞会凸进燃烧室中，碰撞活塞顶。

使用中如果发现火花塞经常积炭、断火，则表示太冷，应换用热型火花塞；若发现其有炽热点火现象、气缸中发出敲击声，即表示过热，应换用冷型火花塞。火花塞安装的紧度要适当，以防造成漏气、垫圈损坏或绝缘体温度过高等现象。

有些型号的火花塞设有密封圈，有的则没有。如果拧下的旧火花塞上有密封圈，那么新更换上的火花塞也应装密封圈。

注意：按 ISO 的标准，火花塞的电阻，在 1~20kΩ 之间。但一般的火花塞电阻在 1~12kΩ 之间。其中 1~3kΩ 的火花塞叫小电阻火花塞，3~12kΩ 的火花塞叫一般电阻火花塞。但电阻值会随温度的上升而变化，电阻值变化是有限制的。一般情况如下：温度 150℃，电阻值变化范围是 ±15%。温度 300℃，电阻值变化范围是 ±25%。还有，工作时火花塞电阻值的变化曲线，电阻值的变化趋向应平稳或向下，电阻范围在 1~12kΩ 之间。

2. 检修高压线

高压线的主要作用是传递高压电给火花塞。由于其工作的环境温度变化大，因此，易出现绝缘层老化、裂口等现象。它的主要故障模式有高压线漏电、插头接触不良、高压线失效等。高压线的电阻值是一个重要的参数。电阻值应达到 5~15kΩ。

电喷发动机点火系统普遍采用电控点火系统。

点火系统故障按其在点火系统的位置可分为两种情况：低压电路故障和高压电路故障，常见故障判断与排除方法如下。

（1）低压电路常见故障

1）蓄电池存电不足。

2）连接线不良或错乱。

3）蓄电池搭铁不良。

4）点火线圈损坏。

5）点火开关损坏或接线不良。

低压电路故障的诊断方法大多采用电流表或电压表逐线检查来排除故障点。

（2）高压电路常见的故障

1）点火线圈损坏。

2）火花塞电极间隙过大或过小。

3）火花塞积炭过多。

4）火花塞绝缘体损坏。

点火线圈损坏或接线脱落。高压电路的故障大多采用高压试火法，即将分电器中心高压线或某缸高压线拔下，将线头对准缸体3～6mm，起动发动机试火。如果有火花且火花强烈，说明点火系统工作正常。

（3）点火系统不工作

1）故障现象：打开点火开关，起动发动机，发动机无反应；高压试火，高压线无火花。

2）故障分析：熔丝、线路、控制单元点火控制端子有无虚焊。

（4）火花塞故障

故障主要表现为：火花塞绝缘体损坏、火花塞积炭、油污和过热等现象。

1）火花塞积炭：绝缘体端部、电极及火花塞常覆盖着一层相当厚的灰黑色粉状、柔软的污垢。

2）火花塞油污：绝缘体端部、电极及火花塞覆盖一层机油。

3）火花塞过热：中心电极熔化，绝缘体顶部疏松、松软，绝缘体大部分呈灰白色。

以上故障表现应采用更换同型号火花塞的方法排除。

3. 点火线圈检修

（1）检查点火线圈

点火线圈的检查如图8-25所示。

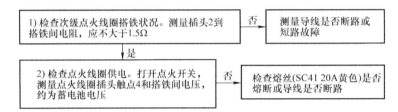

图8-25　点火线圈检查

（2）检查点火线圈功率放大器

点火线圈功率放大器的检查如图8-26所示。

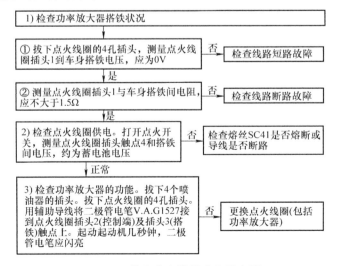

图8-26　检查点火线圈功率放大器

注意:

1) 捷达单缸点火模块的测试:将点火模块 3 端子用连线与蓄电池负极相连,4 端子用连线与蓄电池正极相连,然后用连线将端子 1 与蓄电池负极相连接,再将端子 2 用连线与蓄电池正极短促接触,火花塞应跳火,说明点火模块没有故障,如图 8-27 所示。

2) 捷达双缸点火模块的测试:将点火模块 4 端子与蓄电池负极相连,2 端子用连线与蓄电池正极相连,然后用连线将端子 1 与蓄电池正极短促接触,1、4 缸应跳火,再将端子 3 用连线与蓄电池正极短促接触,2、3 缸应跳火,如此说明点火模块没有故障。检查 A、B、C、D 端子上的次级电阻:1 缸与 4 缸、2 缸与 3 缸的检查方法如图 8-28 所示,规定值为 $4.0 \sim 6.0 \text{k}\Omega$。如未达到标准值,则更换点火线圈。

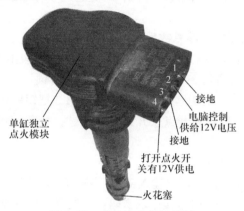

图 8-27 单缸点火模块测试

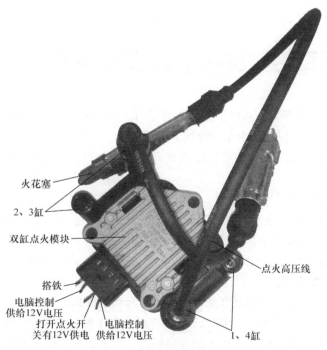

图 8-28 双缸点火模块测试

第五节 点火钥匙遥控器匹配

一、上海大众途锐钥匙匹配方法

使用 VAS6150 和带 CAN-BUS 的故障检测仪都可以进行钥匙匹配，具体方法如下。

1）连接并接通故障检测仪，进入 25——防盗系统，然后进 16——安全访问进行密码登录，密码登录成功后，进 10——匹配功能进行匹配，匹配通道号改为 21，读取新建值会显示原车的钥匙数。

2）把新建值改为要匹配的钥匙总数后，点击测试，然后保存，接着会出现确认保存的提示，点击"是"后会出现钥匙和英文提示，此时断开点火开关拔出钥匙，开始学习钥匙，插入第 1 把钥匙转动 30° 左右，并等待 3s 左右，转向锁会自动开锁。

3）断开点火开关拔出第 1 把钥匙，然后马上插入第 2 把钥匙转动 30° 左右，并等待 3s 左右，转向锁也会自动开锁，然后断开点火开关拔出钥匙，接着按照同样的方法完成其他钥匙的匹配。

4）检验匹配过的钥匙起动和遥控性能。

注意：进行钥匙匹配的时候，需要输入密码，密码的获取方法有 2 种：一是免拆读密码，使用支持 OBD 的直接读密码的设备直接读取密码；二是拆发动机控制单元读取密码，用 95040 读取发动机控制单元内的 5P08C3 芯片，密码在 30 行和 40 行的 2 位~3 位，换位后转十进制即为密码。

二、奔腾 B70、B90、X80 车遥控钥匙匹配方法

1）将车钥匙从点火开关中拔出，打开左前车门，关闭右前车门、左后车门、右后车门、行李舱盖及发动机舱盖，且保证 4 个车门锁均为解锁状态。

2）将车钥匙插入点火开关，重复将点火开关由 ACC 位切换至 ON 位 5 次，最后保持在 ON 位。

3）重复"关闭→打开"左前车门 5 次，最后保持在关闭位置，此时 4 个车门锁及行李舱锁电动机闭锁、解锁各 1 次，表示车身控制模块（BCM）进入遥控钥匙匹配模式。

4）依次按下遥控钥匙上的"闭锁键→解锁键→闭锁键"，此时 4 个车门锁及行李舱锁电动机闭锁、解锁各 1 次，所有转向灯闪烁 1 次，表示 BCM 已经成功匹配该遥控钥匙。

5）若需要匹配多个遥控钥匙，则按照步骤 4）进行重复匹配。

注意：上述方法仅适用于匹配非免钥匙进入及起动系统的遥控钥匙；步骤 2）~步骤 3）应在 30s 内完成；步骤 2）~步骤 5）应在 2min 内完成；若 1 把遥控钥匙也没有匹配成功，则原来的遥控钥匙有效；若成功匹配了至少 1 把遥控钥匙，则匹配成功的遥控钥匙有效，原来的遥控钥匙无效；最多可以匹配 8 把遥控钥匙。

三、宝马遥控器的编程方法

1）关闭所有车门。
2）接通点火开关再断开点火开关，并拔出钥匙。
3）按住开锁按键并保持，再连续按锁止按键3次（或按住锁止按键并保持，连续按开锁按键3次）。
4）释放所有按键，若设定成功，门锁应动作1次。
5）重复步骤3）~4），设定其他遥控器（最多4个）。
6）将点火开关接通或打开车门，退出设定，检查遥控器功能。

四、奥迪 A6L 遥控钥匙激活

奥迪 A6L 轿车遥控钥匙经常会出现能起动发动机，但不能遥控的现象，主要原因是遥控钥匙亏电，更换了电池后，或遥控钥匙长时间不用，造成遥控接收装置处于"睡眠"状态，此时只要将遥控钥匙的功能激活即可，具体方法如下：

1）把遥控钥匙插进点火开关。
2）将点火开关置于位置2至少30s。
3）拔出遥控钥匙。
4）插入遥控钥匙并起动发动机。
5）让发动机运行至少1min。
6）关掉发动机并拔出遥控钥匙。
7）关闭所有车门。
8）按遥控钥匙上的开锁或闭锁键，车内中控门锁应能开锁或闭锁，则说明遥控钥匙遥控功能激活成功。

说明：如果执行上述操作后依然无法正常工作，则可以执行以下操作：关闭所有车门。等待至少等5min，此时仪表灯会关闭，车辆进入"睡眠"模式。进入车内，起动发动机。几分钟后再关闭发动机，并断开点火开关。按遥控器上的开锁或闭锁键，车内中控门锁应能开锁或闭锁，说明遥控钥匙遥控功能激活成功。

五、长安福特蒙迪欧点火钥匙匹配

当点火钥匙全部丢失，或点火锁被更换，以及需要从被动防盗系统（PATS）记忆中删除钥匙时，对点火钥匙的匹配，需采用本程序。本程序将会自汽车记忆中删除所有已经编程过的点火钥匙，而汽车也将无法起动，直到再有两只点火钥匙编入汽车为止。执行本程序时，必须有两只具备正确齿形的 PATS 密码钥匙。编程方法如下：

1）将点火开关由 OFF 位转到 RUN 位。

2）使用 WDS/FDS 2000，并从菜单中选择"动力控制模块"（PCM），再进入"安全性访问"。

3）使用 WDS/FDS 2000 菜单，并选取"点火钥匙密码删除"。

4）将点火开关转到 OFF 位后，将 WDS/FDS 2000 拆下。

5）将第 1 只需要编程的点火钥匙插入点火开关中，并将点火开关转到 RUN 位约 3s。

6）将第 1 只点火钥匙从点火开关中拔出。

7）将第 2 只点火钥匙插入点火开关中，并将点火开关转到 RUN 位约 3s。

8）将第 2 只点火钥匙从点火开关中拔出，此时汽车应可由这两只点火钥匙激活。

六 起亚遥控钥匙设定

1）利用点火钥匙打开驾驶员侧车门。

2）插入点火钥匙到点火开关，接通点火开关后再断开，取出点火钥匙。

3）重复步骤 2）三次，或开、关驾驶员侧车门三次，或按、放驾驶员侧车门开关三次。

4）当喇叭响 1 声后，按遥控器上任一键两次后，喇叭会再响 1 声。

5）等待 15s 后，喇叭会再响 4 声，即完成遥控器重设。

6）在 15s 内可再设定第 2 只遥控器，步骤如下：按新遥控器上任一个按键 2 次，喇叭会响 1 声，等待 15s 后，喇叭会再响 4 声。

7）在第 2 只遥控器设定完成后的 15s 内可再设定第 3 只遥控器，步骤如下：按新的遥控器上的任一按键 2 次，然后喇叭会响 2 声，设定完成。

七 迈腾 1.8T 轿车智能遥控钥匙设定

（1）适配遥控钥匙的方法

1）接通点火开关，进入地址码 46。

2）选择功能 10——选择 00 通道号，删除适配记忆。

3）选择功能 10——选择 01 通道，输入适配钥匙数 00001~00004（最多为 4 个）。

4）依次按需适配的遥控钥匙上的遥控键 1s 以上，但所有钥匙要在 15s 内完成。

5）用未失效遥控钥匙接通点火开关。

（2）新增遥控钥匙的方法

1）用新遥控钥匙锁车门。

2）用遥控键开或关车门。

3）持续按遥控键至少 1s 后松开，然后再按遥控键，如设定成功，则会出现喇叭提示声。

八、大众速腾轿车遥控钥匙匹配

（1）遥控钥匙匹配方法
1）打开驾驶员侧车门，用遥控钥匙将点火开关接通、断开3次，最后不要拔出遥控钥匙。
2）关、开驾驶员侧车门3次，此时门锁动作，表明系统进入学习状态。
3）按遥控钥匙任意按键2次，此时门锁动作。
4）拔出遥控钥匙，门锁再次动作，则遥控器匹配成功。

（2）遥控控制器编程方法
1）打开驾驶员侧车门。
2）用门上的开锁键锁门和开锁各一次。
3）把遥控钥匙插进锁孔。
4）将遥控钥匙插入到点火开关，并接通点火开关到ON位，然后转回到LOCK位，10s执行该动作3次，最后停在LOCK位。
5）关、开驾驶员侧车门3次，最后把该车门打开，此时遥控控制器会有反应，表现为自动锁门和开锁各1次。
6）按住每个遥控钥匙上任意一个钮按2次，遥控控制器将会锁门、开锁各1次。
7）拔下遥控钥匙，遥控控制器会最后做一次反应，大约是4次连续地锁门和开锁。

九、部分丰田轿车遥控钥匙手工设定

（1）适用车型
部分佳美、霸道、锐志、皇冠和凯美瑞车型。
（2）匹配步骤
1）将所有车门关闭，将遥控钥匙插入点火开关，打开驾驶员侧车门，拔出遥控钥匙。
2）将遥控钥匙插入点火开关并拔出2次。
3）关闭并打开驾驶员侧车门2次。
4）将遥控钥匙插入点火开关并拔出一次。
5）关闭并打开驾驶员侧车门2次，最后将该车门打开。
6）将遥控钥匙插入点火开关，然后将车门关闭。
7）将点火开关ON-OFF一次为添加模式，ON-OFF两次为重设模式。
8）从点火开关里拔出遥控钥匙，此时门锁应该动作2次。
9）同时压下遥控钥匙上的"LOCK"和"UNLOCK"键1s，然后松开，接着再重复1次，此时中控锁会有自动开锁和闭锁动作，动作1次则表示匹配成功，动作2次则表明匹配失败，需要重复上述步骤。
10）设定其他遥控器，重复上述步骤。

北京现代悦动防盗钥匙匹配

对北京现代悦动 1.6L 车防盗钥匙进行匹配的操作方法。

1）将设备连接到车辆的诊断接口，插入待匹配的钥匙，接通点火开关至 ON 位置。
2）选择版本"北京现代 V21.21"。
3）选择"扫描 VIN 码选择菜单"，X-4311PRO 会自动识别车型。
4）车型识别完成后，会有如图 8-29 所示的车型提示信息。
5）点选"确定"，然后选择"控制单元"。
6）选择"防盗控制系统"。
7）选择"读取数据流"，结果如图 8-30 所示。学习钥匙的数量显示为"0"，ECU 状态显示为"空"，说明该车还没有匹配正常起动的钥匙。

图 8-29　车型提示信息

图 8-30　防盗控制系统的数据流

8）退出"读取数据流"的界面，选择"特殊功能"界面，如图 8-31 所示。
9）点选"学习"，出现如图 8-32 所示的帮助信息，要求输入 6 位防盗密码，此密码需要将车辆 VIN 码提供给服务站进行查询。

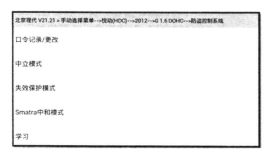

图 8-31　防盗控制系统的"特殊功能"界面

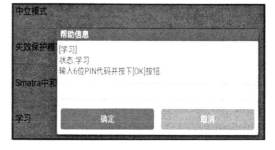

图 8-32　点选"学习"后出现的帮助信息

10）输入服务站提供的密码后，点选"确定"，系统会相继提示"学习第一把钥匙"，"第一把钥匙注册完成！"，如图 8-33 所示，如果只需要注册 1 把钥匙，点击"取消"即可退出。

11）如需匹配第 2 把钥匙，则先将匹配好的钥匙拔出，插入需要匹配的第 2 把钥匙，接通点火开关至 ON 位置，然后按下"确定"即可完成匹配。

12）钥匙匹配完成后，重新读取数据流，结果如图 8-34 所示。此时，学习钥匙的数量显示为"2"，ECU 状态显示为"学习"，说明此前的两把钥匙已经匹配成功。

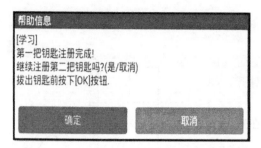

图 8-33　第 1 把钥匙匹配成功后的提示信息　　图 8-34　钥匙匹配完成后，重新读取数据流

第六节　点火锁拆装

转向柱开关模块装配图如图 8-35 所示。

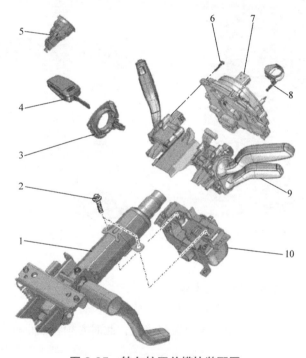

图 8-35　转向柱开关模块装配图

1—转向柱　2—螺栓　3—锁芯　4—点火钥匙　5—转向柱电子装置控制器J527　6—螺栓
7—定位件　8—运输保护套　9—转向锁壳体　10—点火起动开关D

一、拆卸和安装锁芯

按如下说明用一个钢丝钩制作辅助工具：拿一根直径 1.5mm 的焊丝并在一端弯成一个环。随后切断焊丝。尺寸 $a \approx 50mm$，将钢丝钩的一端挫尖，尺寸 $b=3mm$，如图 8-36 所示。

1. 拆卸

1）拆卸转向柱开关模块的饰板。

2）将点火钥匙插入锁芯并旋至点火开关"接通"位置。此时标记 1 和点火开关内的孔（箭头）必须对齐，如图 8-37 所示。

3）如图 8-37 所示，折起点火钥匙 2，并保持在这个位置上。

4）将钢丝 1 推到孔中，直至极限位置，此时将锁芯 2 连同读取线圈一起从转向锁壳体拉出，如图 8-38 所示。

5）脱开读取线圈上的电插头。

提示：转向锁卡住时必须更换。

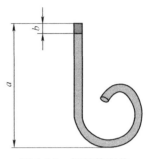

图 8-36 钢丝钩制作

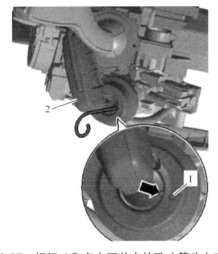

图 8-37 标记 4 和点火开关内的孔（箭头）对齐

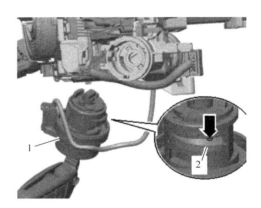

图 8-38 将锁芯拉出

2. 安装

安装以倒序进行，同时要注意下列事项：

1）将点火钥匙插入锁芯，并旋至点火开关"接通"位置。

2）将钢丝重新推入正面的孔中，直至极限位置，此时必须将锁止杆向锁芯方向推。钢丝必须露出在锁止杆内的孔外。

3）连接发动机防盗锁止系统读取线圈上的电插头。

4）将锁芯与读取线圈一起推入转向锁壳体中。

5）拉出钢丝，将锁芯紧紧压入，直至听到锁止杆卡入的声音。

二 拆卸和安装电子点火开关

在转向柱电子装置控制器 J527 中集成了安全气囊螺旋电缆和带滑环的复位环 F138，以及转向角传感器 G85。

第八章 点火系统

1. 拆卸

提示：带滑环的复位环的拆卸和安装必须在中间位置（车轮在正前打直位置）进行。

1）使用转向柱调整装置的整个调整范围，尽量把方向盘向后放低。

2）拆卸驾驶员安全气囊。

3）拆卸方向盘。

4）拆卸转向柱开关模块的饰板。

5）脱开电插头3，拉出插头防松件4，将开锁机构向下压，如图8-39所示。

6）将插头防松件1拉出并下压，脱开电插头2，如图8-39所示。

7）松开电插头1、3、4、5，为此将旋具7放到卡钩6上，如图8-40所示，小心地松开插头连接。

8）拧出螺栓（箭头），如图8-40所示。

9）将转向柱电子装置控制器J527（图中位置2）从转向柱开关模块上取下，如图8-40所示。

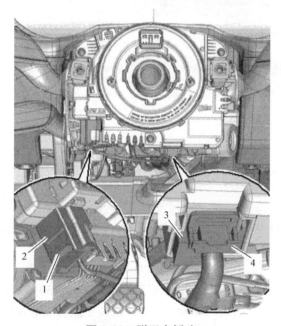

图8-39 脱开电插头

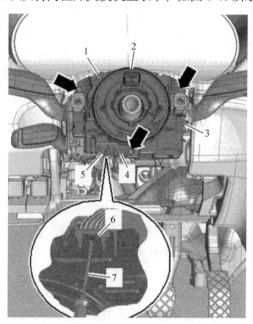

图8-40 松开电插头

2. 安装

安装以倒序进行，同时要注意确保所有插头连接都牢固卡住。

三 拆卸和安装点火钥匙防拔出锁的电磁铁 N376

1. 拆卸

1）拆卸转向柱开关模块饰板。

2）松开固定夹（箭头A），并将点火钥匙防拔出电磁铁N376（图8-41中位置2）从转向锁

止器壳体 1 中拔下（箭头 B）。

2. 安装

安装以倒序进行。

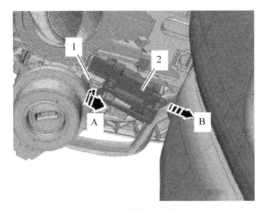

图 8-41　松开固定夹

第七节　点火系统故障案例分析

一、发动机无法起动

（1）故障现象

一辆 POLO 劲情 1.4 手动档轿车，搭载 CDD 发动机与 5 速手动变速器，行驶里程 10 万 km。用户反映该车发动机无法起动。

（2）检查分析

维修人员试车发现，该车起动机转速正常，但发动机没有着车征兆。连接 VAS6150 故障诊断仪查询发动机控制单元 J220 的故障存储器，没有识别到故障。检查 1 缸独立点火线圈 N70，在曲轴旋转过程中不跳火，确定不能起动的原因是点火系统的问题。查阅发动机点火系统电路图，如图 8-42 所示，确定点火线圈的连接正常。测量点火线圈 T4bi/3 端子（黑/紫 1.5）的供电。点火开关接通时，12V 试灯点亮，表明电源良好。将发光二极管试灯接入 T4bi/4 端子（绿/棕 0.35），起动机运转时，发光二极管没有闪烁，表明控制单元没有输出点火信号。

在发动机控制单元插接器 T80/53 曲轴位置与转速传感器信号端子处接入发光二极管试灯，随着曲轴转动，发光二极管闪烁，表明转速信号已经输入到发动机控制单元。POLO 曲轴位置与转速传感器属于有源传感器，可以产生转速信号，表明控制单元已向传感器输出了 5V 的电源。由于存在传感器的 5V 电源，诊断仪又可以进入发动机控制单元访问，由此推论控制单元的供电没有问题，于是可以确定控制单元有故障。

（3）故障排除

更换发动机控制单元，故障排除。

第八章 点火系统

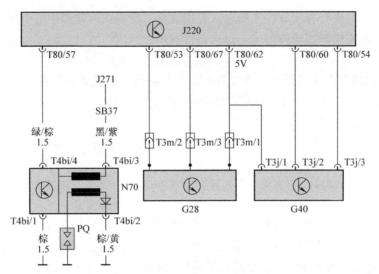

图 8-42 点火系统电路图

J271—主继电器　J220—发动机控制单元　G28—曲轴位置与转速传感器　G40—凸轮轴位置传感器　PQ—火花塞

二、发动机抖动故障

（1）故障现象

一辆上海通用雪佛兰赛欧轿车，行驶里程 8 万 km。用户反映该车发动机抖动。

（2）检查分析

维修人员根据经验检查喷油器，发现 3 缸喷油量过大。更换 3 缸喷油器后，急速状态下，发动机偶尔抖动。缓慢提升转速，会感到类似间歇性缺火的现象。检测发动机控制单元，有 4 缸缺火的故障码。从数据能够看到 4 缸缺火计数不断累加。

尝试通过拔掉高压线的方法进行断缸试验，4 缸并没有发现异常。而拔掉 2 缸高压线时，转速波动没有其他缸明显。断开 2 缸高压线的同时，查看缺火数据，发现诊断仪数据上 2 缸不但没有缺火的数据显示，4 缸的缺火数据反而明显增多。看来数据中反映的缺火气缸是个误导，显示的缺火气缸次序与实际不符。

检查火花塞，除发现 2 缸火花塞有些黑以外，没有其他异常，如图 8-43 所示。火花塞无开裂、漏电，电阻 5.4kΩ，正常。分别用各缸的火花塞进行跳火实验，均能正常跳火。于是尝试更换点火线圈和高压线，但故障依旧。

从现象上看，故障非常类似间歇性缺火。既然点火线圈和高压线都替换过。那么只剩下火花塞了。火花塞虽然看上去很好。但还是决定成套替换了 4 个火花塞。这时，抖动消失。重新检火花塞时，将怀疑重点放在了外观发黑的 2 缸火花塞上，该火花塞的中心电极下的陶瓷体裙部，明显呈黑色，如图 8-43 所示，而正常的应为棕色或浅黄色。

不良点火的火花塞陶瓷体温度低，不能达到自洁，所以会积炭变黑。将该火花塞重新安装在 2 缸上，缺火导致的抖动再次出现，数据中再次出现 4 缸缺火的数据。重新对该火花塞进行连续的跳火测试，发现会有间歇性不跳火。仔细观察，发现在火花塞中心电极的陶瓷体裙部出现漏电的火花。看来裙部绝缘体漏电，是火花塞故障的原因。通过这辆车，发现一些容易产生诊断误导的地方。

1) 用诊断仪控制点火线圈做跳火实验时，某些缸的点火线圈不能被驱动，例如该车2、3缸就不能被驱动跳火，而1、4缸可以驱动跳火，这很容易误判为点火线圈故障。所以，还是用发动机运行或起动的方式进行跳火测试为好。

2) 发动机运行时，点火线圈外壳与搭铁之间会出现电火花，类似漏电。与同车型比较，现象相同，不要误判为点火线圈漏电。

3) 不点火数据的缸序，与实际不符，所以诊断缺火时，要首先通过实际测试，找到正确缸序，避免误判。

4) 火花塞检查的方法是：看颜色，裙部颜色能够反映点火的好坏或气缸工作情况。看连续跳火的情况，判断是否有间歇性断火。看火花塞内裙部是否漏电。检查火花塞电阻。

5) 长期油淹积炭的火花塞，会出现裙部漏电的现象，这也是火花塞寿命降低的一个原因。

（3）故障排除

更换喷油器及火花塞，故障排除。

图 8-43　火花塞上的缺陷

三、东风日产骊威智能钥匙不能锁止故障

（1）故障现象

一辆东风日产骊威轿车，搭载1.6L发动机和手动变速器，行驶里程18万km，该车型配备有智能钥匙系统。用户反映该车点火开关只能关到OFF位置，无论如何都不能关到LOCK位置，使得转向盘无法锁止。而无法使用智能钥匙将车门闭锁，只有使用机械钥匙才可以锁门。

（2）故障分析

首先对用户所描述的现象进行确认，发现该车的故障现象与用户描述的没有差别。当点火开关关到OFF位置后，要按下钥匙孔旁边的按钮，才能将点火开关关到LOCK位置，如图8-44所示。而故障车辆钥匙孔旁边的按钮无法按下，因此就不能关到LOCK位置。

首先，了解点火开关关到LOCK位置的工作原理。

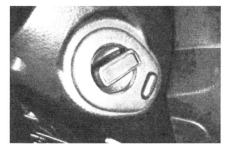

图 8-44　点火开关

维修人员通过查找该车型的维修手册后得知，该车型钥匙互锁的操作条件（SEC-9），是钥匙互锁功能禁止在车辆行驶时点火开关转至 LOCK 位置，并阻止转向盘被无意间锁止。之后，维修人员又根据维修手册中"安全控制系统"电路图，对相关的控制元件进行了解，如图 8-45 所示。

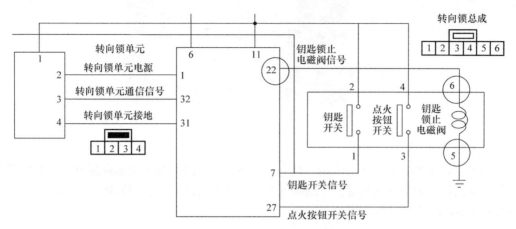

图 8-45　点火开关相关电路图

查阅"智能钥匙系统"电路图（SEC-10）后，测量转向柱锁总成（6 针插接器）的线束信号，未发现异常。尝试更换同型号车型的转向柱锁总成后，故障依旧，如图 8-46 所示。而钥匙孔旁边的按钮是由钥匙锁止电磁阀控制的，当该电磁阀通电时，这个按钮才能按下去，之后点火开关才能关到 LOCK 位置。维修人员通过测量发现了问题，钥匙锁止电磁阀并没有通电，通过观察电路图发现，该钥匙锁止电磁阀是由智能钥匙控制单元的 22 号脚提供 12V 电源，而测量钥匙锁止电磁阀到智能钥匙控制单元的线路均未发现异常，不存在断路、短路的现象。是否是智能钥匙控制单元存在问题？将其拆下后揭开外壳仔细观察，发现在智能钥匙控制单元的 22 号脚附近有水迹，由此可知正是 22 号脚泡水后，无法对钥匙锁止电磁阀供电引起了这个故障现象，如图 8-47 所示。

图 8-46　更换转向柱锁总成

图 8-47　22 号脚附近有水迹

正常的情况下，此时就应当对智能钥匙控制单元进行更换，而用户觉得更换成本太高，让维修人员尝试用其他的方法进行解决。无奈之下，维修人员将故障车辆的点火开关拆下，发现钥匙锁止电磁阀实际上控制的是一个卡销，而如果去掉这个卡销，钥匙孔旁边的按钮就能按下，点火开关就可以关到 LOCK 位置，如图 8-48 所示。

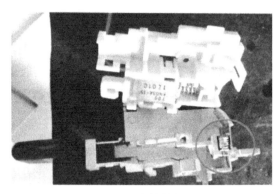

图 8-48 卡销的位置

（3）故障排除

去除钥匙锁止电磁阀控制的卡销后试车，故障彻底排除。智能钥匙控制单元安装位置上方有一条空调风管，如果空调风管的冷凝水过多，可能就会流到智能钥匙控制单元内，维修人员在检查此类故障时应当多加留意。

四 雪佛兰景程加速时有强烈的顿挫感

（1）故障现象

一辆上汽通用雪佛兰景程 1.8 轿车，行驶里程 13 万 km。该车加速时有强烈的顿挫感。

（2）检查分析

发现该车在急加速时，发动机出现失火。出现这种现象是由于发动机提高输出转矩时，工质密度增大（工质指气缸内的实际进气），如果火花塞的点火能量不足，就无法击穿电极间的工质。拆检火花塞检查，发现其陶瓷材料上有烧灼的痕迹。对照高压线的相应位置，确认这是绝缘套被击穿后，导致高压电被旁路的结果，如图 8-49 所示。由于点火能量的损失，使火花塞电极的击穿能力下降，导致发动机失火。而且由于火花塞无法释放点火能量，所以高压电全部从绝缘套的击穿点卸掉。由于该车型的高压线与点火线圈是一体的，如图 8-50 所示，所以必须进行总成更换。

图 8-49 高压电被旁路的痕迹

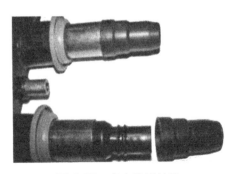

图 8-50 点火线圈结构

（3）故障排除

更换点火线圈及火花塞，故障排除。

五 速腾遥控钥匙失效

（1）故障现象

一辆速腾车，行驶里程5000km，发动机型号为BPL。遥控钥匙有时失效，车辆熄火10s后才能使用遥控钥匙，拔出点火钥匙10s后收音机才能关闭。

（2）故障诊断与排除

从故障现象分析，该车可能是点火开关上S触点信号传输延时。点火开关S触点信号传输延时可能的原因有以下几点：

1）点火开关故障。

2）点火开关座机械回位困难。

3）相关线束连接不良。

4）控制单元有故障（转向柱电子控制单元J527、车载网络控制单元J519）。

使用VAS6150检测系统无故障记录，读取数据流16-08-003-P，S，75X，15，50，后5个数字块分别对应点火开关的5个输出端子的状态。例如，第1个数字块对应于点火开关的P端子，读数据流时，第1个框的位置如果显示"1"，表示P端子有信号输出；如果显示"0"，表示P端子无信号输出。当点火钥匙拔出后，第2个数字块位置显示"1"，即S触点信号没有中断，应该是S触点问题。使用万用表测量S触点电阻为64Ω，正常值应为45Ω。更换点火开关，故障排除。

（3）总结

在检修带车载网络型电源电路时，要清楚各个负载与控制单元之间的控制关系。一个控制单元控制下的某个负载出现对地短路、内部局部短路、消耗电流超越上限等情况时，控制单元会进入自我保护状态，致使本控制单元控制之下的其余负载也不能工作。当与控制单元相关的总线、某个传感器、开关、负载（执行器）或导线出现问题时，同在一个网线上的控制单元便会进入休眠状态，造成汽车的静态电流过大，蓄电池易亏电。总之，维修中不断总结经验和知识，把握好车辆的"神经网络"分布规律，可以使技师从一名汽车维修"医生"升级为汽车维修"神经内、外科医生"，更多借助于仪器和仪器反映的波形、数据，提高自己的免拆诊断能力，适应汽车控制智能化的现状。